Luczak · Bullinger · Schlick · Ziegler (Hrsg.)
Unterstützung flexibler Kooperation durch Software

Springer

Berlin
Heidelberg
New York
Barcelona
Budapest
Hongkong
London
Mailand
Paris
Santa Clara
Singapur
Tokio

H. Luczak · H.-J. Bullinger · Ch. Schlick · J. Ziegler (Hrsg.)

Unterstützung flexibler Kooperation durch Software

Methoden, Systeme, Beispiele

Mit Beiträgen von D. Herbst, A. Hitzges, S. Killich,
C.-U. Lott, A. Ulrich, S. Wiedenmaier

 Springer

Univ.-Prof. Dr.-Ing. Dipl.-Wirt.-Ing.
Holger Luczak
Lehrstuhl und Institut für Arbeitswissenschaft
(IAW) der RWTH Aachen
Bergdriesch 27
52062 Aachen

Univ. Prof. Dr.-Ing. habil. Prof. e.h.
Hans-Jörg Bullinger
Institut für Arbeitswissenschaft
und Technologiemanagement (IAT)
Universität Stuttgart, Nobelstr. 12
70569 Stuttgart

Dr.-Ing. Christopher Schlick
Lehrstuhl und Institut für Arbeitswissenschaft
(IAW) der RWTH Aachen
Bergdriesch 27
52062 Aachen

Dr.-Ing. Jürgen Ziegler
Institut für Arbeitswissenschaft
und Technologiemanagement (IAT)
Universität Stuttgart, Nobelstr. 12
70569 Stuttgart

Die hier vorgestellten Ergebnisse stammen hauptsächlich aus dem Projekt „SPICE" (Flexible Kooperation mit Informations- und Kommunikationstechnologien), das vom Bundesministerium für Bildung und Forschung (BMB+F) unter den Nummern 01 HB 9617/5, 01 HB 9618/8, 01 HB 9619/0, 01 HB 9620/7, 01 HB 9621/0, 01 HB 9622/2, 01 HB 9623/5, 01 HB 9624/8, 01 HB 9626/3 und 01 HB 9627/6 gefördert wurde.

ISBN-13: 978-3-642-64019-3   e-ISBN-13:978-3-642-59545-5
DOI: 10.1007/978-3-642-59545-5

Springer-Verlag Berlin Heidelberg New York

Die Deutsche Bibliothek - CIP-Einheitsaufnahme
Unterstützung flexibler Kooperation durch Software: Methoden, Systeme, Beispiele / Holger Luczak...
(Hrsg.). - Berlin; Heidelberg; New York; Barcelona; Hongkong; London; Mailand; Paris; Singapur;
Tokio: Springer, 2000
ISBN-13: 978-3-642-64019-3

Springer-Verlag Berlin Heidelberg New York
ein Unternehmen der BertelsmannSpringer Science+Business Media GmbH

© Springer-Verlag Berlin Heidelberg 2001
Softcover reprint of the hardcover 1st edition 2001

Satz: Reproduktionsfertige Vorlage der Autoren
Einband: de'blik, Berlin

Gedruckt auf säurefreiem Papier   SPIN: 10766137   07/3020 ra - 5 4 3 2 1 0

Vorwort der Herausgeber

Schwach strukturierte, schwer planbare und kreative Tätigkeiten, wie sie z. B. in der Entwicklung und der Konstruktion auftreten, verlangen vor allem drei Dinge: gute Kommunikation, Kooperation und Koordination (K^3). Doch wie sind effiziente und effektive K^3-Prozesse möglich, wenn sich die Mitarbeiter der Unternehmen an verschiedenen Orten befinden?

Bisher waren die Ansätze, welche sich hinter Begriffen wie „Groupware", „Workflow" und „Teleconferencing" verbergen, häufig technikzentriert. Im Mittelpunkt sollten jedoch die Mitarbeiter mit ihren individuellen und kooperativen Arbeitsprozessen sowie mit ihrer organisatorischen Einbettung in die Wertschöpfungsketten des Unternehmens stehen.

Das vorliegende Buch „Unterstützung flexibler Kooperation durch Software" zeigt, methodisch geleitet und gleichzeitig durch Anwendungsbeispiele hinterlegt, die wichtigsten Schritte von der Problemanalyse bis zum alltäglichen Betrieb.

Im ersten Teil wird neben einem Überblick über die bestehenden graphischen Modellierungsmethoden die entwickelte „K^3-Beschreibungssprache" eingeführt. Die K^3-Prozesse mit ihren Elementen Information, Aufgabe und Organisation können damit in verschiedenen Diagrammen entsprechend der gewünschten Modellierungsperspektive beschrieben werden. Anschließend wird die benutzerzentrierte Gestaltung, die Einführung und die Betreuung von kooperationsunterstützenden Systemen erläutert.

Die Beispiele aus den Unternehmen legen im zweiten Teil des Buches den Erfahrungsschatz aus unterschiedlichen Branchen dar. Diese reichen von der bisher noch wenig informationstechnisch unterstützten Baubranche (Bauunternehmung Huthmann GmbH) über ein Unternehmen aus der Automobilzulieferindustrie (Sekurit Saint-Gobain Deutschland GmbH & Co. KG), den Hersteller von handgeführten Elektrowerkzeugen (Festo Tooltechnik GmbH & Co.) und den Bereich der Produktionsunterstützung und des Technologietransfers (ett technotransfer GmbH) bis hin zu kleinen jungen Unternehmen (Abels und Kemmner GmbH sowie IKADO GmbH), die sich im Technologiepark Herzogenrath (TPH GmbH) angesiedelt haben.

Die einzelnen Betriebsprojekte wurden durch Mitarbeiter des Instituts für Arbeitswissenschaft der RWTH Aachen und des Instituts für Arbeitswirtschaft und Technologiemanagement der Universität Stuttgart in Form eines wissenschaftlichen Leitprojekts flankiert, das auf die Methodenentwicklung ausgerichtet war. So wurde kooperatives Arbeiten in unterschiedlichsten Anwendungsfeldern untersucht und durch Einführung informationstechnischer Lösungen unterstützt.

Das Buch richtet sich sowohl an Entwickler von technischen und organisatorischen Lösungen als auch an betriebliche Fach- und Führungskräfte, die ihre K^3-Prozesse besser gestalten wollen. Ferner soll es an graphischen Modellierungsmethoden Interessierte ansprechen.

Im Forschungsverbund und bei der Bucherstellung haben eine große Anzahl von Personen mitgewirkt, denen wir an dieser Stelle herzlich danken möchten:

Unser besonderer Dank gilt zunächst dem BMB+F sowie in persona Herrn Constantin Skarpelis und Herrn Christoph Kasten vom DLR für die tatkräftige Unterstützung des Vorhabens.

Herzlich möchten wir auch den vielen Mitarbeitern der Partnerfirmen danken, die das Projekt mit großem Engagement gefördert haben und dabei viel Toleranz für Innovationsprozesse gezeigt haben. Stellvertretend möchten wir an dieser Stelle die Herren Dr. Helmut Abels, Thorsten Boog, Wilhelm Hahn, Dr. Andreas Huthmann, Franz Josef Krings, Michael Lingen sowie Peter Stelter nennen.

Weiterhin gilt unser Dank den Mitarbeitern des Springer-Verlags für die Unterstützung und Verlegung dieses Buches.

Die Verbesserung von Kommunikation, Kooperation und Koordination bleibt eine wichtige und aktuelle Aufgabenstellung, die Industrie und Forschung auch in Zukunft gemeinsam angehen sollten.

Aachen und Stuttgart, im Sommer 2000

Holger Luczak
Hans-Jörg Bullinger
Christopher Schlick
Jürgen Ziegler

Inhaltsverzeichnis

1 Einführung

Wie sehen Unternehmen in Zukunft aus? Amerikanische Organisationswissenschaftler haben zwei Szenarien für das Jahr 2015 entwickelt (Laubacher u. Malone 1997):

Szenario 1: Dynamische Netzwerke kleiner Unternehmen

Das Unternehmen des 21. Jahrhunderts hat zwischen einem und zehn Mitarbeitern. Zur Durchführung von Projekten schließen sie sich temporär zusammen, wobei jeweils spezifische Aufgaben von einzelnen Unternehmen wahrgenommen werden. Der Begriff „Kernkompetenz" wird erheblich enger gefaßt werden. Bereits heute gibt es Beispiele für dieses Szenario: Der Sportschuhhersteller Nike definiert nur noch die Funktionen Marketing und Design als Kernkompetenzen und hat alle anderen Funktionen, wie z. B. Herstellung und Distribution, an Auftragnehmer vergeben, die jederzeit gewechselt werden können.

Szenario 2: Globale Konglomerate

Das Unternehmen des 21. Jahrhunderts ist Bestandteil eines riesigen, global operierenden Konglomerats mit einer mächtigen Holding im Zentrum und einem mehr oder weniger permanenten Netz von kleineren Zulieferern in der Peripherie. Ansätze dieses Szenarios sind schon heute Wirklichkeit: In Asien spricht man von Keiretsus, Netzwerken, durch die die Hersteller ihre Zulieferer langfristig an sich binden. Restrukturierungen der Hersteller-Zulieferer-Beziehungen, wie sie z. B. in der Automobilindustrie auch in Deutschland stattfinden, weisen in die gleiche Richtung.

Arbeit der Zukunft

So verschieden beide Szenarien auch sind, sie haben eine Gemeinsamkeit: Der Grad der computerunterstützten organisatorischen Vernetzung wird steigen. Die intra- und interorganisationale Zusammenarbeit nimmt zu. Eine wachsende Zahl von Unternehmen werden ein sog. „Outsourcing", d. h. die Delegation von Funktionen, Dienstleistungen und Verantwortung an Externe, betreiben und sich auf eigene Kernkompetenzen konzentrieren. Während 1994 64% der ca. 400 am schnellsten wachsenden Unternehmen in den USA entsprechend dem Trendsetter Barometer von Coopers & Lybrand Outsourcing praktizierten, waren es 1997 bereits 83%. Gleichzeitig stieg im gleichen Zeitraum der Anteil der Ausgaben dieser Unternehmen für Outsourcing im Durchschnitt um 36%. Darüber hinaus ist die Zahl der strategischen Allianzen, Unternehmensakquisitionen, Joint Ventures usw. kontinuierlich gestiegen. Lag laut Insead, Fontainebleau, die Zahl der neu gegründeten, öffentlich bekannt gemachten strategischen Allianzen in Europa Ende der 70er Jahre noch deutlich unter 50 pro Jahr, so war diese zehn Jahre später bereits viermal so hoch, Tendenz steigend. Unternehmensakquisitionen und -fusionen wie Mannesmann/Vodafone sorgen für Schlagzeilen.

Auch abseits der breitenwirksamen Ereignisse bemüht man sich kontinuierlich um eine höhere organisatorische Vernetzung. Egal, ob man sie „Tandem", „Poz" (Prozeßoptimierung Zulieferteile) oder „Picos" (Purchased Input Concept Optimization with Suppliers) nennt, alle deutschen Automobilhersteller haben Zuliefererprogramme eingeführt, die die Zusammenarbeit, z. B. in Form von Informationsaustausch, Just-in-Time-Konzepten oder Entwicklungskooperationen, zwischen Herstellern und Zulieferern verbessern sollen. Nach einer Umfrage der Zeitschrift „manager magazin" in der deutschen Automobilindustrie steht auch hier für beide Parteien eindeutig die unternehmensübergreifende Teamarbeit im Vordergrund.

Nicht nur zwischen Unternehmen steht die Zusammenarbeit hoch im Kurs, auch innerhalb der Unternehmen setzt man auf kooperative Arbeit. Konzepte wie Gruppenarbeit, Fertigungsinseln, Fraktale Fabrik usw. stehen für den Wandel von der Einzelarbeit zur autonomen Teamarbeit auch in der betrieblichen Produktion. Besonders deutlich lassen sich eine zunehmende Häufigkeit und Intensität der Zusammenarbeit am Beispiel von Concurrent Engineering (kurz CE, auch Simultaneous Engineering genannt) darstellen. Unter diesem Begriff werden alle Bestrebungen subsumiert, durch Parallelisierung und Integration der Aktivitäten der Produkt- und Prozeßplanung den frühzeitigen Austausch und die gegenseitige Berücksichtigung aller Anforderungen von Marketing bis Entsorgung sicherzustellen und Produkte schneller auf den Markt zu bringen. Obwohl CE Anfang der 80er Jahre nahezu unbekannt war, ist es in einigen Schlüsselbranchen, z. B. der Computer- und Automobilindustrie, das weltweit am weitesten verbreitete Organisationskonzept. Dem Chiphersteller INTEL gelang es beispielsweise, durch die Einführung von CE die „design-to-sample time" trotz gleichzeitiger Verdoppelung der Produktkomplexität im Sinne der Zahl der integrierten Schaltkreise auf die Hälfte zu reduzieren. Auch bei CE ist die Zusammenarbeit mit Mitarbeitern aus verschiedenen Abteilungen und externen Partnern in sogenannten CE-Teams ein wesentliches Element.

Problematisch ist allerdings, daß angesichts von Trends wie der Globalisierung der Märkte, der Trennung von Entwicklungs- und Produktionsstandorten oder einfach bei der Zusammenarbeit mit mehreren, geographisch verteilten Unternehmen gilt: Die räumliche Nähe von Teammitgliedern läßt sich immer schwieriger realisieren. Räumliche Trennung ist aber ein wesentliches Hindernis für Kommunikation und Kooperation. So hat Allen (1984) vom MIT festgestellt, daß bereits bei Entfernungen oberhalb von 50 m oder bei Hindernissen wie Türen, Treppen usw. die Zahl der Kommunikations- und Kooperationsprozesse deutlich zurückgeht. Das bedeutet, daß für eine effiziente Zusammenarbeit bereits die Gestaltung einzelner Gebäude eines Standortes ausschlaggebend ist. Die BMW AG hat beispielsweise diese Randbedingung bei der Architektur ihres Forschungszentrums berücksichtigt und für kurze Wege zwischen den kooperierenden Entwicklern gesorgt. Allerdings stößt dieses Konzept bei der Zusammenarbeit mit Mitarbeitern des eigenen Unternehmens und der Zulieferer, die an anderen Standorten ansässig sind, an seine Grenzen. Die Positionierung von Mitarbeitern der Zulieferer am Standort des Herstellers, wie sie von vielen Unternehmen in der Automobilindustrie praktiziert wird, löst das Kommunikationsproblem nicht, sondern verlagert es nur auf den Zulieferer.

Damit läßt sich folgende Hypothese aufstellen: Die Zusammenarbeit von Mitarbeitern in autonomen Teams wird die vorherrschende Arbeitsform in Zukunft sein. Diese Teams arbeiten kompetenzgesteuert und schließen sich nach Marktmechanismen zu zeitlich begrenzten organisatorischen Einheiten zusammen. Der Wissenstransfer in computerunterstützten organisatorischen Netzwerken wird das Bild der Arbeit der Zukunft bestimmen. Schlüssel zum Erfolg sind in diesem Zusammenhang effektive und effiziente Koordinations-, Kommunikations- und Kooperationsprozesse, kurz K^3-Prozesse. Koordination bezieht sich auf typische Aufgaben des Projektmanagements in autonomen Teams: Kompetenzmanagement, Arbeitsverteilung, Zeit- und Synchronisationsplanung, Ressourcenzuordnung, Schnittstellendefinition usw. Kommunikation bezeichnet den Austausch von Nachrichten bzw. Informationen zwischen den Mitarbeitern beispielsweise in Face-to-face- oder virtuellen Konferenzsituationen. Kooperation ist die zweck- bzw. auftragsgebundene und zeitlich eingegrenzte Zusammenarbeit mehrerer organisatorischer Einheiten im Netzwerk.

Vorgehensweise

Um die Arbeit der Zukunft durch flexible Kooperation zu unterstützen, sind optimierte Koordinations-, Kommunikations- und Kooperationsprozesse die Schlüsselfaktoren. Die bestehenden Prozesse sollen mit Hilfe einer für schwach strukturierte Tätigkeiten geeigneten Modellierungsmethodik analysiert und darauf aufbauend effektivere, effizientere und persönlichkeitsförderliche Soll-Prozesse geschaffen werden.

Die hierfür notwendigen Anforderungen an eine Modellierungsmethodik werden in Kap. 2 erörtert. Ebenso werden die bisherigen Ansätze der Informations-, Aufgaben- und Kommunikationsmodellierung diskutiert und die Grundlagen der vorgestellten K^3-Modellierung und ihrer Modellierungsperspektiven aufgezeigt.

Die einzelnen K^3-Modelle werden in Kap. 3 ausführlich vorgestellt, indem für die unterschiedlichen Sichten die Beschreibungsmethode und deren Einsatz erläutert sowie ein oder mehrere Beispiele für deren Anwendung gegeben werden.

In Kap. 4 werden Vorgehensmodelle aus dem sog. „Requirements Engineering" aufgezeigt und deren partizipativer Ansatz mit den zukünftigen Benutzern des Systems erläutert.

In Kap. 5 ist die Gestaltung kooperationsunterstützender Systeme in Design und Klassifizierung von Groupware-Funktionen sowie Kosten- und Nutzenbetrachtung bei der Einführung untergliedert.

In den jeweiligen Fallstudien in Kap. 6 wird eine Übersicht über die in den Betriebsprojekten umgesetzten Lösungen zur Unterstützung flexibler Kooperation gegeben. Dabei werden in unterschiedlichen Gegenstandsbereichen die

Wege von der Analyse der Arbeitsprozesse bis zur Einführung von Group-ware-unterstützten Arbeitssystemen dargestellt.

Die positiven und negativen Erfahrungen, die in den letzten Jahren bei der Gestaltung flexibler Kooperation gemacht wurden, werfen natürlich auch Fragen für zukünftige Arbeiten in diesem Bereich auf, die am Ende dieses Buches in Form eines Ausblicks verdichtet werden.

2 Methodische Ansätze bei kooperations-unterstützenden Systemen

Zur Unterstützung von K³-Prozessen in Teams bieten innovative Informations- und Kommunikationstechnologien enorme Gestaltungsmöglichkeiten. In diesem Zusammenhang wird auch vom technisch-organisatorischen Konzept der computerunterstützten Teamarbeit oder „Computer Supported Cooperative Work", kurz CSCW (Greif 1988) gesprochen. Software-Werkzeuge für computergestützte Teamarbeit werden als Groupware bezeichnet. Groupware-Dienste lassen sich grob in zwei Kategorien unterteilen: Auf der einen Seite unterstützen synchrone Groupware-Dienste die zeitgleiche Zusammenarbeit von Mitarbeitern. Hierbei können je nach Anzahl der Teilnehmer Punkt-zu-Punkt- und Punkt-zu-Mehrpunkt-Konfigurationen auftreten. Funktionsbeispiele sind Videokonferenzen, die zeitgleiche Nutzung elektronischer Skizzenblöcke (Shared Whiteboard) oder die gemeinsame, verteilte Arbeit mit Applikationsprogrammen (Application Sharing). Eine detaillierte Darstellung dieser Funktionalitäten mit Fallbeispielen aus der übergreifenden Produktentwicklung findet sich in Luczak u. Eversheim (1999). Auf der anderen Seite wird durch asynchrone Groupware-Dienste die zeitlich versetzte Zusammenarbeit gefördert. Beispiele sind der weitverbreitete elektronische Nachrichtenaustausch (Messaging, E-Mail), bei dem der Benutzer den Versand der Nachrichten steuert, oder (teil-)automatisierte Dokumentenflüsse (sog. Workflows), bei denen Server-gestützte Geschäftsprozeßmodelle die Weiterleitung der Informationen steuern. Ein umfassender Überblick von CSCW-Funktionalitäten findet sich in Kap. 5.

Eine notwendige Voraussetzung für eine erfolgreiche Einführung computergestützter Teamarbeit ist die Einbindung der Mitarbeiter. Kommunikation, Kooperation und Koordination werden immer von den arbeitenden Menschen getragen. Diese Erkenntnis spiegelt sich in der Refokussierung auf den Mitarbeiter, das „Human Capital" der Unternehmen, und der zunehmenden Bedeutung von überfachlichen Qualifikationen, sog. „Soft Skills", wider. An die persönlichen Fähigkeiten und Fertigkeiten anknüpfend sollte bei der Einführung und Umsetzung von CSCW der Mitarbeiter im Mittelpunkt der Systemgestaltung stehen. So sollten das persönliche Arbeitsumfeld, die Arbeitsprozesse, der Arbeitsstil und das Kommunikationsverhalten im Vordergrund stehen, damit die K³-Prozesse synergetisch wirken können. Eine alleinige Realisierung des technisch Machbaren kann zu „EDV-Leichen" führen.

Für die erfolgreiche Einführung und Umsetzung soll eine Vorgehensweise entwickelt werden, die industrietauglich ist. Sie muß die drei wesentlichen

Determinanten Personal, Technik und Organisation vor, während und nach der Einführung berücksichtigen. Diese betreffen:

- den Mitarbeiter mit seinen Aufgaben, seiner Rolle im Team, seinem Arbeitsstil und seiner Qualifikation,
- die genutzten Informations- und Wissensquellen in Verbindung mit den zugehörigen Informations- und Kommunikationstechnologien sowie
- die Aufbau- und Ablauforganisation der involvierten Abteilungen bzw. organisatorischen Einheiten.

Warum K³-Modellierung?

Zur Analyse und Gestaltung teambasierter Arbeitsprozesse und ihrer Software-Unterstützung wird eine geeignete graphische Darstellungsweise zur Modellierungsmethodik benötigt. Hierbei muß ein flexibler Baukasten zur Modellierung von Kommunikations-, Kooperations- und Koordinationsprozessen bereitstehen, der für verschiedene Zielsetzungen verwendet werden kann. Mit Hilfe einer „Beschreibungssprache" sollen K³-Prozesse analysiert werden, um eine geeignete Unterstützung durch Groupware zu konzipieren. Des weiteren können damit Prozeßoptimierungs- und Reorganisationsvorhaben geplant, Veränderungen in der organisatorischen Struktur abgebildet sowie Informationsbestände dargestellt werden, um Fragestellungen des Informationsmanagements, wie z. B. Zugriffsrechte, Wissensspeicher usw., anzugehen.

Die Beschreibungssprache bzw. K³-Modellierungsmethodik soll sowohl die Darstellung strukturierter als auch schwach strukturierter Prozesse ermöglichen, damit die hier erwünschte Handlungsautonomie des Teams nicht unnötig durch einen hohen Grad an Strukturiertheit und damit auch Vorherbestimmtheit der Arbeitsprozesse eingeschränkt wird. Entsprechend der verfolgten Zielsetzung muß sie ein Spektrum an Sichten bieten, die miteinander kombiniert eingesetzt werden können. Ein ganzheitlicher Beschreibungsansatz basiert auf einem „Baukastenprinzip". Somit kann eine Modellierung schnell und mitarbeitergetrieben erfolgen. Das heißt, die Beschreibungssprache ist auch mit der konventionellen Metaplantechnik, z. B. in Workshops „vor Ort", einsetzbar. Zugleich bietet der Baukasten die Möglichkeit einer ausgearbeiteten Informationsdarstellung, im Rahmen derer – durch die Kombination einzelner Modellierungssichten – komplexe Sachverhalte und Prozesse dargestellt werden können.

2.1
Anforderungen

Der Einsatz einer Beschreibungssprache hat im Bereich der computergestützten Teamarbeit das Ziel, das Organisationsumfeld und die Informationstechnik für teambasierte Arbeitsprozesse aufeinander und vor allem auf den Anwender abzustimmen. Dabei wird im Rahmen der Beschreibungssprache nicht genau festgelegt, wie und in welcher Form Arbeitsaufgaben sequentiell zu erledigen sind. Vielmehr führt eine zwischen allen Prozeßbeteiligten konsolidierte Beschreibung der aktuellen bzw. zukünftig zu entwickelnden organisatorischen Struktur zunächst nur zur Transparenz der praktizierten Abläufe. Auf dieser Grundlage kann erstens eine organisatorische Restrukturierung der Aufgaben und zweitens eine Konzeption der unterstützenden Technik vorgenommen werden.

Die Anforderungen beziehen sich nicht auf die Beschreibung der betriebsorganisatorischen Funktionen und Abläufe, sondern auf die Beschreibung z. T. nur schwach strukturierter Arbeitsprozesse sowie damit verbundener Informations- und Kommunikationsstrukturen.

Um die für K³-Prozesse notwendigen Anforderungen zu erfüllen, wurden anwendungsgetriebene Kriterien und Utilitätskriterien aufgestellt. Die anwendungsgetriebenen Kriterien spezifizieren diejenigen Eigenschaften, welche durch die Struktur bzw. Attribute der Beschreibungssprache abgedeckt werden sollen, während die Utilitätskriterien die nutzengetriebenen Anforderungen an die Modellierungsmethodik darstellen.

Mit Bezug auf die anwendungsgetriebenen Anforderungen ist zuerst zu verlangen, daß die relevanten Arbeitsprozesse in Form des Aufgabenflusses, des physischen Objektflusses und des Informationsflusses beschrieben werden sollen, die die einzelnen Aktivitäten der Mitarbeiter verbinden. Physische Objektflüsse beschreiben alle physisch greifbaren Prozeßbestandteile, wie z. B. Produktprototypen oder -muster, die für den Ablauf des Prozesses an verschiedenen Orten zu unterschiedlichen Zeiten verfügbar sind. Diese Objekte können durch äußere Einwirkung geschaffen, verändert und gelöscht werden. Der Informationsfluß stellt die ohne physische Einwirkung verarbeitungsfähige Information dar. Informationen sind stets an einen Träger bzw. ein Medium gebunden, wobei im Kontext elektronische, papiergebundene und flüchtige „Medien" differenziert werden. Steuerflüsse bestimmen die Transformation von Objekten und Informationen mit Bezug auf die Arbeitsaufgaben, so daß sich ein Arbeitsfluß im Sinne eines Aufgabennetzes ergibt.

Zweitens ist zu fordern, daß die im Prozeß genutzten Arbeitsmittel bzw. Tools abbildbar sind, da sie in der Regel die notwendige Voraussetzung für die Transformation von Informationen und physischen Objekten sind. Auf diese Weise wird eine funktionale Sichtweise auf die K³-Prozesse möglich, indem die verschiedenen Verarbeitungsstufen von informatorischen oder physischen Objekten im Aufgabennetz der Mitarbeiter dargestellt werden.

Drittens sind sog. Rollenkonzepte für die Beschreibung wichtig, da sich insbesondere bei komplexen Tätigkeiten, wie beispielsweise Entwicklungsaufgaben in pluridisziplinären Teams, gewisse Aufgaben nicht einzelnen Organisationseinheiten und den damit verbundenen Personen statisch im Sinne einer Stellenbeschreibung zuordnen lassen. Eine dynamische Abbildung wird erreicht, indem die im K³-Prozeß auftretenden Rollen, z. B. die eines Koordinators oder Qualitätsprüfers, als temporär gültiges Bündel von Aktivitäten zusammengefaßt werden. Diese Aktivitäten nimmt eine Person im beschriebenen Arbeitskontext wahr. Formal gesehen besteht also eine n:m-Beziehung zwischen Mitarbeitern und Rollen, die sich entlang des Zeitstrahls strukturiert.

Viertens müssen die Entscheidungspunkte innerhalb des K³-Prozesses darstellbar sein. Diese Entscheidungspunkte sind für eine flexible Aktivitätenplanung zwingend erforderlich, da somit verschiedene Tätigkeitsvarianten oder Eskalationsstrategien hinterlegt werden können. Entscheidungen beziehen sich auf das oben beschriebene, nach Rollen gegliederte Aktivitätenbündel, und werden stets individuell vom aktuellen Rolleninhaber, also dem Mitarbeiter, getroffen.

Fünftens sollen das Niveau (im Sinne einer Komplexität des zu vermittelnden Kommunikationsgegenstandes) und die Art der Kommunikation hinterlegt werden können, da sie relevant für die Auswahl eines Kommunikationsmittels sind.

Sechstens sollte die Kooperation als das Tätigsein von zwei oder mehr Individuen, das bewußt, planvoll und aufeinander abgestimmt die Zielerreichung eines jeden beteiligten Individuums gewährleistet, nach ihrem Niveau und ihrer Art berücksichtigt werden. Einfache Kooperationsniveaus beziehen sich beispielsweise auf die simple, terminlich nicht zwangsgebundene Weiterleitung von Informationen, wohingegen bei komplexen Kooperationssituationen nicht nur terminlich und qualitativ abgesicherte Informationen vom Kooperationspartner zur Verfügung gestellt, sondern auch zeitgleich Veränderungen am Arbeitsgegenstand vorgenommen werden müssen, und der Zugriff auf Ressourcen gesteuert werden muß.

Die Koordination ist eine der wichtigsten Tätigkeiten in Teams. Hierunter wird das Management der Abhängigkeiten von individuellen Aufgaben verstanden (Malone u. Crowston 1994). Diese Abhängigkeiten können unter anderem zeitlicher, funktionaler, ressourcenbezogener, qualifikatorischer oder zweckgebundener Art sein und sollten beschrieben werden können.

Mit Bezug auf die Utilitätskriterien ist erstens zu fordern, daß subjektiv von den Mitarbeitern empfundene Schwachstellen und Verbesserungspotentiale im K^3-Prozeß bereits bei der Ist-Analyse durch Attribute direkt im Modell dargestellt werden können.

Zweitens ist eine hierarchische Modellierung nützlich, die von einer anfangs groben Analyse zu einer später weiter verfeinerten führt. Sie ist als ein Standard in der Methodik zur Anforderungsanalyse anzusehen und sollte auch für die Modellierung von K^3-Prozessen gelten.

Drittens sollte mit Hilfe einer sog. Layertechnik ein Filtern der aufgenommenen K^3-Prozesse ermöglicht werden, so daß die notwendige Abstraktion mit Hilfe verschiedener Sichten ermöglicht wird. Auf diese Weise wird die Konzentration des Mitarbeiters auf die jeweils relevanten Teilaspekte ermöglicht.

Viertens muß für eine unabdingbare partizipative Analyse, welche die Mitarbeiter in die Modellierung der K^3-Prozesse direkt einbezieht, die Methodik in Anlehnung an die Software-Ergonomie transparent, konsistent und selbsterklärend sein.

Letztlich ist eine Software-Unterstützung zur graphischen Darstellung des erhobenen Modells ein wichtiges Kriterium zur Bewertung einer Modellierungsmethodik. Oftmals reicht dabei schon eine Unterstützung bei der partizipativen Erhebung und Verfeinerung des K^3-Prozeßgraphen. Im Idealfall können diese Informationen im Sinne eines „Computer Aided Groupware Engineering" direkt in Software überführt werden.

Eine Übersicht sämtlicher Anforderungen findet sich in Tabelle 2.1.1.

Tabelle 2.1.1 Anwendungsgetriebene Kriterien und Utilitätskriterien als strukturierte Anforderungen an die K³-Modellierungsmethodik

Anwendungsgetriebene Kriterien	Utilitätskriterien
• Arbeitsprozesse: Aufgabenfluß, Informationsfluß (Träger: elektronisch, papiergebunden und flüchtig), Objektfluß	• Verbesserungspotential, Schwachstellenbezeichnung (Attribute)
• genutzte Arbeitsmittel	• Hierarchische Modellierung
• Rollenkonzept	• Layertechnik (Filtern)
• Entscheidungspunkte	• Sichtentechnik
• Niveau/Art der Kommunikation	• partizipative Analyse: Transparenz, Konsistenz, Selbsterklärungsfähigkeit
• Niveau/Art der Kooperation	• Software-Unterstützung
• Art der Koordination	

2.2
Stand der Forschung

2.2.1
Aufgabenmodellierung

Der Terminus „Aufgabe" läßt sich trennscharf behandeln, wenn eine systematische Gliederung von Arbeitsprozessen zugrunde gelegt wird (Luczak 1997). Diesen Zweck erfüllt ein Ordnungsmodell von Luczak et al. (1989), das in struktureller Sicht sieben Betrachtungsebenen, von autonomen Körperfunktionen bis zu gesellschaftlichen Arbeitsaufgaben, differenziert. Für die Gestaltung computergestützter Teamarbeit ist in erster Linie die fünfte Ebene relevant, die Kooperationsformen in Arbeitsgruppen umfaßt. Hier läßt sich eine Aufgabe als Funktion beschreiben, die durch das Zusammenwirken von Menschen und (computergestützten) Arbeitsmitteln einen Anfangszustand des informatorischen oder materiellen Arbeitsgegenstands in einen Endzustand überführt und somit einen bestimmten Systemzweck erfüllt.

Generell läßt sich das Aufbausystem vom Ablaufsystem differenzieren (Bruns 1991). Der Gegenstand des Aufbausystems ist die Struktur bzw. das Gefüge der Aufgaben (statische Betrachtungsweise), wohingegen der Gegenstand des Ablaufsystems die Folgeverknüpfung der Aufgaben ist (dynamische Betrachtungsweise). Darstellungsformen im statischen Fall sind z. B. Hierarchiestrukturen oder Strukturbäume, die eine Ordnung von Teilaufgaben bzw.

übergeordneten Aufgaben erzielen. Im dynamischen Fall werden z. B. Fluß-
diagramme oder Netzpläne verwendet, die die auslösenden Ereignisse, die
Übergänge zwischen Aufgaben, sowie die Notwendigkeit zur Parallelbear-
beitung oder zur Iteration beschreiben.

Die Entscheidung zur Abgrenzung von Aufgaben kann beispielweise aufgrund zeitlicher, funktioneller, mengenmäßiger, räumlicher oder organisatorischer Aspekte getroffen werden. Bezüglich der Aufgabenmodellierung für
kooperationsunterstützende Systeme steht die zeitliche Gliederung mit Hilfe
von Vorgänger-Nachfolger-Relationen im Vordergrund. Hierzu werden in der
Regel gerichtete Graphen verwendet. Ein gerichteter Graph besteht aus einer
Menge von Knoten und einer Menge von gerichteten Kanten, wobei beim
Zeichnen die Knoten in der Regel als Kästen und die Kanten als Pfeile dargestellt werden (Gondran u. Minoux 1984).

Zur dynamischen Aufgabenmodellierung lassen sich drei Verwendungs-
arten differenzieren (vgl. Bruns 1991; Baumgarten 1996; Jensen 1997):

- Zustandsorientierte Graphen, wie z. B. Zustandsdiagramme, haben diskrete
  Systemzustände als Knoten und stellen Ereignisse bzw. Aktionen als Kan-
  ten dar, die Zustände überführen.
- Ereignisorientierte Graphen, wie z. B. Funktionsdiagramme, stellen spie-
  gelbildlich die Ereignisse als Knoten dar und betrachten die Zustände als
  Kanten, die Ereignisse verbinden.
- Petri-Netze sind eine Synthese aus Zustands- und Ereignisorientierung,
  wobei die Knoten sowohl Stellen als auch Transitionen repräsentieren und
  die Kanten lediglich Flußrelationen bezeichnen. Darüber hinaus werden zur
  Beschreibung dynamischer Vorgänge die Stellen mit sog. Marken belegt.

2.2.1.1
Zustandsorientierte Modellierungsverfahren

Die einfachste zustandsorientierte Modellierungsmethode ist das Zustandsdiagramm, das z. B. in der Nachrichtentechnik zur Repräsentation von endlichen
Automaten eingesetzt wird (Hopcroft u. Ullmann 1973). Hierbei sind bei sog.
Mealy-Automaten die Systemzustände als Knoten und die Zustandsübergänge,
die durch interne oder externe Ereignisse initiiert werden, als gerichtete
Kanten des Graphen dargestellt. Eine Erweiterung konventioneller Zustandsdiagramme im Hinblick auf hierarchische Knoten mit Super- bzw. Subzustän-
den sind die von Harel (1987, 1988) entwickelten Statecharts, die auch Bestandteil der sog. Unified Modeling Language, kurz UML, sind und aufgrund
ihrer methodischen Mächtigkeit für die schwach strukturierte Beschreibung im
nächsten Kapitel im Detail behandelt werden. Generell handelt es sich bei
UML um eine umfassende Methodik der Software-Technik, die verschiedene
Vorarbeiten zur Prozeß- und Informationsmodellierung integriert (s. Booch et
al. 1998).

Basierend auf Statecharts wurde eine Reihe von Methoden für die Gestaltung interaktiver Systeme entwickelt, z. B. Objectcharts (Coleman et al. 1992),
ADVcharts (Carneiro et al. 1994) oder Task Object Charts (Ziegler 1996).

Dabei reichern Objectcharts die Grundform um objektorientierte Konzepte – wie z. B. Identifikation, Klassifikation, Polymorphismus und Vererbung (vgl. Rumbaugh et al. 1991) – an, die sich auch in der UML wiederfinden. ADVcharts greifen die Objektorientierung auf und ergänzen Mechanismen zum Separieren von Anwendungsprogramm und Benutzungsschnittstelle, sog. Abstract Data Views (Coan et al. 1993). Die am meisten elaborierte objektorientierte Erweiterung von Statecharts im Anwendungskontext sind Task Object Charts (TOC), die ein hierarchisch-zustandsorientiertes Aufgabenmodell mit einem objektorientierten Informationsmodell verbinden. Aus diesen beiden Teilen wird einerseits ein sog. Sichtenmodell generiert, das eine Zusammenfassung der in der Aufgabensituation für eine effiziente und effektive Nutzung benötigten Informationen ist. Andererseits wird ein sog. Dialogmodell gestaltet, das bestimmt, welche im Sichtenmodell definierten Navigationspfade im Sinne konkreter Benutzeraktionen erreicht werden können.

Eine den TOC vergleichbare hierarchische Zustandsmodellierung, jedoch mit einfacherer theoretischer Grundlage, bietet das Operator Function Model (kurz OFM, s. Mitchell u. Miller 1986; Mitchell 1987; Jones et al. 1995). Das OFM besitzt einen expliziten Bezug zu Arbeitsprozessen und wurde zur Simulation des Verhaltens von Menschen in dynamischen, ereignisgetriebenen und parallelen Aufgabenzusammenhängen entwickelt. Knoten des OFM-Zustandsgraphen auf der höchsten Ebene repräsentieren übergeordnete Mitarbeiter-Funktionen, die in einzelne Subfunktionen, Aufgaben und letztlich Operationen zerlegt werden. Operationen können dabei kognitiven oder manuellen Ursprungs sein. Die Kanten auf einer Hierarchieebene stellen auslösende Ereignisse oder die erfolgreiche Aufgabenbewältigung dar, hingegen bilden heterarchische Kanten den zeitlichen Zusammenhang von Aktivitäten ab.

2.2.1.2
Ereignisorientierte Modellierungsverfahren

Eine Grundform dieser Methodenklasse sind Ereignisablaufdiagramme nach DIN 25419, die einfache Ereignisstrukturen mit möglichen Einfach- und Mehrfachverzweigungen bzw. logischen Verknüpfungen als Ereignisbaum darstellen können. Weitergehende Möglichkeiten bieten Erweiterungen, z. B. Programmablaufpläne (DIN 66001) oder Struktogramme (DIN 66261), die über Kontrollstrukturen wie Schleifen etc. verfügen.

Im Zusammenhang mit der Gestaltung von C3I-Systemen – Command, Control, Communication and Information – werden verschiedene ereignisorientierte Modellierungsmethoden wie SAINT, SLAM etc. (Übersicht in McMillan et al. 1989) verwendet, die jedoch hinsichtlich ihrer graphischen Eigenschaften zur dynamischen Aufgabenmodellierung auf klassischen Netzplantechniken wie CPM, PERT, MPM etc. (Meyer u. Hansen 1985) beruhen und deshalb nicht vertieft betrachtet werden.

Darüber hinaus existiert eine Vielzahl von Modellierungsmethoden zur Entwicklung betrieblicher Informationssysteme, die auch auf der Gestaltungsebene von kooperationsunterstützenden Systemen anwendbar sind. Eine

Methodenübersicht bieten z. B. Mertins et al. (1994), Hess (1996) oder Partsch (1998). Aus dieser Menge sticht die Structured Analysis and Design Technique, kurz SADT, heraus, deren Grundform von der Firma SofTech (Ross 1977) entwickelt wurde und ein Aktivitäts- und Datenmodell definiert. Knoten in SADT-Aktivitätsmodellen bilden Aufgaben ab, die Kanten hingegen Informations- bzw. Objektflüsse, Steuermechanismen und Ressourcen (Mitarbeiter, Arbeits- und Betriebsmittel). Die Aufgaben können hierarchisch gegliedert werden, so daß ein gerichteter Baum entsteht. SADT-Diagramme sind in den USA auch unter dem Namen IDEF0 bekannt (Integrated Definition Language, Ross 1985). Weiterentwicklungen der Urform zielen auf zeitabhängige Funktionen ab (IDEF2, Bravocco u. Yadav 1985) bzw. fügen Aspekte der Prozeßmodellierung und Objekttransition hinzu (IDEF3, Mayer et al. 1992). Mit Bezug auf die UML-Methodik können durch sog. Aktivitätsdiagramme (Booch et al. 1998) Benutzeraufgaben in ihrer zeitlich-logischen Reihenfolge abgebildet werden. Dabei wird der Steuerfluß durch Verzweigungs-, Synchronisations- und Entscheidungsoperatoren hinterlegt und kann durch den Informationsfluß ergänzt werden, wobei zusätzliche Objekte mit den Aktivitäten verbunden werden. Mit Hilfe sog. Bahnen (Swim Lanes) können Rollenkonzepte verdeutlicht werden.

2.2.1.3
Petri-Netz-basierte Modellierungsverfahren

Petri-Netze als Synthese von Zustands- und Ereignisorientierung werden gewöhnlich in zwei Klassen – niedere und höhere Netzmodelle – eingeteilt. Bezüglich der niederen Netzmodelle ist der Grundtyp das Bedingungs-Ereignis-Netz (Petri 1962), welches Stellen mit maximal einer einfachen Marke belegt. Eine Erweiterung des Originals sind Stellen-Transitions-Netze (s. Brauer 1980, 1987), die Stellen auch mit mehreren Marken belegen können. Für eine hierarchische Modellierung wurden sog. Kanal-Instanz-Netze entwickelt, die Stellen als Kanäle und Transitionen als Instanzen allgemeinverständlich beschriften, um ihnen eine bestimmte Bedeutung zu verleihen.

Auf diesen Grundlagen wurden von Genrich u. Lautenbach (1981) höhere Netzmodelle entwickelt, sog. Prädikats-Transitions-Netze, die Marken mit bestimmten Eigenschaften versehen und z. B. die Transitionen zur Prüfung der Markeneigenschaften verwenden. Prädikats-Transitions-Netze besitzen jedoch gewisse formale Schwächen, die gegenwärtige höhere Netzmodelle, sog. „gefärbte" Petri-Netze (Coloured Petri Nets, kurz CPN, nach Jensen 1991, 1997), vermeiden. CPN besitzen eine logische, mengen- und graphentheoretische Grundlage, bieten die Möglichkeiten der Hierarchie und verfügen über umfangreiche Kontrollkonstrukte. Höhere Netzmodelle sind ebenso die formale Basis für eine Modellierungsmethode zur Gestaltung benutzergerechter Systeme nach Oberquelle (1987a, 1987b). Diese sog. Rollen-Funktions-Aktions-Netze, kurz RFA-Netze, besitzen ein Rollenkonzept zur Repräsentation individueller und kooperativer Aufgaben, verfügen über Pseudoelemente für gemeinsame Handlungen und integrieren den Steuer- und Objektfluß. Ferner sind für eine Teilmenge der Modellierungselemente Hierarchieregeln definiert.

Analog zu den ereignisorientierten Methoden sind für die Entwicklung betrieblicher Informationssysteme verschiedene auf Petri-Netzen basierende Methoden bekannt, die prinzipiell auch für die Gestaltung von Benutzungsschnittstellen relevant sind. Eine Methodenübersicht findet sich in Oberweis (1996). Hierbei ist die von Keller et al. (1991) entwickelte Methode der ereignisgesteuerten Prozeßketten, kurz EPK, zu nennen. Methodisch beruhen die EPK auf Prädikats-Transitions-Netzen (Scheer et al. 1995), wobei lediglich die Prädikatsausdrücke der Transitionen als logische Verknüpfungsoperatoren explizit aufgeführt werden, so daß eine höhere Transparenz der graphischen Abbildung erreicht wird. Dieses EPK-Grundmodell integriert Funktionen, Ereignisse und Verknüpfungsoperatoren. Eine Erweiterung zu sog. erweiterten ereignisgesteuerten Prozeßketten (eEPK) erhält man, indem semantische Beschreibungselemente wie Informationsobjekte, Organisationseinheiten und Ressourcen ergänzt und vollautomatische bzw. dialoggesteuerte Aufgaben differenziert werden (vgl. Scheer 1995, 1997, 1998). Eine gegenwärtige Weiterentwicklung der eEPK mit Bezug auf eine Objektorientierung zu sog. oEPK findet sich in Scheer et al. (1997). Einen vergleichbaren Ansatz hinsichtlich der Integration von organisatorischen, aufgaben- und informationsorientierten Modellen besitzt die FUNSOFT-Methode (Gruhn 1991, Emmerich u. Gruhn 1991). Auch FUNSOFT basiert auf Prädikats-Transitions-Netzen und zielt auf die Gestaltung verteilter Vorgangssteuerungssysteme bzw. Workflow-Management Systeme ab (Graw u. Gruhn 1995). Hierbei werden die Informationen an die Stellen gebunden und die organisatorischen Eigenschaften an die Transitionen. Im Gegensatz zu eEPK bzw. oEPK haben die FUNSOFT-Autoren Transformationsregeln in Prädikats-Transitions-Netze spezifiziert, so daß eine Simulation möglich ist.

Abschließend ist mit dem sog. Leitermodell für Entscheidungsschritte (Decision Step Ladder) nach Rasmussen (1976, 1986) ein Modellierungsansatz zu nennen, dem neben den genannten Verfahren ein Sonderstatus zukommt, weil nicht die Aufgabenanalyse im Sinne beobachtbarer Handlungen und Funktionen im Vordergrund steht, sondern eine schematische Zerlegung der informatorischen Aktivitäten von Mitarbeitern im Entscheidungsprozeß stattfindet. Methodisch basiert das Leitermodell auf Kanal-Instanz-Netzen, wobei die Kanäle den jeweiligen Wissensstand und die Instanzen die Entscheidungsschritte bezeichnen. Dabei werden drei grobe Schritte – Analyse, Evaluation und Planung – differenziert, um den Maximalumfang einer Entscheidungssituation von der Aktivierung (Erkennen der Handlungsnotwendigkeit) bis zur prozeduralen Ausführung einzelner Manipulationen abzubilden. Mit Hilfe dieses Modells können sowohl individuelle als auch kooperative Entscheidungszusammenhänge zwischen Menschen und Computern beschrieben werden.

2.2.1.4
Beurteilung

Ziel der Beurteilung ist es, mit Hilfe einer dreistufigen Ordinalskala – Anforderung voll erfüllt (+), teilweise erfüllt (•) oder nicht erfüllt (-) – diejenige Modellierungsmethode anhand der eingangs genannten Anforderungen auszuwählen, die den größten Erfüllungsgrad besitzt. Auf diese Weise findet bereits an dieser Stelle eine methodische Verdichtung statt, so daß lediglich das Verfahren mit der größten Relevanz für die Gestaltung kooperationsunterstützender Systeme detailliert herangezogen werden muß.

Von den vorgestellten Modellierungsmethoden wird die folgende Teilmenge beurteilt, da sie ohne Beschränkung der Allgemeinheit den Stand der Forschung in der jeweiligen Methodenklasse repräsentiert:

- zustandsorientierte Methoden: TOC und OFM,
- ereignisorientierte Methoden: IDEF und UML (Fokus auf Aktivitätsdiagrammen),
- Petri-Netz-basierte Methoden: CPN, RFA und eEPK.

Mit Bezug auf die erste Anforderung „Integration von Steuer-, Informations- und Objektfluß" erfüllen sämtliche Verfahren außer dem OFM diese vollständig. Das OFM besitzt Schwächen im Bereich transitionsbezogener Informationsflüsse und somit wird lediglich eine Teilerfüllung zugestanden. Hierbei ist zu erwähnen, daß der rein graphentheoretische Ansatz von CPN keinen Informations- oder Objektfluß differenziert, dieser Aspekt jedoch nach Maßgabe von RFA oder eEPK einfach zugefügt werden kann, wie auch in der Primärquelle von Jensen (1997) zu finden ist.

Der Werkzeugaspekt eines kooperativen Arbeitssystems ist explizit in RFA und IDEF berücksichtigt. RFA beinhaltet ein Pseudoelement, das zum Ausdruck bringt, daß Aufgaben kooperativ erfüllt werden und somit der reproduktive Werkzeugaspekt (Werkzeug zur Unterstützung der Kooperation an sich) im Vordergrund steht. IDEF stützt sich auf den bekannten Ansatz von SADT, so daß „Tools" ausdrücklich auf Aufgabenelemente bezogen werden. Hierbei steht also der Produktivitätsaspekt von Werkzeugen im Vordergrund. Keines der beiden Verfahren integriert jedoch reproduktive und produktive Aspekte, so daß lediglich von einer Teilerfüllung ausgegangen werden muß. Die anderen Verfahren lassen derartige Konstrukte vermissen.

Rollen als typische temporäre Bündelung von Aufgaben mit Bezug auf den Mitarbeiter spiegeln sich in RFA und den UML-Aktivitätsdiagrammen wider. RFA verfügt über ein vollständiges Akkumulationsschema für individuelle Aufgaben und erfüllt somit diese Anforderung voll. Die Aktivitätsdiagramme führen den einfachen Ansatz sog. „Swim Lanes" ein, die den Verantwortungsbereich jeweils einer Organisationseinheit präsentieren, und decken somit die Anforderung teilweise ab. Die sonstigen Verfahren bieten keinen derartigen Mechanismus.

Im Hinblick auf kooperative Entscheidungssituationen vermag alleinig das Leitermodell von Rasmussen Aspekte verteilter Entscheidungsschritte abzudecken. Die selektierten Verfahren lassen Mechanismen vermissen, um sich von einer rein tätigkeitsorientierten Beschreibungsweise zu lösen, und erfüllen allesamt diese Anforderung nicht.

Tabelle 2.2.1 Beurteilung von Verfahren zur dynamischen Aufgabenmodellierung. Die Symbole repräsentieren den jeweiligen Erfüllungsgrad der Anforderungen wie folgt: „+ = voll erfüllt", „• = teilweise erfüllt" und „- = nicht erfüllt"

Anforderung/Verfahren	TOC	OFM	IDEF	UML	CPN	RFA	eEPK
Integration von Steuer-, Informations- und Objektfluß	+	•	+	+	+	+	+
Werkzeugrepräsentation (produktive, reproduktive)	-	-	•	-	-	•	-
Rollenkonzept	-	-	-	•	-	+	-
verteilte Entscheidungsschritte	-	-	-	-	-	-	-
Art der Kommunikation	-	-	-	-	-	-	-
hierarchische Modellierung	+	+	+	+	+	+	+
Sichten-Technik	•	-	-	+	-	-	•
partizipative Analyse	•	•	•	+	•	•	+
Software-Unterstützung	-	-	•	+	+	-	•

Dieselbe Negativbeurteilung gilt für die Beschreibung von Arten der Kommunikation, Kooperation und Koordination im Hinblick auf dynamische Aufgabensituationen. Hierbei ist jedoch zu erwähnen, daß aktuelle Erweiterungen der TOC zu sog. „CoCharts" (Ziegler 1999) darauf abzielen, bestimmte Koordinationsschemata als Eigenschaften von gemeinsamen Arbeitsaufgaben zuzuordnen und somit ein Bezugspunkt zur Modellierung von Koordination besteht.

Hinsichtlich der Utilitätsanforderungen sind alle genannten Verfahren voll in der Lage, eine hierarchische Modellierung zur Reduktion von Komplexität zu unterstützen. Ein anderes Bild ergibt sich jedoch bei Modellierungssichten. Hier vermag der UML- bzw. eEPK-Ansatz verschiedene Modellierungssichten zu integrieren, indem z. B. die Aufgabennetze hinsichtlich der informatorischen Objekte auf entsprechende Partialmodelle Bezug nehmen. Darüber hinaus ermöglichen UML-Aktivitätsdiagramme, in Verbindung mit den der Harel-Notation entnommenen UML-Zustandsdiagrammen, eine zeitliche

Abstraktion vorzunehmen (s. Booch et al. 1998). Vorgänger-Nachfolger-Beziehungen können dabei bewußt weggelassen werden und somit wird dieses Kriterium voll erfüllt. Einen vergleichbaren Ansatz bieten auch die TOC, so daß beide Verfahren gleich beurteilt werden.

Mit Bezug auf eine partizipative Aufgabenanalyse, die vor allem Transparenz und Erwartungskonformität erfordert, sind UML-Aktivitätsdiagramme bzw. eEPK superior zu beurteilen und erfüllen dieses Kriterium voll. Die anderen Verfahren erfordern entweder ein technisch geprägtes Vorwissen, um eine geschachtelte Zustandsnotation verstehen zu können (TOC und OFM) oder verlangen Grundkenntnisse in Petri-Netz-basierter Modellierung wie RFA bzw. CPN.

Letztlich steht eine Software-Unterstützung für UML, eEPK, IDEF und CPN am Markt zur Verfügung. Dennoch erfüllen lediglich die Software-Pakete für UML und CPN dieses Kriterium voll, da sie in der Lage sind, aus den graphischen Modellen Quell-Code für Programmiersprachen zu erzeugen und somit Software-Engineering oder Simulation lückenlos abdecken. Die Ergebnisse der Beurteilung sind zusammenfassend in Tabelle 2.2.1 dargestellt.

2.2.2
Kommunikationsmodellierung

Das Kommunikationsmodell zur Darstellung der Kommunikationsbeziehungen zwischen den Mitarbeitern bzw. den Organisationseinheiten basiert auf sprachorientierten Modellen. Es handelt sich hierbei erstens um das semiotische Interaktionsmodell, das den Informationsaustausch zwischen den beteiligten Partnern auf verschiedenen Abstraktionsebenen beschreibt, sowie zweitens um die Sprechakttheorie, welche die Sprechakte von Kommunikationspartnern in bilateralen Vereinbarungssituationen analysiert.

Gegenwärtige semiotische Interaktionsmodelle gehen von einer hierarchischen Wechselwirkung zwischen Sender und Empfänger aus und trennen klar den gestaltungsorientierten Informationsteil von der Nachricht selbst (Gitt 1989). Der resultierende Bedingungskomplex ist in der Abb. 2.2.1 dargestellt und differenziert fünf Ebenen (Edwin 1994):

1. Die unterste Stufe analysiert wahrscheinlichkeitstheoretisch die relative Häufigkeit des Auftretens einzelner Sprachelemente einer Zeichenkette;
2. die Syntax ist das Regelwerk, nach dem spezielle Sprachelemente im verwendeten Codesystem entsprechend den Gesetzmäßigkeiten der Sprachform verknüpft werden müssen;
3. die Semantik ermöglicht die Übermittlung einer bedeutsamen Aussage an den Empfänger, so daß im Falle neuer Anteile dort eine Erhöhung des informatorischen Ordnungszustands entsteht;
4. die Pragmatik beinhaltet den vom Sender für einen bestimmten Zweck bewußt in bestimmter Form übermittelten Sachverhalt, um dem Empfänger eine Handlungsweise zu empfehlen;

5. die Zielvorgabe des Senders will dem Empfänger nicht nur eine Hand-
   lungsempfehlung antragen, sondern auch beim Empfänger einen speziellen
   Gestaltungsauftrag als Ergebnis realisiert wissen.

Die Sprechakttheorie basiert auf dem pragmatischen Aspekt der Kommunikation und wurde von Austin (1962) und Searle (1969, 1979) entwickelt.
Sprechakte sehen das Sprechen als Handlungsart, wobei im Gegensatz zu
anderen Sprachtheorien der Schwerpunkt auf der Aktion liegt. Die Sprechakttheorie gibt eine Analyse der Sprache als bedeutungsvolle Handlung (Akte)
von Kommunikationspartnern in Situationen einer gemeinsamen Aktivität (s.
Definition nach Borghoff u. Schlichter 1998).

Abb. 2.2.1 Kommunikation als Nachrichtenaustausch (EDWIN 1994)

Die menschliche Kommunikation wird zerlegt in Wortfolgen, durch welche
Handlungsarten ausgelöst werden. Die Elemente eines Sprechaktes sind Satzinhalt, Kategorie und Präsentationsgrad.

Satzinhalt:
Der Satzinhalt enthält den Gegenstand/das Thema der Kommunikation.

Kategorie:
Insgesamt gibt es fünf Kategorien und zwar die Kategorien der Behauptung
(1), der Anweisung (2), der Verpflichtung (3), der Deklaration (4) und der
Äußerung (5). Diese Deklarationen können wiederum in gegenwärtige und
vergangene (1,4,5), sowie zukünftige (2,3) Handlungen eingeteilt werden. Bei
den zukünftigen Handlungen ist nur der Unterschied beim Ausführenden der
Tat gegeben, bei Anweisungen ist es der Zuhörer und bei Verpflichtungen der
Sprecher.

Präsentationsgrad:

Der Präsentationsgrad geht auf die unterschiedliche Präsentation des Sprechers gegenüber dem Zuhörer ein. Der Unterschied wird hier zwischen höflich, unterwürfig und fordernd gemacht.

Das Sprechen der Wortfolge wird als lokutionärer Akt und die damit verfolgte Absicht als illokutionärer Akt bezeichnet. Der Effekt der Kommunikation und das Verhalten des Zuhörers, die zu einer Veränderung des Zustands führen, werden als perlokutionärer Akt bezeichnet.

Insgesamt sind Sprechakte von der Sprache unabhängig und somit allgemein geeignet, Kommunikation zu formalisieren. Diese geschieht auch in der K^3-Modellierungsmethode mit Kommunikationsnetzen. Winograd u. Flores (1986) haben ein Konversationsnetz als Zustandsübergangsdiagramm dargestellt, in dem die Knoten die Zustände der Konversation ausdrücken und die Kanten die Sprechakte darstellen. Abbildung 2.2.2 beschreibt eine Konversation zwischen einer Person A mit einem Ansuchen an die Person B in einem Diagramm. Neben dem Anfangszustand 1 bestehen die Zustände 5, 7, 8 und 9 als mögliche Endzustände.

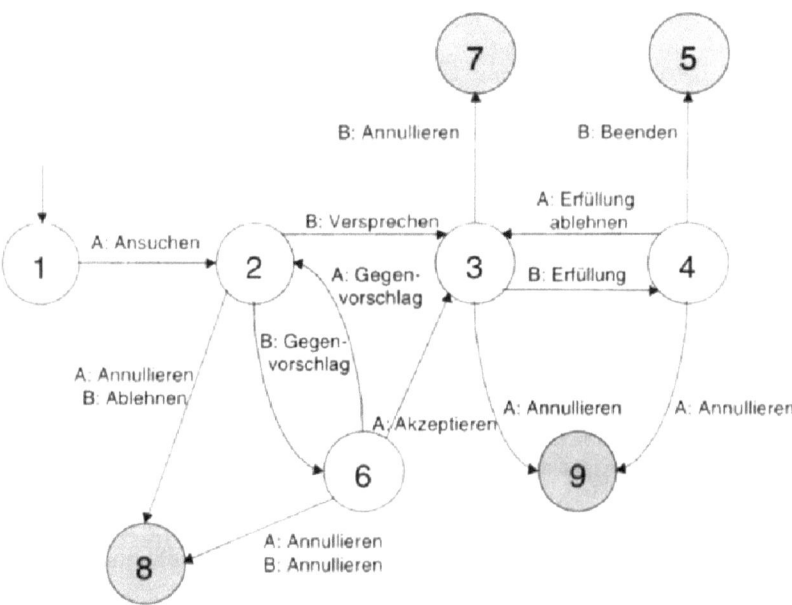

Abb. 2.2.2 Kommunikationsnetz als Zustandsdiagramm (Winograd u. Flores 1986).

Ein Konversationsnetz besitzt folgende Eigenschaften:

• In jedem Zustand gibt es nur eine kleine Menge im Kommunikationsnetz spezifizierter Sprechakte. Der Inhalt der Wortfolge ist aber nicht festgeschrieben.

- In den vorkommenden Endzuständen erwarten die Konversationspartner keine weiteren Handlungen.
- Alle Handlungen werden durch Wortfolgen der Partner ausgedrückt.
- Es gibt Handlungen, die nicht explizit ausgedrückt werden. Der Übergang von Zustand 4 zu Zustand 5 wird von den Partnern angenommen, wenn B das Ansuchen gut erfüllt hat.
- Der Erfolg eines Ansuchens hängt von den Interpretationen der Partner ab. Haben sie unterschiedliche Vorstellungen, so soll durch eine Folge von Sprechakten ein Konsens angestrebt werden.
- Das Kommunikationsnetz spezifiziert nicht, was eine Person tun soll oder welche Konsequenz ein Sprechakt hat.

2.2.3
Informationsmodellierung

Wichtig bei computerunterstützter Teamarbeit ist der effektive Umgang mit Informationen. Informationen werden mit Hilfe von Systemen erzeugt, verändert, übermittelt, gespeichert oder dargestellt. Die Struktur der Information, die mit Hilfe des Systems entweder individuell oder im Team bearbeitet wird, hat deshalb starke Rückwirkungen auf die Art der Aufgaben bzw. Prozesse, die zur Verarbeitung der Information erforderlich sind. Die Analyse eines bestimmten Gegenstandsbereiches entweder nach den in ihm auftretenden Aufgaben oder nach der Struktur der dort vorhandenen Information stellt deshalb zwei komplementäre Sichtweisen dar, die in enger Weise miteinander verknüpft sind.

Für die Modellierung von Information wurde eine Vielzahl unterschiedlicher Darstellungsweisen und -techniken entwickelt, auf die hier nur kurz eingegangen werden kann. Historisch eines der frühesten und gleichzeitig eines der am weitesten verbreiteten Modelle ist das Entity-Relationship-Modell (ERM) von Chen (1976). Zwischen den Entitäten (Entities) eines Betrachtungsgegenstandes bestehen Beziehungen, die die logische Verknüpfung von Entities darstellen. Jeder Entity sind weiterhin Attribute zugeordnet, die die Eigenschaften des Objektes näher beschreiben.

Im Zuge der breiteren Durchsetzung objektorientierter Entwicklungsverfahren werden auch objektorientierte Techniken der Informationsmodellierung in zunehmendem Maße eingesetzt. In den letzten Jahren hat sich eine weit akzeptierte Beschreibungsmethodik für objektorientierte Systementwicklung herausgebildet, die schon aufgeführte Unified Modeling Language (UML). Diese bietet auch Möglichkeiten zur objektorientierten Informationsmodellierung. Die UML hat sich als Standardbeschreibungssprache zur Spezifikation, Visualisierung, Konstruktion und Dokumentation von Informationsobjekten durchgesetzt. Die UML-Beschreibungssprache ist eine Vereinigung und Weiterentwicklung der bestehenden objektorientierten Modellierungsmethoden von Rumbaugh et al. (Object Modeling Technique), Booch (Object Oriented Analysis and Design), Jacobson (Object Oriented Software Engineering) und weiterer Modellierungsmethoden.

2.2.3.1
Objektorientierte Informationsmodellierung mit UML

Die Modellierungselemente von UML werden ausführlich in Jacobson et al. (1999) sowie in Fowler (1997) und Oesterreich (1996) beschrieben. Für die Zwecke der K³-Modellierung sind insbesondere die folgenden Elemente von Bedeutung:

UML-Elemente:
Die hier beschriebenen UML-Elemente umfassen Objekte, Zustände, Schnittstellen, Komponenten, Container und Annotationen, wie in der Abb. 2.2.3 dargestellt.

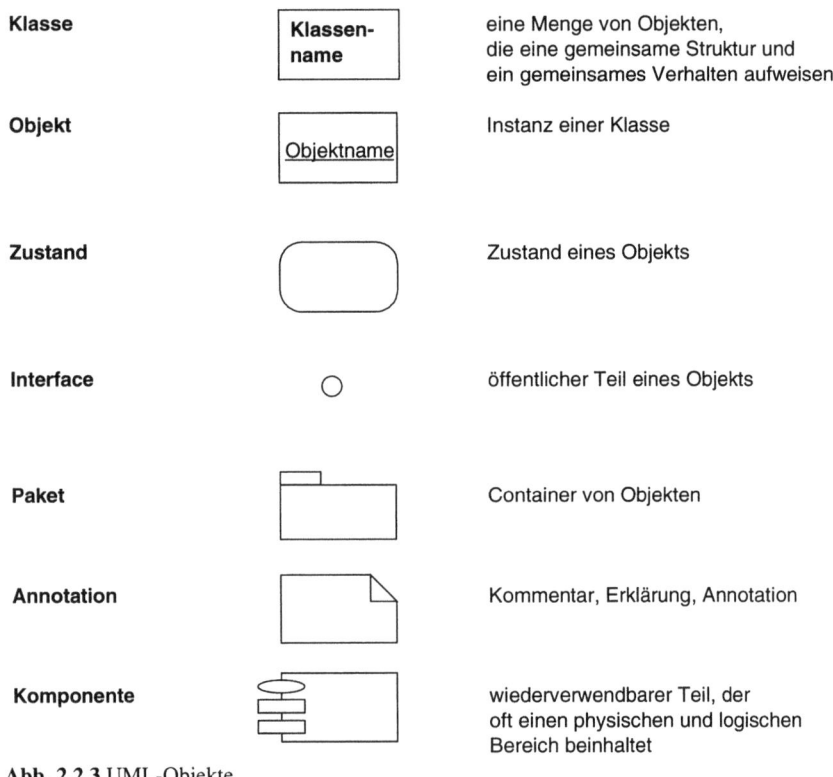

Abb. 2.2.3 UML-Objekte

UML-Beziehungen
Diese umfassen, wie in der Abb. 2.2.4 dargestellt, Assoziation, Aggregation, Generalisierung (Vererbung) und Abhängigkeit.

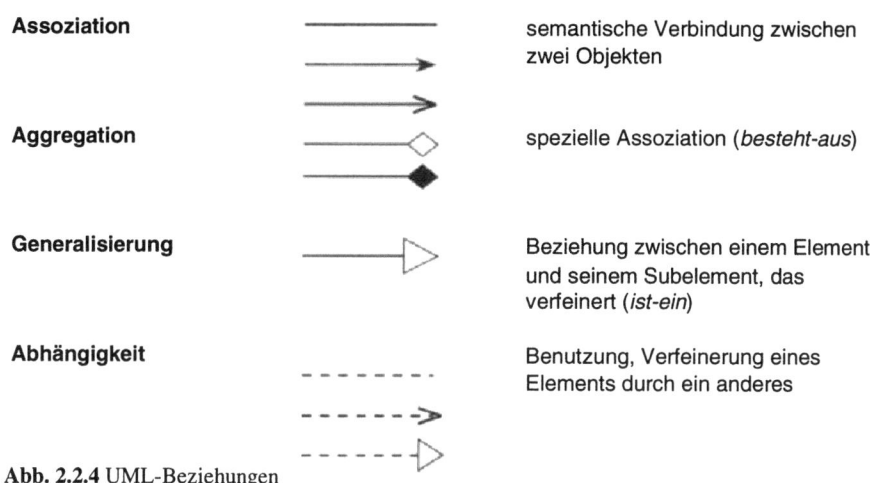

Assoziation — semantische Verbindung zwischen zwei Objekten

Aggregation — spezielle Assoziation (*besteht-aus*)

Generalisierung — Beziehung zwischen einem Element und seinem Subelement, das verfeinert (*ist-ein*)

Abhängigkeit — Benutzung, Verfeinerung eines Elements durch ein anderes

Abb. 2.2.4 UML-Beziehungen

Zusätzliche UML-Darstellungselemente
Zusätzliche Beschreibungsmechanismen sind Annotation, Rolle und Zusicherung.

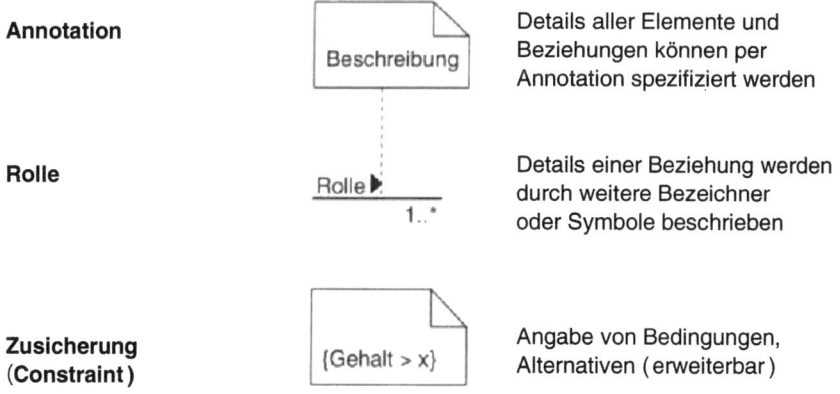

Annotation — Beschreibung — Details aller Elemente und Beziehungen können per Annotation spezifiziert werden

Rolle — Rolle ▶ / 1..* — Details einer Beziehung werden durch weitere Bezeichner oder Symbole beschrieben

Zusicherung (Constraint) — {Gehalt > x} — Angabe von Bedingungen, Alternativen (erweiterbar)

Abb. 2.2.5 UML-Mechanismen

2.2.3.2
Allgemeines Beispiel für die Informationsmodellierung

Das Beispiel beschreibt die Informationsobjekte Fläche, Polygon, Dreieck, Punkt und Einstellungen. Für jedes Polygon gilt, daß es mindestens aus drei Punkten bestehen muß. Das Dreieck ist ein Untertyp des Polygons. Jedes Polygon hat Einstellungen, die wiederum Attribute (Farbe, Breite) beinhalten. Eine Fläche wird durch ein oder mehrere Polygone beschränkt.

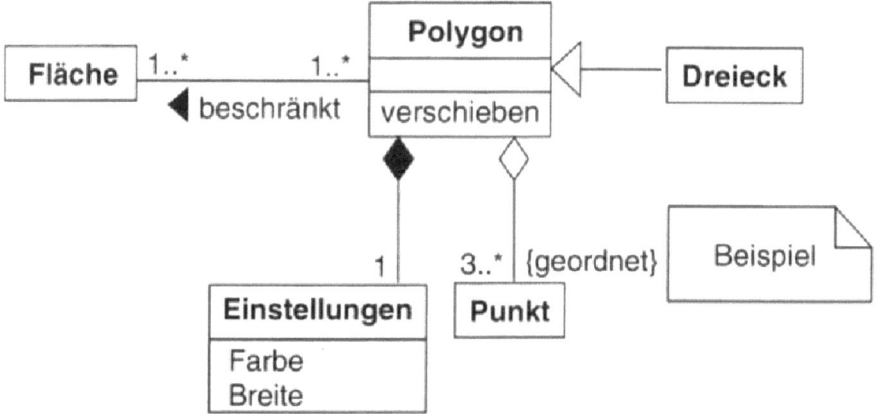

Abb. 2.2.6 Beispiel für die Verwendung der Informationsmodellierungskonstrukte von UML

Bewertung der objektorientierten Informationsmodellierung
Die vorhandenen Modellierungstechniken bieten eine gute Basis für die Beschreibung strukturierter Information und liefern eine breite Palette an Darstellungsmitteln, um Objekteigenschaften und -methoden, Beziehungen, Randbedingungen und weitere Qualifizierungen in eindeutiger Weise zu repräsentieren. Möglichkeiten zur vagen Beschreibung von Informationsobjekten sowie eine auf die inhaltlichen Aspekte fokussierte Darstellung werden nicht oder nur in geringem Umfang unterstützt. Dies gilt insbesondere für zunächst grob zu beschreibende Inhaltstrukturen, wie sie im Internetbereich z. B. für die Bereitstellung gemeinsamen Wissens einer Arbeitsgruppe benötigt werden.

Deshalb erscheint es erforderlich, bessere Darstellungsmöglichkeiten für zunächst grob beschriebene, unsichere Informationsmodelle bereitzustellen und insbesondere die Verbindung strukturierter und unstrukturierter Information in einem Modell herstellen zu können. Für die dokumentbasierten Informationsrepräsentationen, wie sie im Web-Bereich von Bedeutung sind, bildet sich XML immer stärker als Beschreibungsbasis heraus, das im Abschn. 3.1.6 näher beschrieben wird.

2.3
Methodische Grundlage zur Modellierung von schwach strukturierten Prozessen

Zur Modellierung schwach strukturierter Prozesse wird auf einen von Harel (1988) vorgestellten Formalismus zurückgegriffen, die sog. Higraphs.

Higraphs sind ein abstraktes, formallogisches Konzept zur graphischen Darstellung von Mengen und ihren Beziehungen. Harel stützt sich dabei auf die Notation der Venn-Diagramme, wobei er diesen Formalismus der „klassischen" Mengenlehre modifiziert und erweitert.

Mengen werden durch abgerundete Rechtecke dargestellt, die Harel als Blobs bezeichnet. Das Gebiet innerhalb eines Blobs repräsentiert dabei die zugehörige Menge. Im Unterschied zu Venn-Diagrammen muß jede Menge durch einen eigenen Blob mit einem eigenen Rand (Unique Contour) dargestellt werden. Graphischer Einschluß von Mengen bedeutet die Zugehörigkeit zum einschließenden Blob.

Ein Beispiel für die Notation nach Harel wird in Abb. 2.3.1 gegeben.

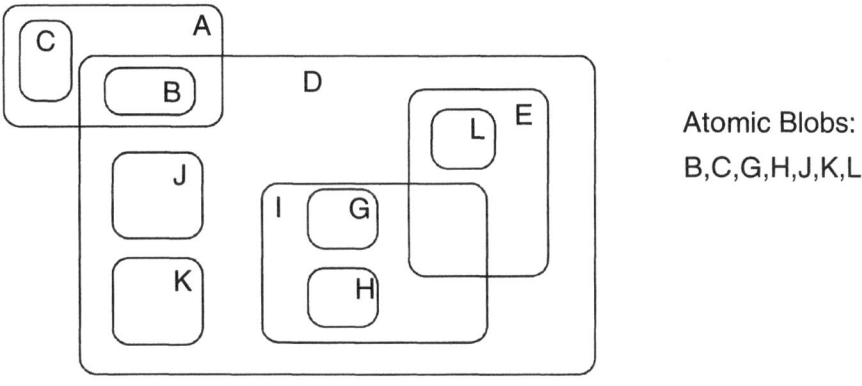

Atomic Blobs:

B,C,G,H,J,K,L

Abb. 2.3.1 Darstellung von Blobs, bzw. Atomic Blobs (Harel 1988)

Rechtecke, die keine weiteren Blobs enthalten, werden Atomic Blobs genannt (hier B, C, G, H, J, K und L). Aufgrund der Definition der Unique Contour sind alle Bereiche zwischen den Atomic Blobs im mengentheoretischen Sinne leer. Dementsprechend ist die Schnittmenge von A und D durch einen eigenen Blob B gekennzeichnet. Im Gegensatz dazu beinhaltet die Überschneidung der Blobs E und I keinen Atomic Blob. Die Schnittmenge von E und I ist demnach leer.

Eine andere Erweiterung der „klassischen" Mengenlehre in Form von Venn-Diagrammen führt Harel durch die graphische Darstellung des kartesischen Produktes ein (Abb. 2.3.2). Die Operanden des Produkts werden durch eine gestrichelte Linie geteilt. In diesem Sinne ist der Blob D nicht die Vereinigungsmenge von B, G, H, J, K und L, sondern das Produkt der Vereinigungsmengen B, J, K und L, G, H.

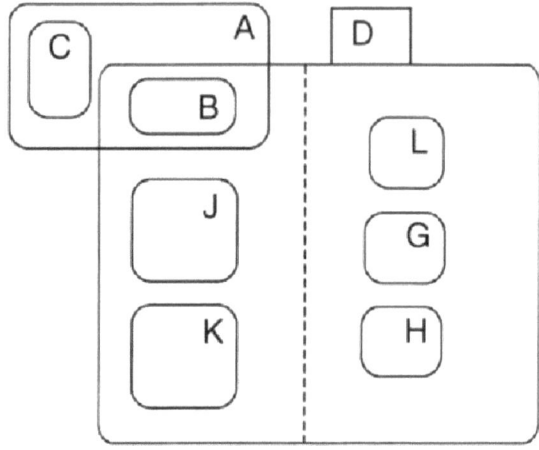

Abb. 2.3.2 Kartesisches Produkt in Harels Higraphs

Neben der Darstellung von Mengen bzw. deren Zugehörigkeiten führt Harel die Darstellung von Beziehungen zwischen einzelnen Blobs ein. Beziehungen zwischen Blobs werden durch Kanten dargestellt. Im Formalismus der Higraphs sind die Eigenschaften der Kanten nicht weiter spezifiziert. Sie können sowohl gerichtet als auch ungerichtet sein. Zusätzlich ist eine Beschriftung der Kanten nicht zwingend erforderlich. Auch die Art der Beziehung, die durch Verbindung zweier Mengen durch Kanten dargestellt wird, ist nicht vorgeschrieben. Grundsätzlich können Kanten mit jedem beliebigen Blob verknüpft sein (Abb. 2.3.3).

Eine weite Verbreitung finden die Higraphs mit den Zustandsdiagrammen oder „Statecharts". Dort repräsentieren die Mengen Zustände und die Kanten Zustandsübergänge (Transitionen). Darüber hinaus schlägt Harel die Anwendung von Higraphs auch zur Erweiterung von Enitity Relationship-Diagrammen (ER-Diagramme) und für Aktivitätsdiagramme vor.

Mit dem dargestellten Formalismus können beispielsweise schwach strukturierte Arbeitsprozesse abgebildet werden. Die Mengen repräsentieren dabei die Aktivitäten und die Kanten (soweit vorhanden) visualisieren Beziehungen zwischen diesen Elementen. Kanten können z. B. als Kontroll-, Informations- oder Objektflüsse definiert werden. Die graphische Darstellung eines Kreuzproduktes mit den jeweiligen Operanden erlaubt die Abbildung von Nebenläufigkeiten mehrerer Prozesse oder Prozeßelemente. Deshalb eignen sich Harels Higraphs als Grundlage einer Methode, mit der Prozesse abgebildet werden sollen. Diese stehen zwar insgesamt in keinem fest strukturierten und vordefinierten Ablauf, sind aber in einen konsistenten Gesamtprozeß eingebunden.

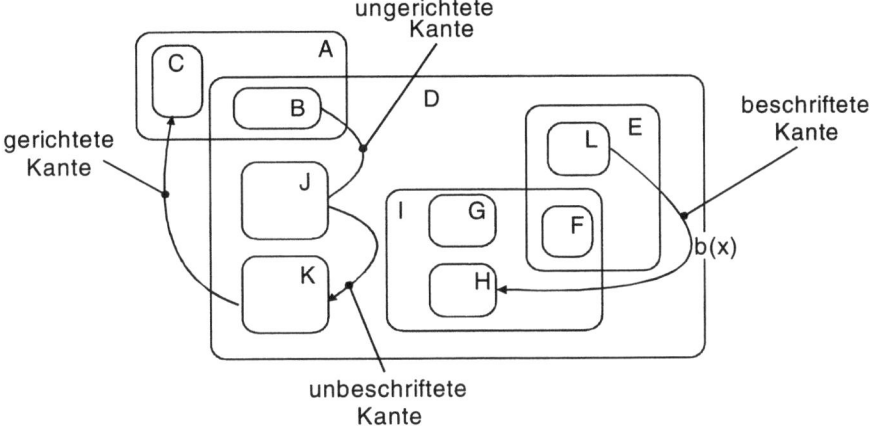

Abb. 2.3.3 Darstellung von Beziehungen mit Higraphs (Harel 1988)

2.4
Grundelemente der K³-Modellierung und Modellierungsperspektiven (Matrix)

Um die in Kooperationssituationen relevanten Prozesse und Strukturen zu erfassen und flexibel entsprechend der jeweiligen Problemlage Analyse- und Modellierungsinstrumente bereitzustellen, wurde ein Methodenverbund erarbeitet, der aus flexibel kombinierbaren Komponenten besteht. Dieser Methodenverbund hat das Ziel, Organisation und informationstechnische Unterstützung von teambasierten Arbeitsprozessen problemangemessen zu beschreiben, um diese zu optimieren und aufeinander abzustimmen. Die Methoden sind dabei in zweierlei Hinsicht einsetzbar. Zum einen sollen existierende Prozesse und Kooperationen beschrieben werden, um die Ist-Situation transparent zu machen und erforderliche Veränderungen abzuleiten, z. B. hinsichtlich der Informationsflüsse zwischen Organisationseinheiten. Zum anderen sollen die Methoden dazu dienen, die Zielstrukturen zu spezifizieren. Hierbei ist darauf zu achten, daß eine inkrementelle Entwicklung ermöglicht wird, da nicht davon ausgegangen werden kann, daß die Definition eines Kooperationsunterstützungssystems vollständig und nutzerangemessen in einer einzelnen Spezifikationsphase erfolgen kann.

Der entwickelte Methodenverbund stellt einen in sich konsistenten Modellrahmen dar, der die Betrachtung der verschiedenen Modellelemente und deren Beziehungen aus unterschiedlichen Perspektiven ermöglicht.

Die Grundelemente für die Modellierung sind in den Konzepten Aufgabe, Information und organisatorische Einheit (schließt Einzelpersonen ein) wiedergegeben. Abbildung 2.4.1 zeigt den daraus resultierenden Methodenraum mit beispielhaften Modellierungstechniken für die unterschiedlichen Paarungen der Grundelemente. Dabei stellt immer das im Spaltenkopf stehende Konzept das strukturgebende Element dar. Jeweils eine Kombination von Konzepten stellt eine spezifische Sichtweise auf den komplexen Kooperationszusammenhang dar. Für jede einzelne Sicht kann zudem zwischen statischen und dynamischen Modellen unterschieden werden.

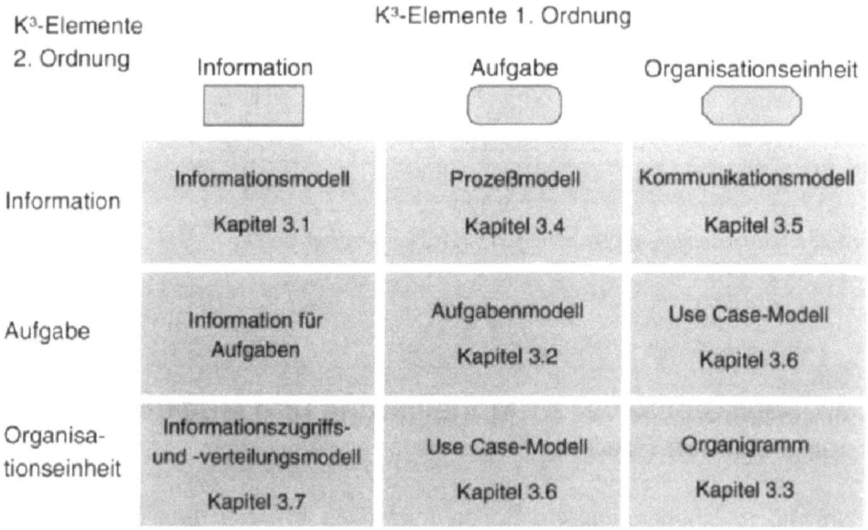

K^3-Elemente 2. Ordnung	K^3-Elemente 1. Ordnung		
	Information	Aufgabe	Organisationseinheit
Information	Informationsmodell Kapitel 3.1	Prozeßmodell Kapitel 3.4	Kommunikationsmodell Kapitel 3.5
Aufgabe	Information für Aufgaben	Aufgabenmodell Kapitel 3.2	Use Case-Modell Kapitel 3.6
Organisationseinheit	Informationszugriffs- und -verteilungsmodell Kapitel 3.7	Use Case-Modell Kapitel 3.6	Organigramm Kapitel 3.3

Abb. 2.4.1 K^3-Matrix

Die Grundelemente sind dabei wie folgt definiert:

Information:
Zweckorientiertes, an ein Medium gebundenes Wissen über Zustände und Ereignisse, das für Wertschöpfungs- und Entscheidungsprozesse im Unternehmen herangezogen wird. Informationen können als strukturierte Daten oder Dokumente und als unstrukturierte Inhalte vorliegen.

Aufgabe:
Dauerhaft wirksame Aufforderung an Handlungsträger, um festgelegte Handlungen wahrzunehmen. Den Aufgabenmodellen liegen Aktivitäten und aggregierte Arbeitsprozesse zugrunde.

Organisationseinheit:
Planmäßige Zusammenfassung von Mitarbeitern und Ressourcen im Hinblick auf ein bestimmtes Ziel. Somit kann eine Organisationseinheit eine einzelne oder mehrere Personen repräsentieren.

Aus den beschriebenen K³-Elementen Information, Aufgabe und Organisation lassen sich unterschiedliche Sichten generieren. Dabei können die verwendeten K³-Elemente hinsichtlich der Ordnung unterschieden werden. Das K³-Element der ersten Ordnung ist dabei jeweils das strukturgebende Element (Spalte der K³-Matrix, Abb. 2.4.1), das K³-Element der zweiten Ordnung richtet sich an der gebildeten Struktur aus (Zeile der K³-Matrix, Abb. 2.4.1).

Um einen Überblick über die vorhanden Sichten und deren Anwendungsbereiche zu geben, sind diese nachfolgend in Form einer Zusammenfassung aufgelistet. Eine ausführliche Darstellung erfolgt im Kap. 3.

Informationsmodell (Abschn. 3.1)
Die Informationsmodellierung beruht weitgehend auf der UML (Unified Modeling Language)-Spezifikation. Für die Informationsmodellierung der K³-Beschreibungsmethode werden aus dem UML-Konzept die statischen Modelle der Klassen- und Objektdiagramme sowie der Container (in leichter Abwandlung) verwendet.

Aufgabenmodell (Abschn. 3.2)
Das Aufgabenmodell ist eine Weiterentwicklung aus den TOC (Ziegler 1996) und den UML-Aktivitätsdiagrammen (Booch et al. 1998). Es unterscheidet sich durch die Möglichkeit, unspezifizierte Abfolgen zu visualisieren sowie Optionalitäten auszudrücken. Weiterhin können innerhalb von Aufgaben Unteraufgaben durch „verbotene Elemente" explizit ausgeschlossen werden. Dies erleichtert die Darstellung, da die „verbotenen" Aufgaben nicht außerhalb der Oberaufgabe dargestellt werden müssen.

Organigramm (Abschn. 3.3)
Das Organigramm in der K³-Modellierung nutzt (wie bereits das Aufgabenmodell) die Higraphen-Darstellung, die ursprünglich von Harel (1987) entwickelt worden ist. Der besondere Nutzen dieser Darstellung liegt darin, daß die Anzahl der Relationen zwischen den Organisationselementen vermindert werden kann. Dies erleichtert die Visualisierung und ermöglicht einen besseren Überblick über die Unternehmensstruktur.

Prozeßmodell (Abschn. 3.4)
Das Prozeßmodell fußt auf den wesentlichen Bestandteilen des Aufgabenmodells und erweitert dieses durch Flußbeziehungen und Koordinationsmuster.

Kommunikationsmodell (Abschn. 3.5)
Das Kommunikationsmodell dient zur Darstellung der Kommunikationsbeziehungen zwischen den Organisationseinheiten. Damit wird eine Optimierung und Neugestaltung der aufbauorganisatorischen Struktur, der Kommunikationsstruktur und der Informationsaustauschbeziehungen unterstützt.

Use Case (Abschn. 3.6)
Die Use Case-Diagramme in der K³-Modellierungssprache sind eine Erweiterung der klassischen Use Case-Diagramme in UML, wobei eine Hierarchi-

sierung der Organisationseinheiten sowie die zusätzlichen Funktionalitäten aus dem Aufgabenmodell erlaubt werden.

Informationszugriffs- und -verteilungsmodell (Abschn. 3.7)
Informationszugriffs- und -verteilungsdiagramme können zur Modellierung von Zugriffsrechten auf Informationsbestände verwendet werden. Ebenso lassen sich Informationsprofile bzw. Wissensprofile der Anwender über die Verwendung von Information erstellen.

2.5
Notation

2.5.1
K³-Elemente

Der Modellierungsbaukasten kann grundsätzlich in K³-Elemente und Attribute unterteilt werden. K³-Elemente bilden die für die Kommunikations-, Koordinations- und Kooperationsbeziehungen wichtigen Elemente „Aufgabe", „Information" und „Organisationseinheit", die bereits in den vorhergehenden Kapiteln ausführlich dargestellt wurden.

Wie in Abb. 2.5.1 verdeutlicht, werden diese durch die folgenden graphischen Symbole dargestellt, die sich an die Darstellung in den UML-Aktivitätsdiagrammen anlehnen. Die Aufgaben sind durch Rechtecke mit abgerundeten Ecken repräsentiert. Für das Informationselement wird ein Rechteck verwendet. Die Organisationseinheiten sind durch die im 45° Winkel abgeflachten Ecken des Rechtecks zu erkennen.

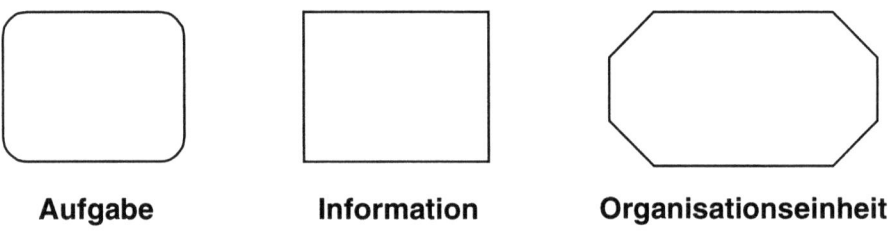

Aufgabe   **Information**   **Organisationseinheit**

Abb. 2.5.1 Graphische Darstellung der K³-Elemente

2.5.2
K³-Elemente mit Attributen

Bei der Modellierung hat jedes K³-Element als „Träger" für bestimmte Attribute die Aufgaben, die die Koordinations-, Kommunikations- und Kooperationsbeziehungen näher beschreiben. Als Attribute dienen z. B. die Art der Kommunikation, der Informationsträger, die Organisationsmitglieder sowie der Status der Information. Je nach branchen- oder unternehmensspezifischer Anwendung kommt es zu unterschiedlichen Ausprägungen einzelner Attribute. Abbildung 2.5.2 stellt die Notation vor und gibt ein Beispiel. Attribute können bei Bedarf ergänzt werden und sind von der mit der Modellierung verfolgten Zielsetzung abhängig.

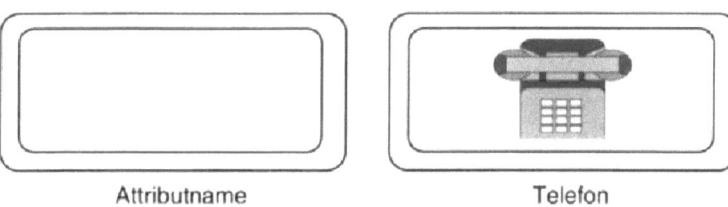

Attributname   Telefon
Abb. 2.5.2 Beispiele für Attribute

Als Besonderheit kann eine Organisationseinheit sowohl durch ein K³-Element als auch durch ein Attribut dargestellt werden. Anstelle des Attributs Organisationsmitglied kann in besonderen Fällen auch die Bezeichnung des K³-Elements Organisationseinheit als Attribut verwendet werden. So können z. B. die Attribute Bauleiter, Polier und Mitarbeiter durch das Attribut Baustelle ersetzt werden.

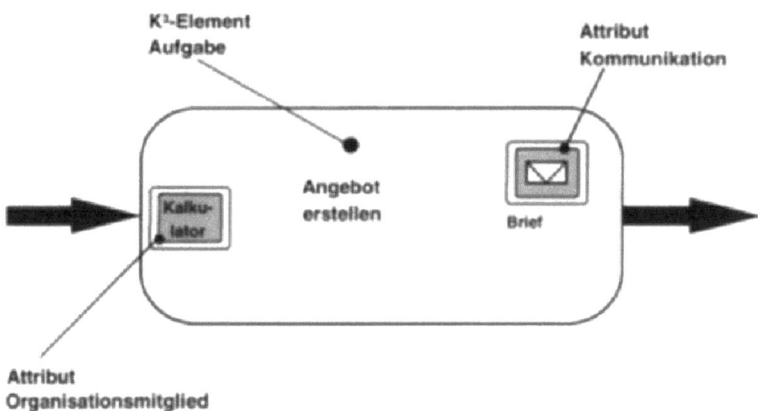

Abb. 2.5.3 Kombination aus K³-Element und Attribut

Mit einer Kombination von K³-Elementen und Attributen können teambasierte Arbeitsprozesse modelliert werden. Abbildung 2.5.3 stellt dies anhand eines Beispiels dar, wobei das K³-Element „Aufgabe" = „Angebot erstellen" (Was?) durch das Attribut „Organisationsmitglied" = „Kalkulator" (Wer?) und das Attribut „Kommunikation" = „Brief" (Wie?) genauer beschrieben wird.

3 Modellierungsperspektiven der K³-Methodik

Wie bereits in Kap. 2 beschrieben, sind die einzelnen Modelltypen durch die K³-Grundelemente, welche in der K³-Matrix gekreuzt werden, definiert.

Die entscheidenden Neuerungen gegenüber bereits bestehenden Modellierungsmethoden sind vor allem in den Bereichen der Aufgaben- und Organisationsmodellierung zu finden. Der Bereich, der durch das Element „Information" geprägt ist, wird aus Kompatibilitätsgründen weitgehend aus Modellen der UML-Modellierungstechnik entnommen, die im Bereich der Software-Technik heute de facto als Standard in der Informationsmodellierung gilt.

3.1
K³-Informationsmodell

Informationsmodelle bilden einen Grundbestandteil der meisten Analyse- und Entwurfsmethodologien. Methoden wie UML bieten einen breiten Bereich von Konstrukten an, um Objektklassen oder Instanzen dieser Klassen und ihre Beziehungen darzustellen. Für strukturierte Informationsobjekte mit einem eindeutig definierten Satz von Attributen und Operationen können deshalb die vorhandenen Methoden weitgehend in der vorliegenden Weise angewendet werden. Durch die Verwendung standardisierter, weit verbreiteter Methoden wird die Kommunikation zwischen den an einer Entwicklung beteiligten deutlich verbessert. Das K³-Informationsmodell verwendet konventionelle UML-Klassendiagramme, um solche Arten von Informationsressourcen darzustellen.

Bei kooperativer Arbeit sind Dokumente mit unterschiedlichen Graden an vordefinierter Struktur eine der wichtigsten Formen von verwendeter und erzeugter Information. Es ist deshalb wünschenswert, Methoden zu haben, die besonders geeignet sind, unterschiedliche Arten von Dokumenten darzustellen. Diese Arten umfassen zum einen aus Komponenten zusammengesetzte, sequentielle Dokumente konventioneller Art. Am anderen Ende des Spektrums gibt es komplexe, nicht-sequentielle Hypermedia-Dokumente, die aus verschiedenen Medienarten zusammengesetzt sind, und die verschiedene Arten von Verbindungen (Links) zwischen den Teilen eines Dokuments haben können.

Schließlich gibt es beim Entwurf kooperationsunterstützender Systeme oft Situationen, in denen man vom konkreten Typ der Informationsressourcen abstrahieren will. Insbesondere in der frühen Phase des Entwurfs eines Systems (wie etwa eines Firmen-Intranets) liegt der Analysefokus zunächst auf den Themen, die in einem System darzustellen sind, ohne die für ein spezifisches Thema relevanten Informationsressourcen genau anzugeben. Der Ansatzpunkt für das Modellieren von Themen in der vorliegenden Methode basiert auf der in ISO/IEC 13250 standardisierten Technik der Topic Maps. Topic Maps können beliebige Beziehungen zwischen Themen darstellen und sind deshalb semantischen Netzen ähnlich. Ein Thema kann in einer oder mehreren Informationsressourcen auftreten; i. allg. besteht eine n:m-Beziehung zwischen Themen und Informationsobjekten. Themen bilden eine Metaebenenbeschreibung, die über die Schicht der konkreten Inhalte gelegt werden kann, ohne die ursprüngliche Struktur der Informationsobjekte zu ändern. Topic Maps liefern wichtige Informationen für die Gestaltung von Navigationsstrukturen und -mechanismen.

3.1.1
Modellierung strukturierter Information

Die Informationssicht beinhaltet die Beschreibung des semantischen Informationsmodells. Dieses beschreibt die in einem Anwendungsfeld vorkommenden Informationsentitäten und deren Beziehungen.

Eine verbreitete Technik zur Beschreibung von Informationsmodellen ist das Entity-Relationship-Modell (ERM) von Chen (1976). Hierbei werden die in der Betrachtungsdomäne auftretenden physischen oder abstrakten Konzepte als Entitäten mit Attributen dargestellt. Zwischen den Objekten (Entitäten) eines Betrachtungsgegenstandes bestehen logische Beziehungen, die zusätzlich mit Kardinalitäten versehen werden. Jeder Entity sind Attribute zugeordnet, die die Eigenschaften des Objektes näher beschreiben.

Die hier vorgestellte Informationsmodellierung beruht weitestgehend auf der objektorientierten Methode Unified Modeling Language (UML, s. Booch et al. 1999). UML hat sich als Standardbeschreibungssprache zur Spezifikation, Visualisierung, Konstruktion und Dokumentation von Informationsobjekten durchgesetzt. Die UML-Beschreibungssprache ist eine Vereinigung und Weiterentwicklung der bestehenden objektorientierten Modellierungsmethoden von Rumbaugh (Object Modeling Technique), Booch (Object Oriented Analysis and Design), Jacobsen (Object Oriented Software Engineering) sowie weiterer Modellierungsmethoden.

3.1.2
Beschreibungsmethode für strukturierte Informationsobjekte

Die Modellierung strukturierter Informationsobjekte folgt der Notation der Unified Modeling Language (s. z. B. Booch et al. 1999, Fowler 1997). Abbildung 3.1.1 zeigt die wesentlichen Konstrukte der UML-Informationsmodellierung (Klassendiagramm), die für die K³-Methodik übernommen werden. Objektklassen können entweder ohne Angabe ihrer inneren Struktur nur mit dem Klassennamen aufgeführt werden oder die mit ihnen verbundenen

Attribute, Operationen und ggf. Zuständigkeiten (Responsibilities) detailliert zeigen.

Für die initiale Analysephase wird häufig zunächst die Angabe der fachlichen Objekttypen ohne weitere Angabe der Binnenstruktur der Klassen ausreichen. Ebenso sollten in der Analysephase nur die fachlich relevanten Beziehungen angegeben werden. So ist z. B. die Angabe einer Generalisierungsbeziehung (Klasse mit Subklassen) nur dann sinnvoll, wenn es sich um fachliche Unterscheidungen handelt, die zu unterschiedlichen Bearbeitungsformen oder unterschiedlichen fachlichen Randbedingungen führen. Implementationsbezogene Aspekte wie z. B. die Ableitung der Objekte aus Basisklassen des Systems sollten in der Analysephase noch keine Rolle spielen, es sei denn, Randbedingungen hinsichtlich der verfügbaren Systemkomponenten sind zu berücksichtigen.

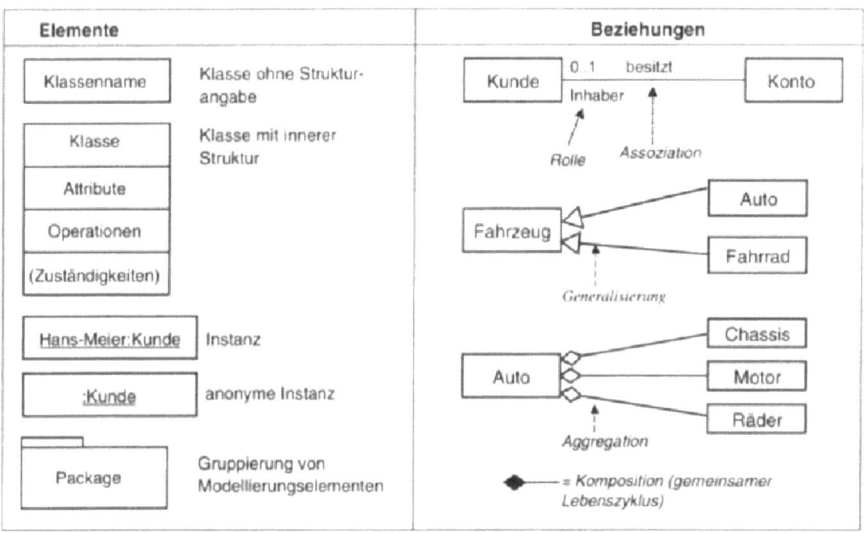

Abb. 3.1.1 Die wesentlichen Konstrukte des UML-Klassendiagramms

3.1.3
Weitere Konstrukte der Informationsmodellierung in K³

Eine Vielzahl von Informationsressourcen bei kooperativer Arbeit entspricht nicht dem Muster strukturell vordefinierter Objektklassen mit einem limitierten Satz von Attributen und Assoziationen (Abb. 3.1.2, links oben). Häufig kommen Dokumente mit unterschiedlichem Strukturierungsgrad vor, die prinzipiell über miteinander durch Assoziationen verbundene Klassen darstellbar sind, sich aber meist transparenter durch die graphische Einbettung der Subkomponenten darstellen lassen. Hierfür werden in K³ UML-Kompositionskonstrukte herangezogen (Abb. 3.1.2, links unten). Hierbei werden die Subkomponenten eines Dokuments mit den jeweiligen Zähligkeiten dargestellt. Durch das Hinzunehmen von Constraints (hier nicht dargestellt) können auch komplexe Dokumentstrukturen mit logischen Abhängigkeiten zwischen den Komponenten abgebildet werden.

Häufig ist beim Systementwurf nicht die Struktur einer Dokumentklasse mit beliebigen Instanzmengen von Interesse, sondern die konkrete Struktur eines Einzeldokuments mit hypermedialen Eigenschaften. Hierbei steht die Navigationsstruktur des Dokuments im Vordergrund, die die Zusammenhänge zwischen den Dokumentkomponenten als Links beschreibt (Abb. 3.1.2, rechts unten). Hierfür kommen Modellierungstechniken aus dem Hypermediabereich in Betracht, die hier nicht näher ausgeführt werden. Techniken, die hier eingesetzt werden können, sind z. B. RMM oder OOHDM (Schwabe u. Rossi 1995).

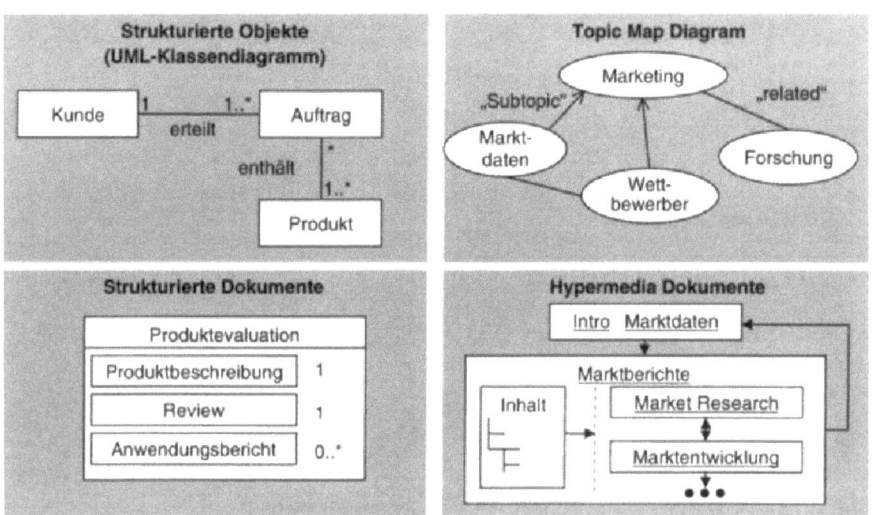

Abb. 3.1.2 Informationsmodellierungskonstrukte in K³

Schließlich werden in K³ die Modellierungskonstrukte von Topic Maps eingesetzt, die in Form von Topic Map-Diagrammen konkretisiert und mit Beziehungsstereotypen versehen werden. Diese eignen sich, um die Informationsressourcen eines Anwendungsbereiches auf einer abstrahierenden Metaebene zu analysieren. Hierzu können beliebige Themen eingeführt und durch „Subtopic"- und „related"-Beziehungen verbunden werden. Im hier verwendeten Ansatz werden die beliebigen Beziehungen von Topic Maps auf einen kleinen Satz von Standardbeziehungen eingeschränkt, um eine bessere Verständlichkeit und Anwendbarkeit zu erreichen.

Topic Maps dienen zum einen der Analyse der informationalen Anforderungen eines Anwendungsbereiches auf einer hochstehenden Abstraktionsebene, zum anderen können sie zum Entwurf von Navigationsstrukturen und Suchmechanismen herangezogen werden.

3.1.4
Beispiel für die Informationsmodellierung

Abbildung 3.1.3 zeigt ein Beispiel für den Einsatz unterschiedlicher Arten von Informationsbeschreibungstechniken in einer integrierten Form. Das Informationsmodell zeigt auszugsweise die Domäne einer Produktentwicklung in einem Unternehmen mit den damit zusammenhängenden Informationen. Die Themenebene wird mit Topic Map Diagrams dargestellt. Dieses zeigt die in der Domäne vorhandenen Konzepte und deren Beziehungen. Das häufig auftretende Beziehungsstereotyp „Subtopic" kann abgekürzt durch einen Pfeil dargestellt werden, der am übergeordneten Thema endet. Andere Beziehungstypen müssen explizit angegeben werden. Die Beziehungen der Themenebene liefern z. B. Information über später zu entwickelnde Zugriffsstrukturen, d. h. die unterschiedlichen Pfade, über die eine konkrete Informationsressource zugreifbar ist.

Auf der Ebene der konkreten Informationsressourcen können unterschiedliche Formen von Informationsobjekten auftreten. Diese können in Paketen zusammengefaßt werden, um die Darstellung zu organisieren und übersichtlicher zu machen. Strukturierte Informationsobjekte werden in UML-Notation als Klassen mit Assoziationen angegeben („Projekt" und „Produktkomponente"). Strukturierte Dokumente, wie hier die „Projektdokumentation", zeigen die Komponenten eines zusammengesetzten Dokuments mit den jeweiligen Zähligkeiten der Teile. Abweichend von der Standard-UML-Notation können auch Alternativen für eine Komponente dargestellt werden. Hierzu wird das Dokument im Sinne der Higraphendarstellung nach Harel in einer UND/ODER-Hierarchie gezeigt. Durch gestrichelte Linien werden Komponenten voneinander abgetrennt, die gleichzeitig (mit der jeweiligen Zähligkeit) auftreten. Innerhalb eines gestrichelten Bereichs sind die Komponenten disjunktiv (exklusives ODER), d. h. in einem konkreten Dokument ist jeweils nur eine der dargestellten Alternativen vorhanden. So ist im aufgeführten Beispiel in der Projektdokumentation entweder eine oder mehrere Zeichnungen oder ein oder mehrere CAD-Modelle enthalten. Über Constraints kann genauer angegeben werden, wann welche Komponentenausprägung auftreten kann (dies wird hier nicht ausgeführt).

Im Paket „Entwicklerdokumentation" sind unterschiedliche Instanzen von Dokumenttypen aufgeführt. Entsprechend der UML-Konvention kann eine Kollektion von Instanzen eines Typs als „Multiobjekt" mit zwei hintereinander liegenden Rechtecken dargestellt werden. So stehen hinter dem Multiobjekt eine Anzahl anonymer Instanzen der Klasse „Norm".

Schließlich zeigen die gestrichelten Pfeile zwischen Themenebene und Ressourcenebene, in welchen konkreten Informationsobjekten ein Thema auftritt.

Diese Beziehung ist von der Kardinalität n:m, d. h. ein Thema (Topic) kann durch mehrere Informationsressourcen dargestellt werden. Ebenso kann eine Informationsressource zu mehreren Topics gehören. Die Verwendung der Pfeile zur Darstellung dieser Abbildung ist hier nur als beispielhafte Darstellungsweise angegeben. Um die Übersichtlichkeit der Diagramme zu erhalten, kann diese Abbildung z. B. auch durch separate Tabellen dargestellt werden.

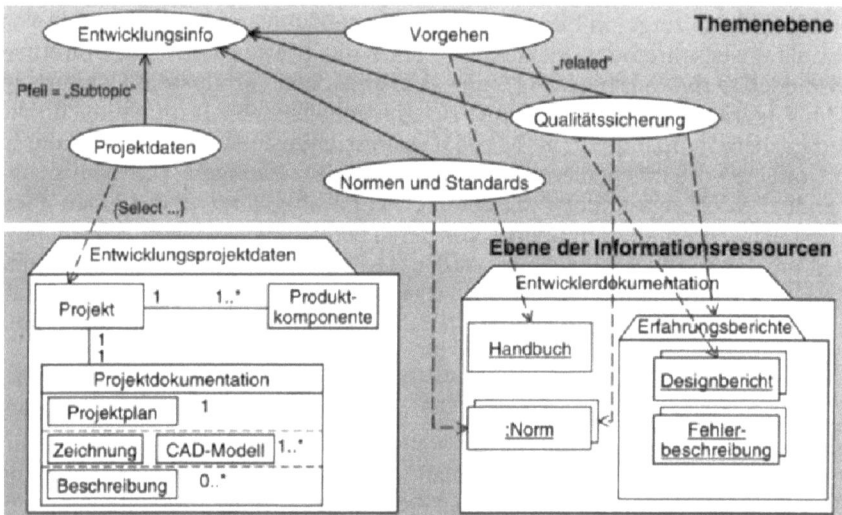

Abb. 3.1.3 Beispiel für eine Informationsmodellierung auf zwei Ebenen. Die Themenebene zeigt die unterschiedlichen in einem Entwicklungskontext darzustellenden Themen und deren Beziehungen. Die Ebene der Informationsressourcen zeigt die konkret für ein Thema (Topic) verwendete Information (gestrichelte Pfeile).

3.1.5
Einsatzmöglichkeiten

Mit den eingeführten Informationsmodellierungskonstrukten lassen sich unterschiedliche Formen und Aspekte von Informationsobjekten beschreiben, die in kooperativen Prozessen verwendet und bearbeitet werden. Insbesondere kann der Detaillierungsgrad der Analyse der jeweiligen Entwurfssituation angepaßt werden.

Der konkret zu wählende Modellierungsansatz ist abhängig von der jeweiligen Analyseproblematik. Für die Entwicklung von Fachanwendungen mit strukturierten Datenobjekten wird man von einem UML-Klassenmodell ausgehen und daraus das technische Design ableiten. Für die Entwicklung einer Intranet-Lösung zum Wissensaustausch kann eine Themenanalyse mit Topic Maps eingesetzt werden, die eine transparente und zunächst wenig formale Abstimmung der Themenstrukturen unter den Beteiligten ermöglicht.

Die Informationsmodellierung ist eine wesentliche Voraussetzung zur Kopplung von Informationsobjekten mit anderen Sichten des Gesamtansatzes. In der Prozeßsicht ist zu berücksichtigen, daß Vorgänge meist Informationsquellen (Datenbanken, WWW-Inhalte, Dokumente etc.) einbeziehen. Die Informationsmodellierung in Zusammenhang mit der Prozeßanalyse wird sowohl mit dem Ziel der Umgestaltung und Effektivitätssteigerung betrieblicher Abläufe (Business Process Reengineering) als auch der Umgestaltung der Informationsinfrastruktur verfolgt.

3.1.6
Informationsmodellierung basierend auf XML

In diesem Abschnitt werden kurz Techniken der Informationsbeschreibung dargestellt, wie sie besonders im Kontext des World Wide Web oft eingesetzt werden. Häufig sollen Dokumentstrukturen in einer detaillierteren Weise beschrieben werden, als dies mit den eingeführten graphischen Mitteln sinnvoll möglich ist. Eine genauere Beschreibung ist insbesondere beim Übergang aus der Analyse in das konkrete Design erforderlich; u. U. werden aber auch bereits in der Analyse kritische Informationsressourcen genauer festgelegt. Hierfür bietet insbesondere bei Internet-Anwendungen XML eine sinnvolle Basis. XML (eXtensible Markup Language) ist eine Markierungssprache für Dokumente mit strukturierter Information. Sie bietet sich deshalb als Möglichkeit an, konkrete Dokumentstrukturen zu definieren. Dies kann als Verfeinerung einer zunächst graphischen Dokumentbeschreibung geschehen, oder aber direkt das Ergebnis einer Spezifikation bilden. Strukturierte Information enthält sowohl Inhalte (Wörter, Bilder usw.), als auch einen Hinweis darauf, welche Rolle der Inhalt spielt (z. B. hat der Inhalt in einer Kapitelüberschrift eine andere Bedeutung als der Inhalt in einer Fußnote oder der Inhalt in einer Bildunterschrift oder der Inhalt in einer Datenbanktabelle usw.). Nahezu alle Dokumente haben eine Struktur. Eine Markierungssprache (engl.: markup language) stellt einen Mechanismus dar, um die Strukturen in einem Dokument zu identifizieren. Die XML-Spezifikation definiert ein Standardverfahren, Dokumente mit Markierungen zu versehen.

XML-Dokumente bestehen aus Markierungen und Inhalten. Es können sechs Markierungsarten in einem XML-Dokument vorkommen, nämlich:

- Elemente (mit Attributen),
- Referenzen auf Entitäten,
- Kommentare,
- Verarbeitungsanweisungen,
- markierte Abschnitte und
- Dokumententypdeklarationen.

3.1.7
Resource Description Framework (RDF)

Der Ansatz des Resource Description Framework besteht darin, Metadaten zur Beschreibung von Internet-Daten zu verwenden. Metadaten sind „Daten über Daten", so z. B. sind Kataloge einer Bibliothek Metadaten, oder speziell in diesem Kontext „Daten zur Beschreibung von Internet-Ressourcen". Der Unterschied zwischen Daten und Metadaten ist relativ. Er wird in erster Linie durch eine bestimmte Anwendung festgelegt, und oft ist dieselbe Ressource gleichzeitig auf beide Weisen interpretierbar.

Das Resource Description Framework ist die Grundlage zur Verarbeitung von Metadaten. Es fördert die Interoperabilität von Anwendungen, die im Internet strukturierte Informationen austauschen. RDF unterstützt die automatische Verarbeitung von Internet-Ressourcen. Es kann für viele Anwendungsgebiete verwendet werden, z. B. zum Finden von Ressourcen, für Auflistungen, die den Inhalt und die Beziehungen von Seiten einer Internet-Site oder einer digitalen Bücherei beschreiben, für intelligente Software-Agenten, um die gemeinsame Nutzung und den Austausch von Wissen zu ermöglichen, für „Content Rating" usw.

RDF und XML sind komplementär. RDF ist ein Modell für Metadaten und bezieht sich nur referentiell auf die Codierungsfragen, die von den Transport- und Datenhaltungsmechanismen verlangt werden. Dafür stützt sich RDF auf XML. Die XML-Syntax ist deswegen nur eine der möglichen Syntaxformen für RDF.

RDF bietet einen generellen Mechanismus zur Beschreibung von Internet-Ressourcen. Es trifft keine Annahmen über ein bestimmtes Anwendungsgebiet, es definiert (a priori) auch keine Semantik irgendeines Anwendungsgebietes. Unterschiedlichste anwendungsspezifische Metadatenformate wurden mittlerweile definiert, die auf RDF aufsetzen und die zum Austausch von Informationen in Bereichen wie Electronic Commerce, Bibliothekswesen und anderen herangezogen werden.

Grundlegendes RDF Modell
Die Grundlagen von RDF bestehen in einem Modell zur Repräsentation von benannten Eigenschaften (properties) und Eigenschaftswerten (property values). Die Eigenschaften können als Attribute von Ressourcen angesehen werden. In diesem Sinne korrespondieren sie mit den üblichen Attribut-Wert-Paaren. RDF-Eigenschaften repräsentieren auch Beziehungen zwischen Ressourcen, weshalb ein RDF-Modell auch Ähnlichkeiten mit einem Entity-Relationship-Diagramm haben kann. In der objektorientierten Terminologie korrespondieren Ressourcen mit Objekten und Eigenschaften mit Instanzenvariablen.

Das RDF-Datenmodell ist eine syntax-neutrale Art, RDF-Ausdrücke zu repräsentieren. Die Datenmodellrepräsentation wird dazu verwendet, Bedeutungsäquivalenzen zu bewerten. Zwei RDF-Ausdrücke sind nur dann äquivalent, wenn ihre Datenmodelle dasselbe repräsentieren. Diese Definition der

Äquivalenz erlaubt syntaktische Variationen von Ausdrücken, ohne ihre Bedeutung zu verändern.

Das Basisdatenmodell besteht aus drei Objekttypen:

Ressourcen: Alles durch RDF-Ausdrücke Beschriebene wird Ressource genannt. Eine Ressource kann eine ganze Webseite oder Teil einer Webseite
sein, z. B. ein spezifisches XML-Element innerhalb eines Dokuments. Eine
Ressource kann auch eine Ansammlung von Webseiten, z. B. eine ganze Web-
Site, sein. Eine Ressource kann auch ein Objekt sein, das nicht direkt im Web
zugreifbar ist, z. B. ein gedrucktes Buch. Ressourcen sind immer mit Hilfe
von URLs plus optionaler Ankeridentifikation benannt.

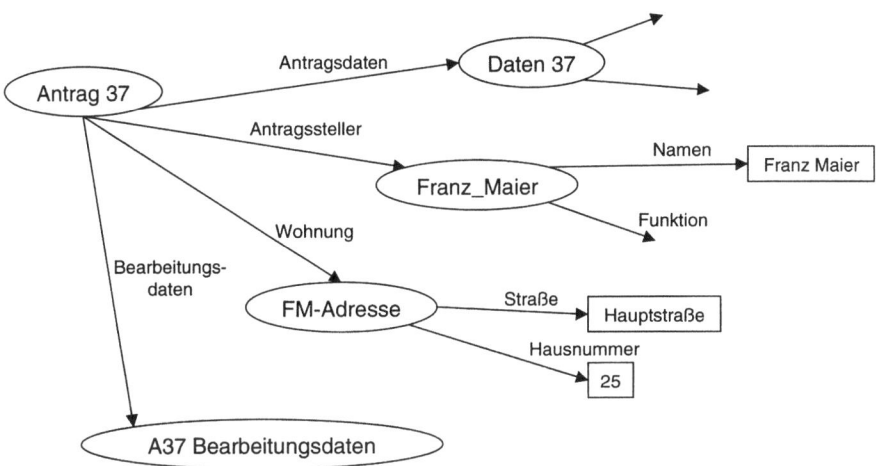

Abb. 3.1.4 Beispiel für ein Informationsmodell in RDF

Eigenschaften: Eine Eigenschaft ist ein spezieller Aspekt, ein Charakteristi-
kum, ein Attribut oder eine Relation zur Beschreibung einer Ressource. Jede
Eigenschaft hat eine spezifische Bedeutung und definiert die erlaubten Werte,
die beschreibbaren Ressourcentypen und ihre Beziehungen mit anderen Eigenschaften.

Statement: Eine spezielle Ressource zusammen mit einer benannten Eigenschaft inklusive dem Wert der Eigenschaft für diese Ressource ist ein RDF
Statement. Diese drei individuellen Teile eines Statements werden Subjekt,
Prädikat und Objekt genannt. Das Objekt des Statements, d. h. der Eigen-
schaftswert, kann eine andere Ressource oder ein Literal sein. Ressourcen
werden mit Hilfe einer URL beschrieben. Ein Literal ist ein einfacher String
oder ein primitiver über XML definierter Datentyp.

Als Beispiel könnte eine Informationsressource „Antrag" mit den Mitteln von RDF wie in Abb. 3.1.4 dargestellt werden.

3.2
K³-Aufgabenmodell

3.2.1
Beschreibungsmethode

Während sich die Informationsmodellierung aus Kompatibilitätsgründen stark an die standardisierten Modellierungstechniken anlehnt, hat das K³-Aufgaben-modell darüber hinausgehende Aspekte. Hier ist vor allem die für schwach strukturierte Prozesse wichtige Anforderung der zeitlichen Abstraktionsmög-lichkeit zu nennen, die nicht ausdrücklich in die UML-Modellierungstechnik integriert ist. Die K³-Aufgabenmodellierung benutzt aus verschiedenen Mo-dellierungskonzepten entnommene Darstellungstechniken, die dort um neue Komponenten ergänzt wurden, wo spezielle Anforderungen an kooperative Teamarbeit dies erforderten. Sie ist eine dynamische Modellierungsmethode. Auf die Darstellung eines statischen Aufgabenmodells für eine rein hierarchi-sche Gliederung von Aufgaben wurde verzichtet.

Für die dynamische Modellierung von Teamarbeit ist der Ansatz der Zu-standsautomaten (State Machines) prinzipiell geeignet. In UML sind zwei Modelle zur Beschreibung und Visualisierung von Zustandsautomaten defi-niert:

- Zustandsdiagramme (State Diagrams) nach Harel integrieren sowohl die Aspekte von Moore- bzw. Mealy-Automaten als auch zusätzliche Kon-zepte für zusammengesetzte und konkurrierende Zustände. Sie betonen die potentiellen Objektzustände und die Übergänge zwischen diesen Ob-jektzuständen, wobei in diesem Kontext Zustände als Zeitdauer mit gleichzeitiger Verrichtung von Aktivitäten verstanden werden können. Die Benennung des Zustands kann sowohl nach dem Zustand selbst, als auch einfach durch die Beschreibung seiner Aktivitäten erfolgen.

- Ein weiteres Konzept zur prozeßorientierten Visualisierung eines Zu-standsautomaten ist das Aktivitätsdiagramm, das auf den Kontrollfluß von Aktivitäten fokussiert. Der Zustand der Ausführung und Erfüllung einer Aktivität gilt als Zustand des dargestellten Zustandsautomaten. Auf diese Weise stößt die Erfüllung einer Aktivität und nicht ein externes Ereignis den Übergang von einer Aktivität zur nächsten an.

Aktivitätsdiagramme sind für die Modellierung kooperativer Teamarbeit am besten geeignet und bilden die Basis der hier vorgestellten Aufgabenmodellie-rung. Trotzdem fehlen ihnen Konzepte für die sequentielle Abstraktion, die für anwendungsgetriebene Sichten benötigt wird.

Aktivitäten sind nach den Zustandsdiagrammen in UML als Rechtecke mit abgerundeten Kanten dargestellt und enthalten eine Beschreibung der Aktivität (Abb. 3.2.1a). Weitere Attribute, wie z. B. das für den „Verantwortlichen", können die Aktivität genauer beschreiben. Die Ausführung einer Aktivität benötigt Zeit und gilt vom Anfang bis zum Ende ihrer Ausführung als aktiv. Übergänge zwischen den Aktivitäten sind von der vorangehenden zur nachfolgenden Aktivität deutende Pfeile (Abb. 3.2.1b). Am meisten Verwendung finden die Übergänge nach Erfüllung einer Aktivität (Abb. 3.2.1b). Weitere Übergänge sind die mit Verzweigungsbedingungen attribuierten Übergänge, die Abb. 3.2.1c anhand zweier alternativer Darstellungsweisen zeigt. Zusätzlich können konditionale Verzweigung und Wiedervereinigung die Darstellung eines konditionalen Teils eines Graphen vereinfachen (Abb. 3.2.1d). Synchronisationsbalken ermöglichen das Aufspalten eines Kontrollflusses in mehrere parallele und das Zusammenführen mehrerer paralleler Kontrollflüsse zu einem. Sie sind graphisch durch einen fetten Querbalken repräsentiert (Abb. 3.2.1e+f).

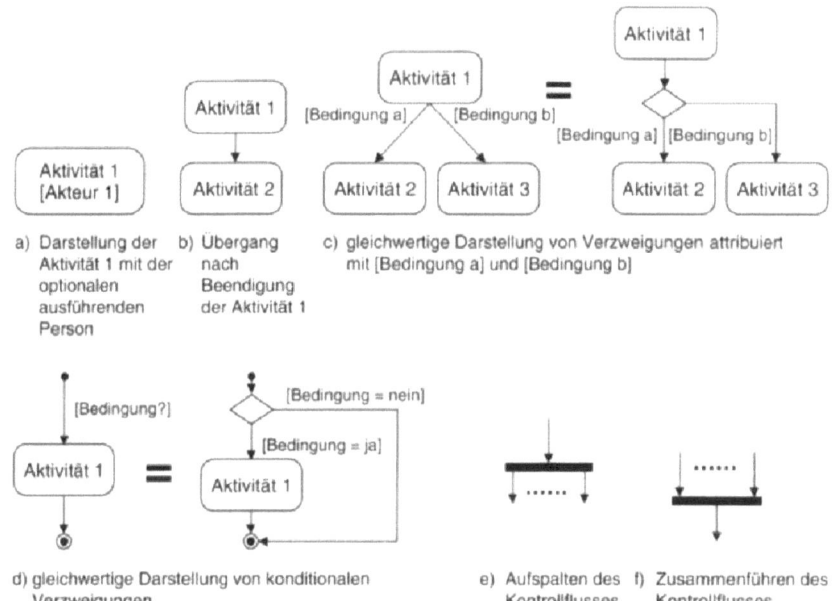

Abb. 3.2.1 Darstellung von Aktivitäten und Steuerflüssen

Für eine hierarchische Modellierung (Abb. 3.2.2) kooperativer Aktivitäten erscheint das Konzept mit untergeordneten Teilzuständen (Nested States), wie es in den UML-Zustandsdiagrammen vorkommt, als nützlich. Entsprechend kann eine Aktivität untergeordnete Aktivitäten, im folgenden auch Unteraktivitäten genannt, besitzen, die wiederum selbst untergeordnete Aktivitäten enthalten können. Diese zeigen ein höheres Detaillierungsniveau auf.

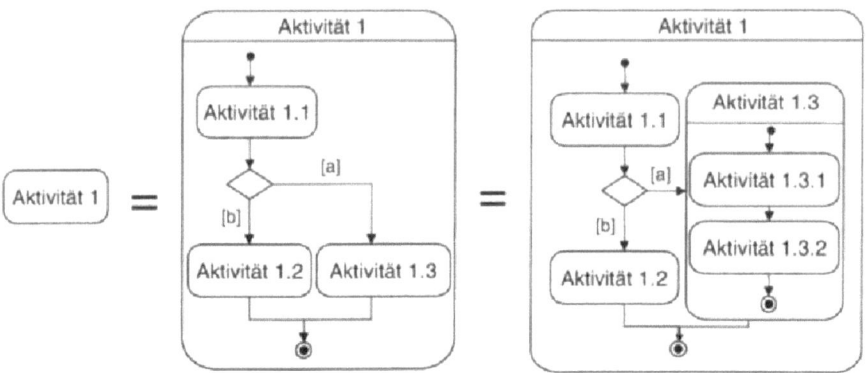

Abb. 3.2.2 Hierarchische Modellierung

Mit sog. Layern können die Unteraktivitäten je nach gewünschtem Komplexitätsniveau ein- bzw. ausgeblendet werden. Die graphische Darstellung erfolgt mit der Anordnung der untergeordneten Aktivitäten innerhalb eines „Blobs" nach Harel (1987), der wiederum als übergeordnete Aktivität anzusehen ist. Diese Aktivität ist in anderen Teilen des Diagramms wiederverwendbar. Eine nicht als Unteraktivität repräsentierte Aktivität innerhalb eines „Blobs" gilt nicht automatisch als ausgeschlossen.

Zur besseren Visualisierung der Zusammenarbeit zwischen verschiedenen Organisationseinheiten verwendet die K³-Aufgabenmodellierung das UML-Konzept der Swim Lanes. Diese Swim Lanes sind als Spalten angeordnet, wobei jede Spalte einer Organisationseinheit oder im speziellen Fall einer Person zugeordnet ist. Die Plazierung der Aktivitäten in einer Swim Lane verbindet wiederum die Organisationseinheit mit der Aktivität (Abb. 3.2.3). Dieses Konzept bietet eine übersichtliche Repräsentation ohne Attribute für die Organisationseinheiten.

Eine zeitliche Ablaufabstraktion für eine vorgegebene Aktivitätenabfolge, wie sie zur Modellierung von schwach strukturierten oder schwach determinierten Aktivitätenabfolgen gebraucht wird, ist in den UML-Zustandsdiagrammen mit zusammengesetzten Zuständen folgendermaßen gegeben:

• als paralleler oder konkurrierender zusammengesetzter Zustand von (orthogonalen) parallelen oder konkurrierenden Zuständen, die alle gleichzeitig aktiv sind, solange der zusammengesetzte Zustand aktiv ist. In bezug auf Aktivitäten bedeutet dies, daß zwei oder mehrere Unteraktivitäten gleichzeitig ausgeführt werden können;
• als sequentieller zusammengesetzter Zustand, der festlegt, daß nur ein Unterzustand alleine aktiv sein kann. Wiederum auf die Modellierung der Aktivitäten bezogen, bedeutet dies eine sequentielle Ausführung der Unteraktivitäten. Dennoch ist die Reihenfolge der Aktivitätenabfolge nicht determiniert.

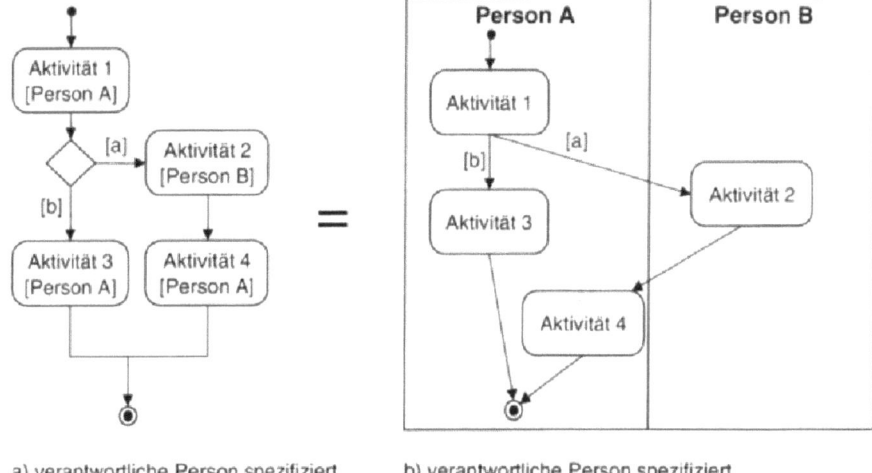

a) verantwortliche Person spezifiziert
   durch Attribute

b) verantwortliche Person spezifiziert
   durch Swimlanes

Abb. 3.2.3 Swimlanes

Die Abb. 3.2.4 zeigt ein Beispiel für beide Ablaufabstraktionen.

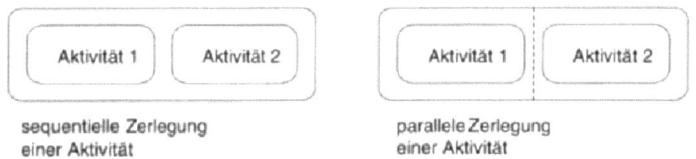

sequentielle Zerlegung
einer Aktivität

parallele Zerlegung
einer Aktivität

Abb. 3.2.4 Sequentielle und parallele Ablaufabstraktion

Die Ablaufabstraktion mit zusammengesetzten Aktivitäten definiert Ablauf-
einschränkungen anstatt der genauen Beschreibung der Abläufe und bringt so
eine stochastische bzw. nicht-determinierte Beschreibung hervor.

Zusätzlich zu den beschriebenen UML-Konzepten wurden die folgenden
neuen Konzepte entwickelt:

- Übergeordnete Zustände können ohne jegliche Einschränkungen ablaufen
  (Ziegler 1996). Deren Darstellung geschieht mit einer gestrichelten Linie
  für die übergeordneten Zustände (Abb. 3.2.5a).
- Mit der neuen Aktivitätseigenschaft „optional" können unter dem Be-
  trachtungswinkel des zusammengesetzten Zustands Aktivitäten optional
  ausgeführt werden (Abb. 3.2.5b).
- Die Verwendung eines Ausschlusses von Aktivitäten ist notwendig, da er
  die Möglichkeit bietet, um eine Aktivität explizit nicht in eine übergeordnete Aktivität mit einzuschließen (Abb. 3.2.5c).

- Die Möglichkeit zur Beschränkung der Anzahl an Unteraktivitäten (Abb. 3.2.5d) limitiert die innerhalb einer übergeordneten Aktivität ausführbaren Unteraktivitäten. Dies geschieht mittels Attribuierung der betreffenden Einschränkungen (n≥2 bedeutet, daß zwei oder mehrere Unteraktivitäten ausgeführt werden müssen).

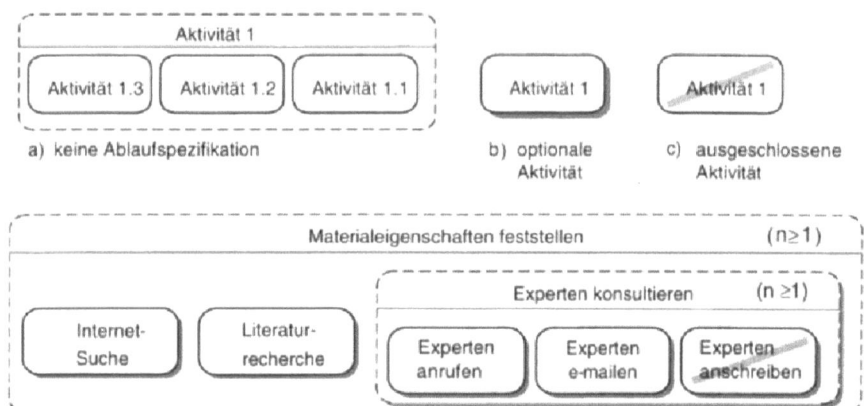

a) keine Ablaufspezifikation

b) optionale Aktivität

c) ausgeschlossene Aktivität

d) Die optionale übergeordnete Aktivität „Experten konsultieren" besteht aus mindestens einer optionalen Unteraktivität „Experten anrufen" oder „Experten e-mailen". Die Aktivität „Experten anschreiben" ist ausgeschlossen. Die übergeordnete Aktivität „Materialeigenschaften feststellen" besteht aus mindestens einer optionalen Unteraktivität „Internet-Suche", „Literaturrecherche" und „Experten konsultieren".

Abb. 3.2.5 Zusätzliche Modellierungskonzepte

3.2.2
Einsatzmöglichkeiten der K³-Aufgabenmodellierung

Die Aufgabenmodellierung ist ein Kernelement der K³-Modellierung. Sie wird speziell zur Modellierung in den Bereichen eingesetzt, in denen besonders die organisatorischen Ablaufaspekte nur schwach oder gar nicht definiert sind und dennoch angemessen unterstützt werden sollen. Dies ist vor allem bei der Darstellung von Concurrent Engineering bzw. Simultaneous Engineering-Teams (CE-Teams) notwendig, die räumlich verteilt und über Abteilungs- und Unternehmensgrenzen hinweg zusammenarbeiten. So sind die Aufgaben der Mitarbeiter eines CE-Teams durch einen hohen Anteil an Kommunikations- und Koordinationsaktivitäten geprägt. Die beobachtbaren Symptome sind hier z. B. Terminprobleme, Probleme mit dem Informationsmanagement und ein hoher Anteil von Troubleshooting, welche sich in doppelter Arbeit, Streß und Überstunden für die Mitarbeiter auswirken.

Allgemeine Vorgehensweise bei der Aufgabenmodellierung
Das schrittweise Vorgehen kann mit der Untersuchung des Informationsflusses der CE-Teams beginnen. Dafür wird eine Kommunikationsanalyse verwendet. Das Ergebnis der Analyse ist die qualitative und quantitative Beschreibung der Informationsquellen und des Informationszieles, der Kommunikationspartner sowie das Verhalten einzelner Personen. Anschließend kann eine Kooperationsanalyse durchgeführt werden. Während die Kommunikationsanalyse eine Übersicht über die Kommunikationsaktivitäten als Aufgabe hat, geht die Kooperationsanalyse auf die individuellen Aufgaben in der Produktentwicklung ein. Zusätzlich werden die notwendige und generierte Information, die benutzten Werkzeuge wie auch die jeweiligen Kooperationspartner und das Kooperationsniveau betrachtet. Aufgrund der schwach strukturierten Aufgaben kommt es zu einem hohen Anteil an Ad-hoc-Aktivitäten, vielen unvorhersehbaren Problemen und Änderungen.

3.2.3
Beispiel

Im folgenden Beispiel werden die Entwicklungsaktivitäten eines CE-Teams modelliert. Dieses Beispiel stammt aus einem Betriebsvorhaben und wurde abstrahiert und anonymisiert.

Wie in Abb. 3.2.6 ersichtlich wurden bei genau definierten Aktivitätsabläufen die in Abschn. 3.2.1 beschriebenen UML-Konzepte verwendet. So wurde damit z. B. die übergeordnete Aktivität des Erstellens eines CAD-Modells spezifiziert. Diese Aktivität ist in vier Unteraktivitäten „Konstruktion von Teil 1-3" mit einem genauen Ablaufplan gegliedert. Die Aktivität „Konstruktion von Teil 1b" kann nur nach Beendigung der Aktivität „Konstruktion von Teil 1a" erfolgen.

Im Gegensatz dazu kann die „Konstruktion von Teil 2", die „Konstruktion von Teil 3" und die „Konstruktion von Teil 1a+b" parallel erfolgen. Alle vier Unteraktivitäten sind obligatorisch und müssen ausgeführt sein, bevor die Aufgabe „Erstellung eines CAD-Modells" komplett erfüllt ist.

Der Kontrollfluß zwischen der Aktivität „Evaluation der technischen Machbarkeit" einschließlich aller darauf folgenden sequenziellen Aktivitäten und der Evaluation der Festigkeit läßt sich nicht von vornherein bestimmen. Deshalb sind diese Aktivitäten in einem Blob mit gestrichelter Linie als übergeordnete Aktivität „Produktentwicklung" zusammengefaßt.

Die „Evaluation der Festigkeit" umfaßt zwei Unteraktivitäten: die „Untersuchung des CAD-Modells" und die „FEM-Simulation", die beide Mitarbeiter der Konstruktionsabteilung ausführen. In Abhängigkeit von seiner Erfahrung entscheidet der jeweilige Konstruktionsingenieur, ob bei einer niedrigen Produktkomplexität eine Beurteilung des CAD-Modells für die Evaluation genügt. Mit größer werdender Komplexität ist eine FEM-Simulation jedoch unumgänglich. In manchen Fällen umfaßt die Simulation jedoch nur einige Komponenten, so daß eine Beurteilung der restlichen Komponenten anhand des CAD-Modells geschieht.

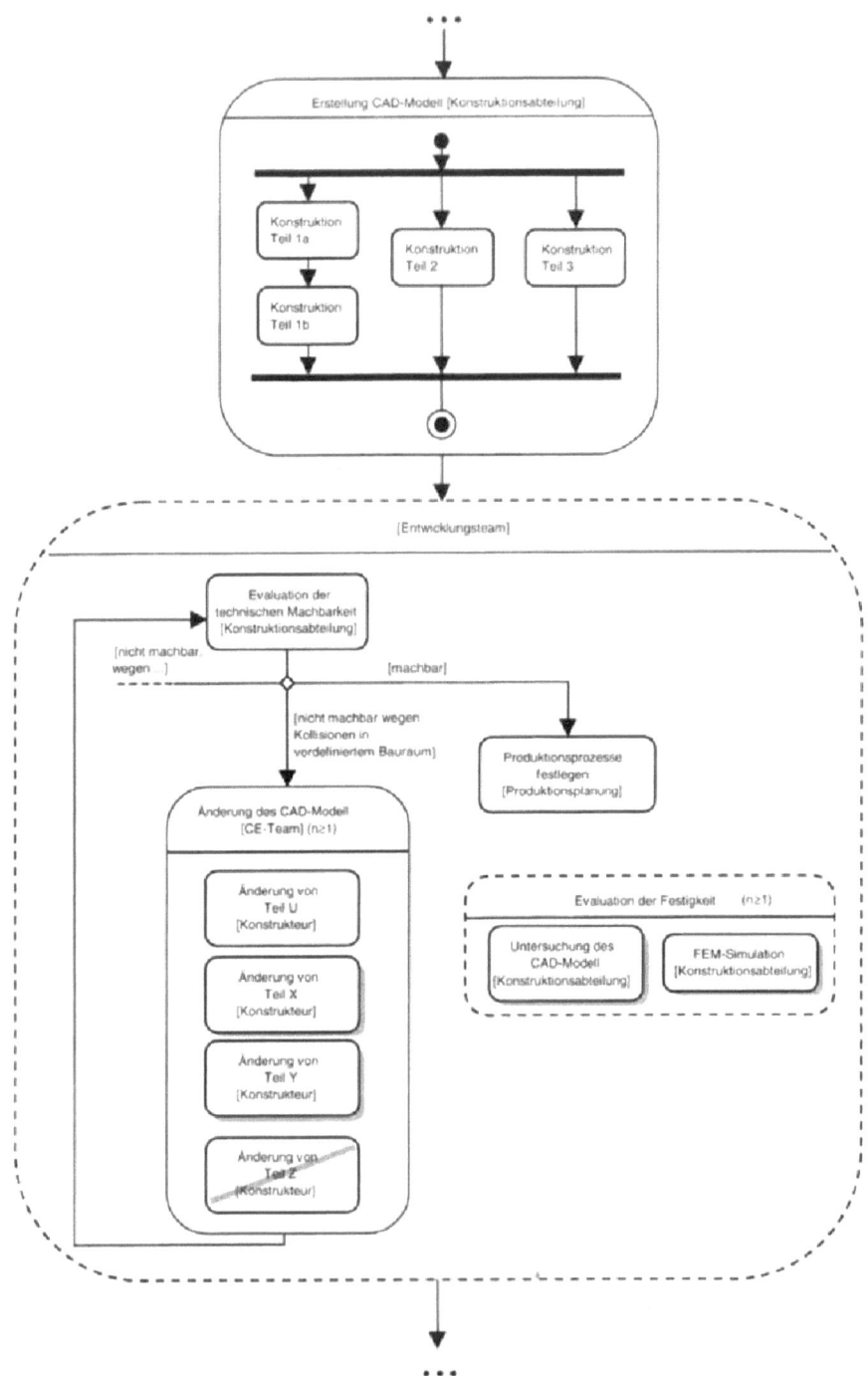

Abb. 3.2.6 Ausschnitt aus einem Produktentwicklungsprozeß

Andererseits bestehen jedoch so hoch komplexe Produkte, deren komplette FEM-Simulation nicht zu vermeiden ist und deren Beurteilung des CAD-Modells wegfallen kann. Wie in Abb. 3.2.7 zu sehen ist, sind die Unteraktivitäten optionale Aufgaben und die Attribuierung der übergeordneten Aufgabe (n≥1) spezifiziert die Anzahl der Unteraktivitäten. Dies drückt alle Möglichkeiten der Aktivität „Evaluation der Festigkeit" (Durchführung einer der beiden oder beider Unteraktivitäten) aus.

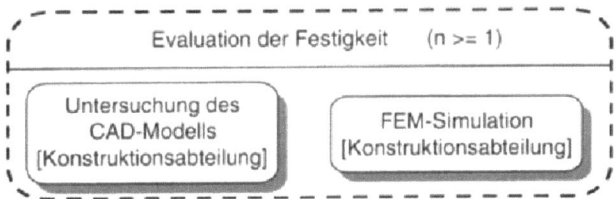

Abb. 3.2.7 Spezifikation der Anzahl der Unteraufgaben

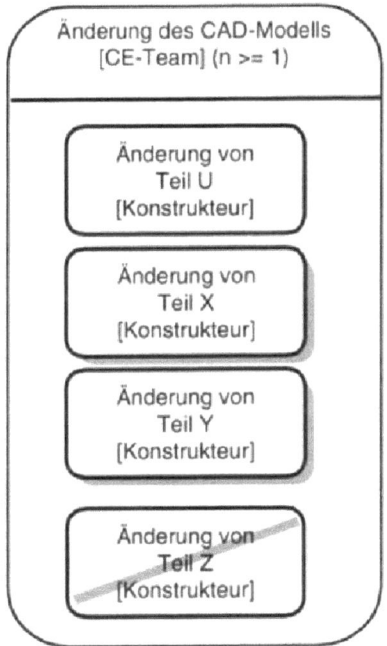

Abb. 3.2.8 Sequentielle Abfolge

Ein möglicher Grund für die negative Evaluation der technischen Machbarkeit sind Kollisionen von verschiedenen Teilen in einem vordefinierten Raum. In diesem Fall ist das CAD-Modell zu ändern. Aller Erfahrung nach wird das

Teil U immer modifiziert, weshalb diese Aktivität als obligatorisch eingestuft wird. Falls diese Änderung nicht ausreicht, wird eine zusätzliche Änderung der Teile X oder Z (oder evtl. beider Teile) nötig. Eine Änderung der Dimensionen von Teil Z ist nahezu unmöglich, so daß die Aktivität „Änderung von Teil Z" ausgeschlossen wird. Dieser Ausschluß ist möglicherweise auf die obligatorische Verwendung eines Standardteils zurückzuführen. Alle Änderungen erfolgen sequentiell. Dies schließt zusätzliche Kollisionen aus, da die zu beachtenden Teile nicht gleichzeitig geändert werden. Eine detaillierte Abfolge („Modifikation von Teil U" bis „Modifikation von Teil Y") hängt vom jeweiligen Produkt ab und ist nicht im voraus absehbar. Eine Beschreibung dieses schwach strukturierten Kontrollflusses zeigt Abb. 3.2.8.

3.3
K³-Organigramm

3.3.1
Beschreibungsmethode

Bei der Darstellung der Aufbauorganisation ist es hilfreich, mit unterschiedlichen Auflösungsgraden zu arbeiten. Je nach Problemstellung kann es nützlich sein, Unternehmenseinheiten zu großen Einheiten zusammenzufassen oder bis hin zur einzelnen Person ins Detail zu gehen. Daher werden auch bei der Modellierung der Organisationsstruktur die Vorteile einer Container-Darstellung benutzt. Als K³-Element kann hierbei das Element „Organisationseinheit" durch verschiedene Attribute angereichert werden. Diese können je nach Granularität der Betrachtungsebene vergeben werden. Tabelle 3.3.1 zeigt einige Beispiele:

Tabelle 3.3.1 Attribute für Organisationseinheiten

Auflösungsgrad/Granularität	Attribute
Abteilung	Name, Anzahl der Untereinheiten, Funktion
Team	Name, Anzahl der Teammitglieder, Kooperationsgegenstand, Status (permanent, task force), Rollen
Einzelperson	Name, Qualifikationsmerkmale, Kompetenzen, Funktion

Die K³-Elemente können durch Relationen miteinander verbunden werden. Diese können funktionale, hierarchische oder kommunikative Relationen zwischen den Organisationseinheiten abbilden, wie in Abb. 3.3.1 gezeigt wird.

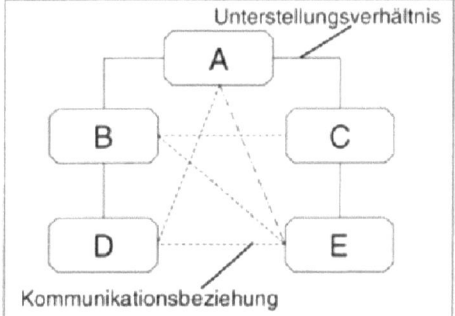

Abb. 3.3.1 Organisationselemente und beispielhafte Relationen

Durch eine Container-Darstellung kann die Anzahl der Relationen, beispielsweise bei Kommunikationsbeziehungen, wie in Abb. 3.3.2 vermindert werden.

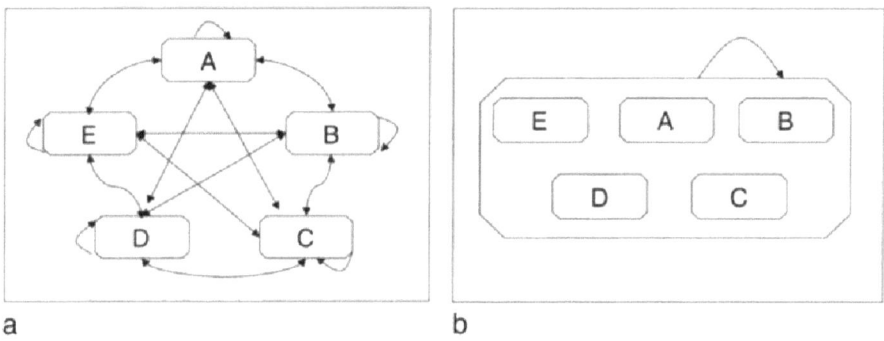

Abb. 3.3.2 Container-Darstellung von Relationen

Mit der Art der Visualisierung wird ein besserer Überblick über die Unternehmensstruktur gewonnen. So kann folgende Strukturabbildung wesentlich vereinfacht werden. Dabei steht jedes Element sowohl mit sich selbst als auch mit jedem anderen Element in Verbindung. Aus den 15 Relationen in Abb. 3.3.2a ist nur noch eine Kante Abb. 3.3.2b übrig. Die Semantik ist jedoch identisch.

Eine vor allem für Matrix-Organisationen geeignete Besonderheit sind kartesische Container (Abb. 3.3.3).

Mit einem solchen Objekt wird dargestellt, daß jedes Element der linken Seite mit jedem Element der rechten Seite eine Schnittmenge bildet. In unserem Beispiel wird das kartesische Produkt X = Y x Z = (A v B) x (C v D v E) = ({A,C}, {A,D}, {A,E}, {B,C}, {B,D}, {B,E}) gebildet.

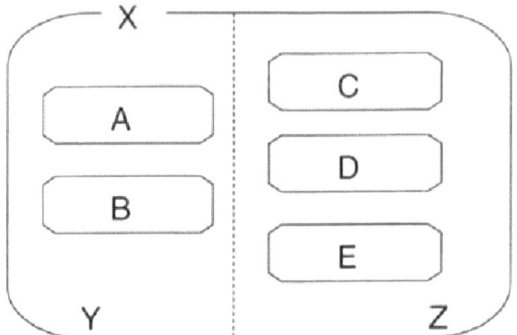

Abb. 3.3.3 Kartesischer Container für Matrix-Organisationen

Darüber hinaus ist es mit dieser Modellierung möglich, nicht eindeutige und unsichere Information abzubilden. Mit Hilfe sog. „optionalen Blobs" kann eine Organisationsstruktur bereits modelliert werden, wenn z. B. aufgrund mangelnder Daten eine genauere Abbildung nicht möglich ist. In diesem Falle wird das Element mit einem Schatten visualisiert. In Abb. 3.3.4a ist dargestellt, daß im Organisationsmodell noch nicht genau spezifizierbar ist, ob das Element E existiert oder nicht. Falls E vorhanden ist, soll es mit F durch die Relation R verknüpft sein.

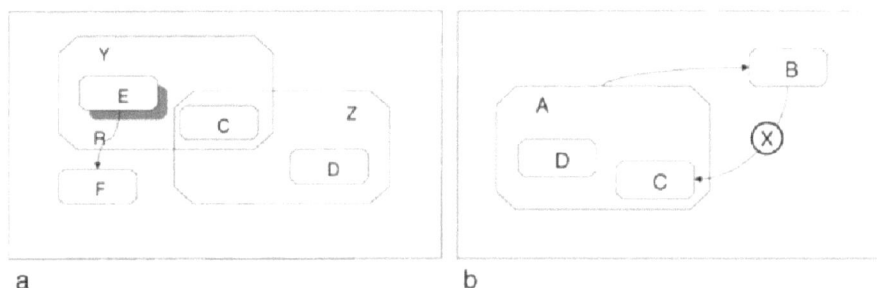

Abb. 3.3.4 a) Modellierung nicht eindeutiger und unsicherer Informationen b) Expliziter Ausschluß einer Verbindung.

Eine weitere Variationsmöglichkeit sind „Negative Arrows". Manchmal ist es bei der Modellbildung hilfreich, nicht nur Relationen zwischen Organisationselementen zu knüpfen und den Zustand des „Nicht-Verbundenseins" zweier Elemente als Indeterminiertheit aufzufassen, sondern explizit eine Verbindung auszuschließen. In Abb. 3.3.4b ist dargestellt, daß A mit B verknüpft ist, während eine Verbindung jeglicher Art zwischen B und C ausgeschlossen ist. Über alle anderen möglichen Verknüpfungen (z. B.: D und B, D und C) wird keine Aussage getroffen.

3.3.2
Einsatzmöglichkeiten

Mit Hilfe des K³-Organigramms können beliebige Organisationsformen dargestellt werden. Dabei besteht die Möglichkeit, je nach Verwendungszweck mit unterschiedlichem Auflösungsgrad zu operieren oder Details wegzulassen.

Abbildung 3.3.5 zeigt ein Unternehmen als Organisationseinheit, in der zwei Untereinheiten, „Unternehmensführung" und „Wertschöpfungskette", enthalten sind.

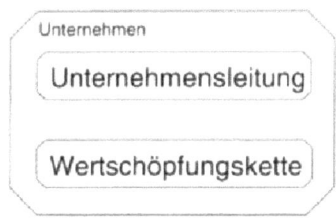

Abb. 3.3.5 Einsatzmöglichkeit für ein K³-Organigramm (1)

Wenn eine genauere Analyse der Wertschöpfungskette interessant ist, so wird der Container mit Subelementen gefüllt, wie in Abb. 3.3.6 zu sehen ist.

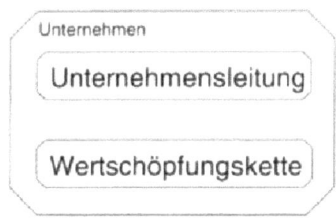

Abb. 3.3.6 Einsatzmöglichkeit für ein K³-Organigramm (2)

3.3.3
Beispiel

Die Matrix-Organisation des Beispielunternehmens ist mit Hilfe eines kartesischen Containers (Abb. 3.3.1) dargestellt, d. h. jedes Element der linken Seite bildet eine Verknüpfung mit jedem Element der rechten Seite (Abb. 3.3.7).

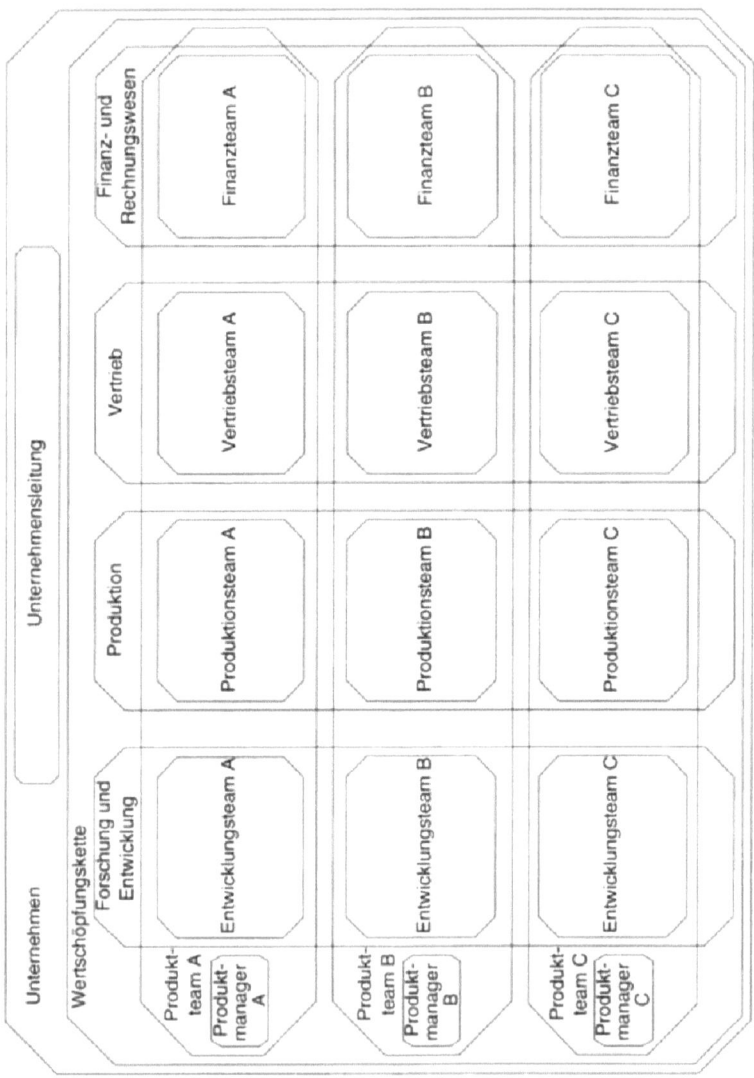

Abb. 3.3.7 Beispiel für ein K³-Organigramm eines Unternehmens mittlerer Granularität

Auf der höchsten Detaillierungsstufe kann die kleinste Organisationseinheit, die einzelne Arbeitsperson, sichtbar gemacht werden (Abb. 3.3.8).
Mit Hilfe der Organisationsdiagramme kann die Aufbaustruktur mit beliebiger Granularität in jeglicher Komplexität abgebildet und deren Verknüpfungen durch attribuierte Kanten dargestellt werden.

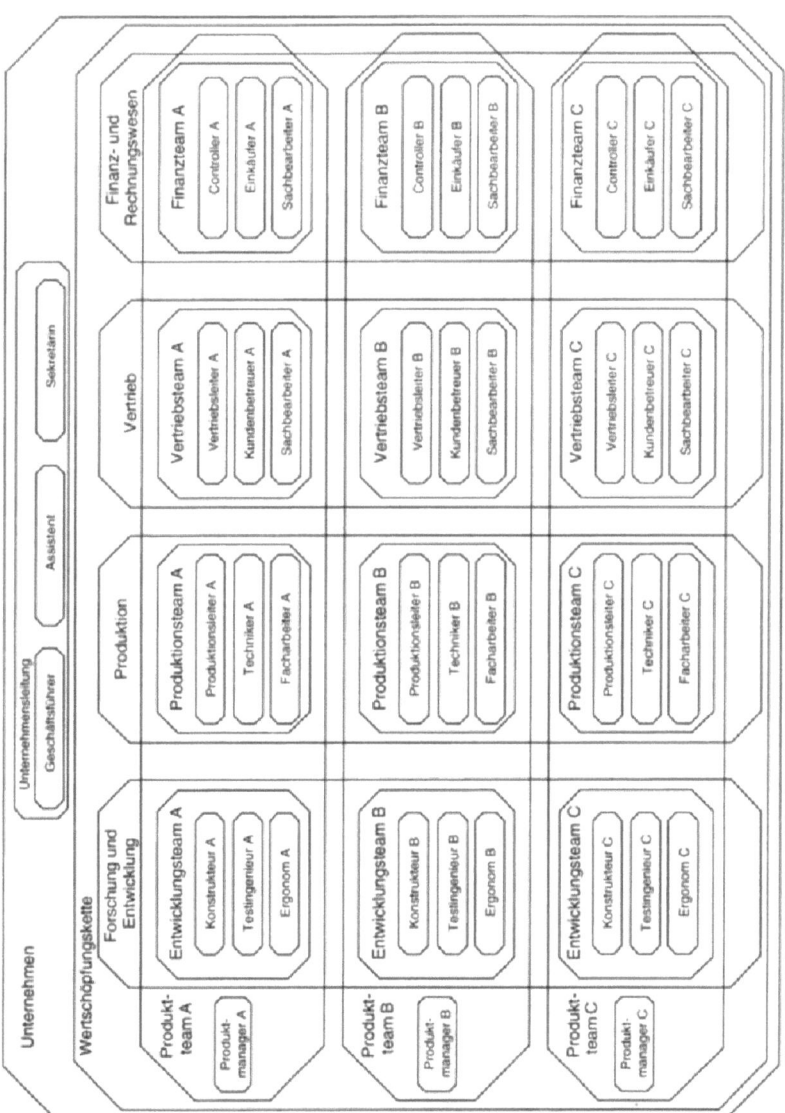

Abb. 3.3.8 Beispiel für ein K³-Organigramm eines Unternehmens höchster Detaillierungsstufe

3.4
K³-Prozeßmodell

3.4.1
Beschreibungsmethode

Das Prozeßmodell fußt auf den wesentlichen Bestandteilen des in Abschn. 3.2 beschriebenen Aufgabenmodells und erweitert dieses durch Flußbeziehungen und Koordinationsmuster. Auch der hier vorgestellte Ansatz beruht auf der Aufgabenmodellierungstechnik der Task-Object Charts, die bereits im Abschn. 2.2.1.1 eingeführt wurden und genauer in Ziegler (1997) beschrieben sind. Task-Object Charts verwenden den von Harel (1988) entwickelten Higraph-Formalismus, der auch für die verbreitete Zustandsmodellierungstechnik der Statecharts (Harel 1987) Anwendung findet. Task-Object Charts beruhen auf den folgenden Konzepten, die auch in CoCharts eingesetzt werden (Abb. 3.4.1).

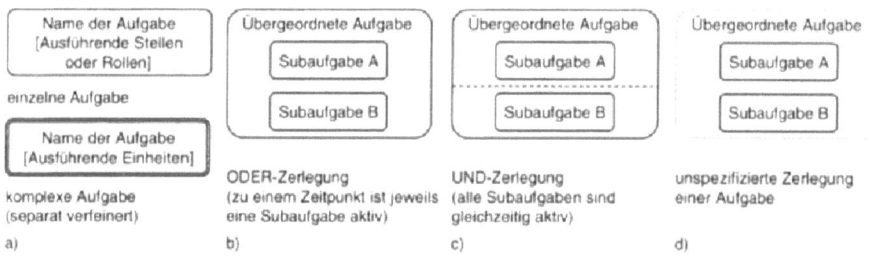

Abb. 3.4.1 Aufgabenkonstrukte in CoCharts

Aufgaben als Teile von Prozessen bilden das strukturgebende Element in CoCharts, wobei neben dem Namen und der Aufgabe die ausführenden Stellen oder Rollen innerhalb der Organisation als Attribut angegeben werden können (Abb. 3.4.1a oben). Die Attribute verweisen auf Elemente im K³-Organigramm. Diese werden hier nicht weiter erörtert, bilden aber Teil des K³-Methodenverbunds. Komplexe Aufgaben können in separaten Diagrammen verfeinert werden (Abb. 3.4.1a unten).

Entsprechend der Statechart-Notation können Subaufgaben auch direkt graphisch in die übergeordnete Aufgabe eingebettet werden, wodurch die Übersichtlichkeit und Kohärenz der Darstellung deutlich verbessert wird. Hierbei sind zwei Fälle zu unterscheiden. Abbildung 3.4.1b stellt eine Zerlegung in disjunkte Subaufgaben dar, d. h. zu einem Zeitpunkt kann jeweils nur eine der Subaufgaben aktiv sein, womit jedoch noch kein Ablauf der Aufgaben definiert ist. Es könnten alle Subaufgaben in einer Sequenz abgearbeitet werden oder aber nur einzelne Subaufgaben aufgrund von Bedingungen aktiviert werden. Die ODER-Zerlegung beschreibt damit einen Constraint der Synchronität, wobei Aufgaben nicht gleichzeitig in Bearbeitung sein dürfen (zu Constraints in Workflow s. z. B. Dourish et al., 1996).

Die zweite Form der Zerlegung einer Aufgabe ist die orthogonale bzw. UND-Zerlegung (Abb. 3.4.1c), bei der alle Subaufgaben gleichzeitig aktiviert, d. h. parallel bearbeitbar sind, sofern die übergeordnete Aufgabe aktiviert ist. Parallele Bearbeitung tritt z. B. dann auf, wenn unterschiedliche Komponenten eines Objektes unabhängig voneinander bearbeitet werden können (z. B. unterschiedliche Teile einer Antragsakte). Es können aber auch ggf. unterschiedliche Aspekte eines gemeinsamen Objekts parallel bearbeitet werden, wie z. B. inhaltliche und formale Korrektur eines Dokuments, oder es kann ein zeitlich eng verzahntes oder überlappendes Bearbeiten, z. B. in einer Teamsitzung, stattfinden. In allen Fällen von parallelen Aufgaben sind Aktionen zur Zusammenführung der Teilergebnisse erforderlich, die von einem einfachen Aggregieren bis hin zu komplexen Konsolidierungsaktivitäten, wie z. B. in einem Gruppeneditor, reichen können (Dourish et al., 1992).

Schließlich ist in Abb. 3.4.1d der Fall dargestellt, daß die Art der Aufgabenzerlegung zunächst unspezifiziert bleibt und lediglich die Subaufgaben bekannt sind. Dies kann zur inkrementellen Spezifikation mit späterer Präzisierung oder für bewußt unscharfe Modelle verwendet werden. Bei beiden Aufgabenzerlegungen können weiterhin optionale Elemente angegeben werden.

Flußbeziehungen

Relationen zwischen einfachen oder hierarchischen Aufgaben werden als Flüsse interpretiert. Dies wird hier nur überblickartig dargestellt, während sich in Ziegler (1997) eine ausführliche Diskussion findet. Hierbei sind unterschiedliche Arten von Flüssen möglich (Abb. 3.4.2). Neben reinen Ereignis- und Informationsflüssen werden in CoCharts als spezifisches Konstrukt Flüsse zustandsbehafteter Objekte dargestellt. Objektzustände fungieren dabei als Vorbedingungen für die Ausführung einer Aufgabe. Liegt ein Eingangsfluß einer Objektklasse O im Zustand Z an einer Aufgabe vor, bedeutet dies, daß die Ausführung der Aufgabe das Vorliegen einer Instanz der Klasse O im (Bearbeitungs-)Zustand Z erfordert. Die Bearbeitung der Aufgabe versetzt das Objekt in einen neuen Zustand (Nachbedingung der Aufgabe), der wiederum als Auslöser für Folgeaufgaben dienen kann. Je nach erzeugtem Zustand können unterschiedliche Folgeaktionen angestoßen werden (Abb. 3.4.2a). Die Definition der Zustände erfolgt in separaten Spezifikationen, um das Prozeßmodell nicht mit Details zu überfrachten.

Neben Objektflüssen können reine Ereignisflüsse, z. B. das zeitliche Ereignis „Monatsende!" in Abb. 3.4.2b, oder reine Informationsflüsse, z. B. lesender Zugriff auf „Verbrauch" in Abb. 3.4.2b, auftreten. Bei hierarchisch gegliederten Aufgaben enden die Eingangsflüsse an den übergeordneten Aufgaben. Im Fall von ODER-Zerlegungen, z. B. „Kalkulieren" in Abb. 3.4.2c, kann entweder eine Default-Startaufgabe aktiviert werden (von äußerer Umrandung eingehender Pfeil, s. „Tarifbeitrag berechnen" in Abb. 3.4.2c), oder es können je nach Subzustand unterschiedliche Teilaufgaben aktiviert werden (im Beispiel nicht dargestellt). Ausgangsflüsse der Oberaufgabe gehen entweder von der Teilaufgabe ab, wenn diese einen speziellen Subzustand erzeugt, oder beginnen an der Umrandung der Oberaufgabe, wenn es unwesentlich ist, welche Teilaufgabe den Zustand erzeugt hat. In Abb. 3.4.2c können beide Subaufgaben „Tarifbeitrag berechnen" und „Zuschläge berechnen" den Zielzustand „kalkuliert" erzeugen, was durch Pfeile an die Umrandung der Oberaufgabe dargestellt ist.

Zustände sind – ebenso wie Aufgaben – hierarchisch in UND/ODER-Hierarchien strukturierbar, wodurch sich eine Komplementarität von Aufgaben und von den durch sie erzeugten Objektzuständen ergibt. Je nach Zerlegungsgrad von Zuständen als Vor- und Nachbedingungen von Aufgaben kann die Ablaufbeschreibung unterschiedlich detailliert dargestellt werden. So kann z. B. für eine komplexe Aufgabe lediglich ein Zielzustand angegeben werden, ohne die Subaufgaben und deren Ablauf im einzelnen aufzuführen.

Mit den eingeführten Konstrukten werden mächtige Abstraktionsmechanismen bereitgestellt, die es erlauben, Vorgänge auf unterschiedlichen Aggregationsebenen und mit unterschiedlichem Spezifizierungsgrad darzustellen. Mit diesen Mitteln können bereits einige wesentliche Forderungen an die Modellierung kooperativer Prozesse erfüllt werden, indem z. B. lediglich die erforderlichen Aufgaben eines Prozeßteils vorgegeben werden, die Planung oder Ausführung des konkreten Ablaufs aber an die Gruppe delegiert wird. Ebenso ist es möglich, lediglich einen Zielzustand als Nachbedingung anzugeben und die Definition der Subaufgaben den Kooperationspartnern zu überlassen. Im folgenden Abschnitt wird gezeigt, wie durch Einführung von Koordinationsmustern Angaben zur Ausführung kooperativer Aufgaben gemacht werden können, ohne die Ausführung im Detail zu spezifizieren.

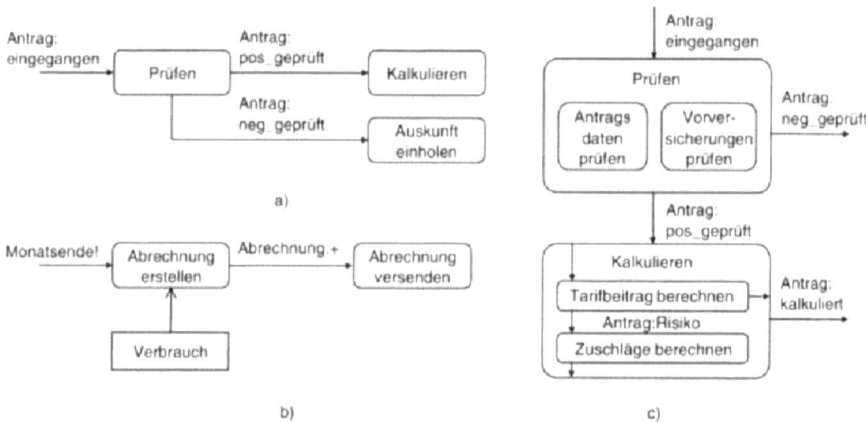

Abb. 3.4.2 Einige Darstellungen für Flußrelationen in CoCharts (basierend auf Task-Object Charts)

Koordinationsmuster

Das zielorientierte Zusammenwirken unterschiedlicher Aufgaben, die von einem oder mehreren Akteuren ausgeführt werden, erfordert entsprechende Koordinationsaktivitäten, die sicherstellen, daß Abhängigkeiten, die sich z. B. aus fachlichen, zeitlichen oder organisatorischen Bedingungen ergeben, berücksichtigt werden (vgl. Malone et al. 1994). Verschiedentlich wurde versucht, wiederkehrende koordinative Grundprozesse zu identifizieren und zu klassifizieren (z. B. Crowston 1994). Angesichts der Vielzahl der Analysen und unterschiedlichen Ansätze zur Beschreibung von Koordination und Abhängigkeiten in den Organisationswissenschaften und verwandten Disziplinen soll eine Fokussierung auf diejenigen Aspekte erfolgen, die besonders für die Auswahl und Gestaltung kooperationsunterstützender Informationssysteme relevant sind.

Im folgenden wird ein Ansatz aufgezeigt, wie CoCharts durch die Einführung von Koordinationsmustern erweitert werden können. Unter einem Koordinationsmuster sollen die Struktur und das Verhalten eines grundlegenden, wiederkehrenden Koordinationsprozesses verstanden werden. Analogien finden sich z. B. im Programmierbereich in Form von Design Patterns (Gamma et al. 1995), die abstrakte, wiederverwendbare Objektstrukturen und -konstellationen beschreiben. Koordinationsmuster sollen hier allerdings insbesondere dazu dienen, verdichtete, abgekürzte Notationen für kooperative Aufgabenbearbeitung zu erreichen. Sie werden als Abstraktionsmittel eingesetzt, um bei kooperativen Aufgaben lediglich die Art der Koordination angeben zu müssen, ohne die Abläufe im einzelnen zu beschreiben. Dies ist aus zwei Gründen nützlich: In vielen Fällen sind die konkreten Koordinationsprozesse zu komplex und zu variabel, um sie vollständig beschreiben zu können. In anderen Fällen benötigt man eine bequeme „Kurzschrift" für ständig wiederkehrende Prozeßteile, wie z. B. standardisierte Mitzeichnungsverfahren. Mechanismen und Werkzeuge zur Durchführung eines Koordinationsmusters werden separat beschrieben und können somit mehrfach verwendet werden.

Notation von Kooperationsmustern

Abbildung 3.4.3a-c zeigt, wie ein Prozeß sukzessive bezüglich seines Ablaufs präzisiert werden kann. In Abb. 3.4.3d erfolgt alternativ die Angabe eines Koordinationsmusters, das bestimmt, auf welche Weise die Subaufgaben der mit dem Muster verbundenen komplexen Aufgabe koordiniert werden sollen. Werden keine Subaufgaben von vornherein angegeben, müssen diese in der Kooperation erst bestimmt werden. Die Aufgabenfestlegung ist also Teil des Koordinationsprozesses. Ist sie bekannt, so ist die Koordination auf die Regelung der Abarbeitung beschränkt.

Neben der Angabe eines Musters als Mechanismus der Koordination kann weiterhin die Angabe einer oder mehrerer Rollen erfolgen, die für dieses Muster definierte Koordinationsfunktionen übernehmen. Dies kann im Fall einer zentral koordinierten Aufgabe z. B. ein Projektleiter sein, für stark verzahnte Teamaufgaben aber auch das Team selbst. Die Angabe des Namens eines Musters verweist auf einen entsprechenden Eintrag in einem Katalog von

Koordinationsmustern, die die entsprechenden Detailbeschreibungen enthalten.

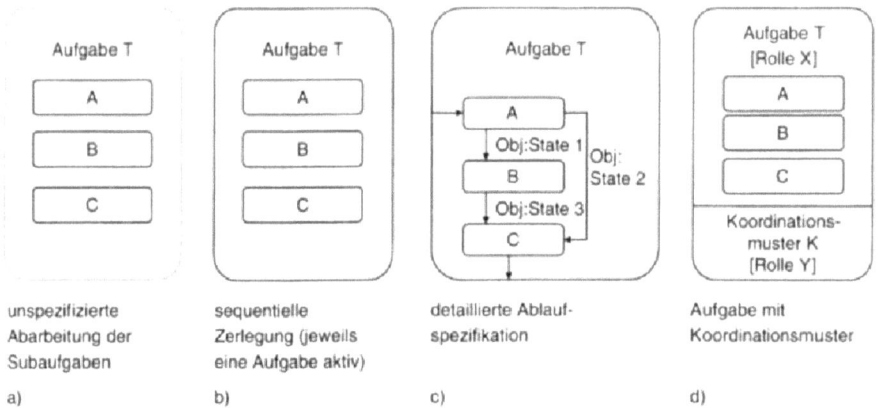

Abb. 3.4.3 Unterschiedliche Spezifikationstiefen und -mechanismen für Aufgabenabläufe

Ansatz zu einer Klassifikation von Koordinationsmustern

Um die Angabe von Koordinationsmustern in CoChart-Darstellungen zu ermöglichen, muß ein Katalog verfügbarer Muster aufgestellt werden. Ausgangspunkt hierfür sollte eine geeignete Klassifikation sein, die die Einordnung neuer Muster unterstützt. Es kann in diesem Beitrag noch keine Klassifikation bzw. ein Katalog vorgestellt werden, die den Anspruch auf Vollständigkeit erheben. Doch soll im folgenden aufgezeigt werden, wie sich eine solche Klassifikation entwickeln läßt, die konsistent mit den bislang eingeführten Konzepten von CoCharts ist. Hierfür werden die folgenden drei Dimensionen vorgeschlagen:

Der Koordinationstyp unterscheidet zwischen Kooperationen, die auf expliziten Kommunikationsaktionen (z. B. das Weiterleiten eines Dokuments) beruhen oder die durch den Zugriff auf ein gemeinsames (shared) Informationsobjekt geregelt werden. Im ersten Fall „teilen" sich die Kooperationspartner die Aufgaben eines Prozesses, entweder indem die einzelnen Aufgaben vorstrukturiert und jeweils unterschiedlichen Akteuren zugeordnet werden oder aber die Ausführung einer Aufgabe eng verzahnt durch unterschiedliche Akteure erfolgt. Dieser Fall soll als „shared process" bezeichnet werden. Im zweiten Fall („shared object") wird die Kooperation über den Zustand eines gemeinsamen Objekts gesteuert. Durch Vorstrukturierung des Objekts in unabhängige Komponenten wird der Fall eines parallelen, entkoppelten Arbeitens erreicht, während bei Abhängigkeiten zwischen den Komponenten verzahntere Bearbeitungsformen bis hin zum synchronen Gruppen-Editing erforderlich sind. Zugriffs- und Bearbeitungsrechte können die Zuordnung von Objektkomponenten zu den Akteuren sicherstellen.

Die Koordinationszeit gibt an, zu welchem Zeitpunkt die Regelung des Kooperationsablaufs erfolgt. Dies kann vorgeplant („planned") für eine ganze Klasse an Prozessen erfolgen, wie dies der Regelfall für die Definition festgelegter Workflows ist, vor Beginn der Ausführung des entsprechenden Teils einer Prozeßinstanz („deferred") oder sich während der Ausführung der Aufgaben selbst aus dem Verhalten der Kooperationspartner ergeben („emergent").

Der Koordinationsträger gibt die organisatorischen Einheiten oder Rollen an, die für die Koordination zuständig sind und bestimmt die Zentralität bzw. Dezentralität des Koordinationsprozesses. Typische Ausprägungen sind Koordination durch Einzelpersonen („process owner"), durch eine organisatorische Hierarchie („hierarchy") oder verteilt durch das ausführende Team („distributed") selbst.

Entlang dieser Dimensionen läßt sich eine Vielzahl unterschiedlicher konkreter Koordinationsmuster anordnen. Einige Beispiele seien hier angeführt:

- Die Definition eines Ad-hoc-Workflows mit mehreren Teilnehmern erfolgt durch einen Vorgesetzten vor der Ausführung einer komplexen Teilaufgabe (Typ: shared process; Zeit: deferred, Träger: owner).
- In einem Prozeßschritt ist ein zu erstellendes Dokument durch ein Team in einer Teamsitzung zu strukturieren (Typ: shared object; Zeit: emergent; Träger: distributed).
- Eine Planung ist von Vorgesetzten auf mehreren Ebenen zu genehmigen, bevor die Folgeaktivitäten gestartet werden können (Typ: shared process; Zeit: planned; Träger: hierarchy).

Zur Definition dieser Muster können separate CoChart-Darstellungen erstellt werden, wobei die Abstraktionsmechanismen dazu dienen, die unterschiedlichen Detaillierungsgrade der Muster abzubilden. Die hier diskutierten Koordinationsmuster dienen lediglich zur Illustration des Konzepts. Eine vollständigere Sammlung und eine genaue Definition häufig auftretender oder typischer Muster bleiben weiterführenden Arbeiten überlassen.

3.4.2
Einsatzmöglichkeiten

Die hier vorgestellte Technik bietet die Möglichkeit, Arbeitsprozesse abzubilden, bei denen Workflow-artige Teile und kooperative, nicht vollständig vorherbestimmbare Aufgaben in gemischter Form auftreten. In solchen Prozessen treten typischerweise unterschiedliche Formen der Koordination auf, die von fest geregelten, sequentiellen Abläufen bis hin zu Interaktionen in Teamsitzungen führen. Das gemischte Auftreten dieser unterschiedlichen Koordinationsformen ist typisch für heutige Organisationsprinzipien und wird zukünftig mit der Zunahme wissensintensiver Arbeitsprozesse an Bedeutung zunehmen.

Mit den eingeführten Darstellungsmitteln lassen sich die unterschiedlichen Betrachtungsebenen und Koordinationsmechanismen solcher kooperativen Arbeitsprozesse in einfacher und kompakter Form darstellen. Durch eine zukünftige Entwicklung eines Katalogs von Koordinationsmustern kann eine gemeinsame Basis für die Modellierung geschaffen und die Ökonomie der Darstellung verbessert werden.

Die vorgestellte Modellierungstechnik ist gegenwärtig noch auf die Beschreibung existierender oder zu planender Arbeitsprozesse ausgerichtet. Es ist aber vorstellbar, daß die eingeführten Konzepte auch eine Basis für die Entwicklung zukünftiger Technologien bieten können, die kooperatives und prozeßorientiertes Arbeiten in integrierter Weise unterstützen.

3.4.3
Beispiel

Das im folgenden dargestellte Beispiel (Abb. 3.4.4) zeigt in verkürzter Form die Anwendung der Modellierung im Anwendungsfeld Produktänderungsplanung, wie sie bei einem der Projektpartner auftritt. Sobald als Nachbedingung der Aufgabe ein neuer Konstruktionsauftrag erzeugt ist, läuft der Prozeß weiter und aktiviert die Folgeaufgaben. Weiterhin ist dargestellt, welche Informationen in lesender oder schreibender Weise für den Prozeßschritt benutzt werden.

Als Annotation können bestimmte Attribute, wie etwa das Medium, das für den Informationsfluß genutzt wird, durch entsprechende Symbole dargestellt werden.

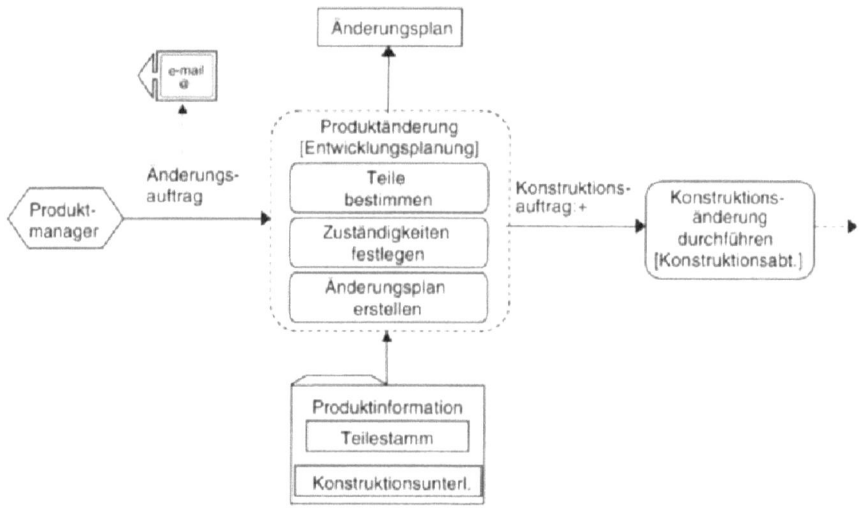

Abb. 3.4.4 Beispiel für eine Prozeßdarstellung in CoChart-Notation

In Abb. 3.4.5 ist, als generelles Beispiel zur Erläuterung der Anwendung von CoCharts, ein vereinfachter Auszug einer Bauplanung aufgeführt. Der Teilprozeß beginnt bei einer auftraggebenden Stelle, wobei die Darstellung organisatorischer Einheiten als Rechteck mit abgeflachten Ecken erfolgt. Der Vorgang wird nun in der Hierarchie der Organisation den eigentlichen Bearbeitern zugeleitet. Diese Zuleitungsform ist ein immer wiederkehrendes Muster, das separat definiert wird (hier nicht dargestellt) und hier zur Abkürzung der Darstellung als Attribut der Aufgabe „Vorgang zuleiten" aufgeführt wird. Der Koordinationsträger ist hier die Hierarchie des Bauamts, d. h. der Eingang erfolgt beim Amtsleiter und wird dann durch Wiederholung des Schrittes „prüfen und zuständige Organisationseinheit auswählen" den Bearbeitern zugeleitet (Typ: shared process; Zeit: planned).

Die Aufgaben „Bauausführung planen" besteht aus drei parallelen Subaufgaben, die aber zur Vermeidung von Planungsfehlern kooperativ abzustimmen sind. So sind z. B. Sicherheitsabstände zwischen Sanitär- und Elektrokomponenten sicherzustellen. Die Abstimmung geschieht hier durch das Muster „gemeinsame Ablage" und zusätzliche Konfliktlösung durch Kommunikation. Dies bedeutet, daß alle Planer Einsicht in den aktuellen Planungsstand haben und mögliche Probleme identifizieren können. Das gemeinsame Informationsobjekt wird explizit dargestellt. Das Container-Objekt besitzt – im hier gezeigten Fall – wiederum unterschiedliche Komponenten. Eine genauere Beschreibung der Verwendung strukturierter Informationsobjekte erfolgt an anderer Stelle.

Mit der gewählten Darstellung läßt sich eine gute Übersicht über den Vorgang gewinnen, ohne durch unnötige Details den Blick auf die wesentlichen Schritte zu verstellen. Der hier aufgeführte Prozeß ist ein typisches Beispiel für einen Vorgang, bei dem Workflow-artige Abschnitte mit kooperativen, indeterminierteren Aufgaben in einer Mischform auftreten.

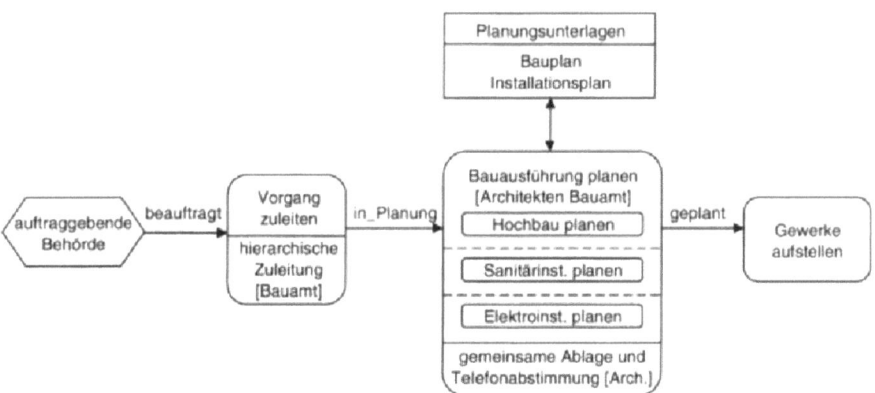

Abb. 3.4.5 Beispiel für einen Bauplanungsprozeß in einer Behörde

Ein weiteres Beispiel aus dem Anwendungsfeld der Firma Festo zeigt die folgende Abb. 3.4.6. Hier wird das Koordinationsmuster „Notifikation und Meeting" für die Entscheidung der Anfrage eingesetzt. Dieses bedeutet, daß das Dokument „Entwicklungsanfrage" zunächst den Beteiligten durch eine Notifizierung bekannt gegeben wird. Dies kann z. B. dadurch realisiert sein, daß das Dokument in einer gemeinsamen elektronischen Ablage abgelegt wird und die Beteiligten per E-Mail einen Verweis auf den Vorgang mit der Bitte um Prüfung bekommen. Der eigentliche Entscheidungsschritt wird in diesem Beispiel nicht elektronisch unterstützt, sondern in einem persönlichen Meeting durchgeführt.

Die Spezifikation des Notifizierungsmechanismus kann separat als wiederverwendbarer Baustein erfolgen, so daß in den eigentlichen Prozeßmodellen jeweils die Angabe des Bausteins ausreicht.

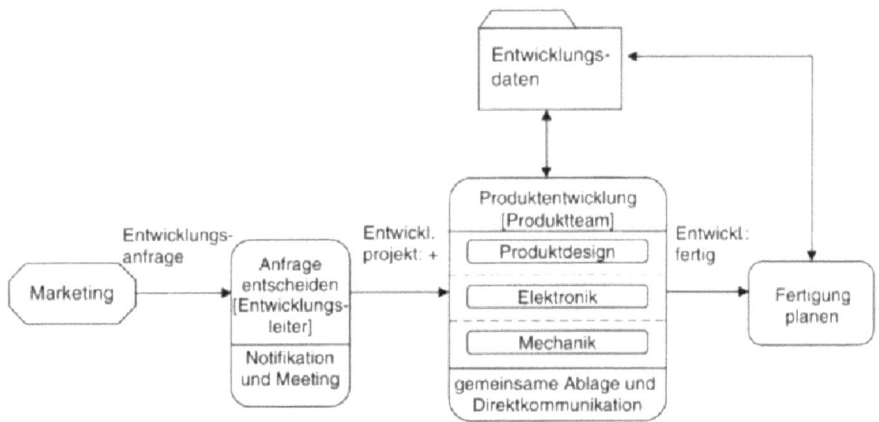

Abb. 3.4.6 Beispiel für unterschiedliche Koordinationsmuster in einem Prozeßablauf

3.5
K³-Kommunikationsmodell

Die im Rahmen dieser Beschreibungssprache vorhandene Kommunikationssicht geht von einer Netzstruktur aus, die auf der räumlichen und zeitlichen Gruppierung bzw. Zusammengehörigkeit der Organisationsmitglieder basiert. Dadurch wird es möglich,

* sowohl formale als auch informale K³-Beziehungen darzustellen,
* einzelne Organisationsmitglieder und Gruppen von Organisationsmitgliedern zu unterscheiden,
* interne und externe Teilnehmer an K³-Beziehungen aufzunehmen (wie z. B. Kunden, Lieferanten),
* prozeßgebundene und -ungebundene K³-Beziehungen darzustellen und

• eigeninitiierte (push) und fremdinitiierte (pull) K³-Beziehungen zu modellieren.

3.5.1
Beschreibungsmethode

Die Kommunikationssicht wird graphisch durch bestimmte K³-Elemente und
Attribute visualisiert. Als K³-Elemente dienen „Organisationseinheit" und
„Information". Als Attribut zur „Organisationseinheit" dienen die „Organisationsmitglieder". Die „Kommunikation" und die „Informationsträger" bilden
die Attribute für das K³-Element „Information".

Aus der nach räumlichen und zeitlichen Kriterien strukturierten Anordnung
der K³-Elemente ergibt sich eine netzförmige Darstellung, die die organisatorische Struktur der K³-Beziehungen aus der Kommunikationssicht darstellt.

3.5.2
Einsatzmöglichkeiten

Die Kommunikationssicht erlaubt eine übersichtliche Darstellung aller K³-
Beziehungen, wobei eine Abbildung vor dem Hintergrund der real existierenden Kommunikationsstruktur erfolgt. Es kann eine Analyse und eine Bewertung der Ist-Situation erfolgen. Diese Art der netzförmigen Darstellung ermöglicht es:

• Stellen übermäßigen Informationsanfalls zu lokalisieren und zu optimieren,
• die Stellung einzelner Mitglieder im Netzgeflecht zu bestimmen und zu
  bewerten,
• die Basis für eine grundlegende Analyse und Bewertung der Kommunikationsstrukturen und Informationsträger zu legen sowie
• durch die Modellierung partizipativ einen optimalen anzustrebenden Soll-
  Zustand der K³-Beziehungen zu erarbeiten.

Damit wird die Kommunikationssicht ihrem Ziel gerecht, die Kommunikationsstruktur und die Dokumentenaustauschbeziehungen vor dem Hintergrund
aufbauorganisatorischer Strukturen zu optimieren und neu zu gestalten.

3.5.3
Beispiel

Abbildung 3.5.1 stellt anhand eines vereinfachten Beispiels aus dem Anwendungsvorhaben der Bauunternehmung Huthmann ein K³-Kommunikations-
modell dar. Das K³-Element „Organisationseinheit" ist als Rechteck mit abgeflachten Ecken symbolisiert, das K³-Element „Information" ist grau hinterlegt.
Die Pfeile zwischen den K³-Elementen geben die Richtung des Informationsflusses wieder. Bei dem AV-Team handelt es sich um eine temporäre Organi-

sationseinheit, die durch zwei horizontale, gegenläufige Pfeile gekennzeichnet
ist.

Abbildung 3.5.1 zeigt beispielhaft die Informationen „Ausführungspläne"
und „Tagesberichte" mit den jeweiligen Attributen und zusätzlichen Bemerkungen in graphischer Form. Da es jedoch bei häufigem Informationsaustausch zwischen den Organisationseinheiten nicht mehr möglich ist, alle Informationen graphisch darzustellen, werden die Informationsaustauschbeziehungen mit Nummern versehen und in tabellarischer Form dargestellt. Zur
Verdeutlichung beschränkt sich die nachfolgende Beispieltabelle auf die beiden Kommunikationsbeziehungen 1-2 (Kommunikation zwischen Tiefbauamt
und Kalkulation) und 7-8 (Kommunikation zwischen Baustellenteam und
Bauleitung).

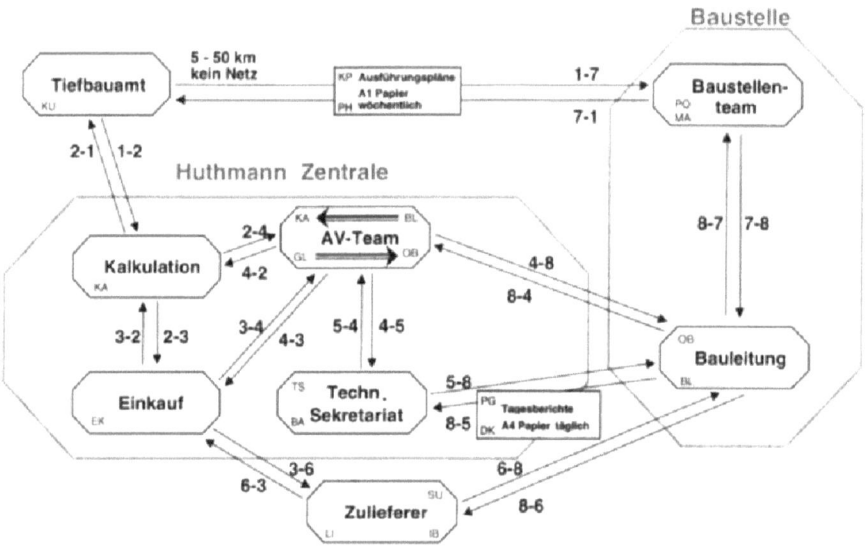

Abb. 3.5.1 Kommunikationssicht des Anwendungsvorhabens Huthmann

In den Tabellen 3.5.1 und 3.5.2 sind zwei Beispiele für Kommunikations-
beziehungen zwischen je zwei Organisationseinheiten abgebildet. In der
Kommunikation zwischen dem Tiefbauamt und der Kalkulation taucht als K³-
Element „Information" z. B. das Leistungsverzeichnis auf. Dieses wird über
Attribute näher spezifiziert: Das Leistungsverzeichnis wird als Dokument
(DK) per Post oder Hauspost (PH) vom Tiefbauamt an die Kalkulation weiter-
geleitet. Die betroffenen Organisationsmitglieder sind der Kunde (KU) und
die Kalkulation (KA). Besonderheiten werden als Bemerkungen erfaßt.

Tabelle 3.5.1 Kommunikationssicht (Vereinfachtes Beispiel)

K³-Element „Information"	Attribut Kommuni-kation	Attribut Informa-tionsträger	beteiligte Or-ganisations-mitglieder	Bemerkungen
1-2 Kommunikation Tiefbauamt → Kalkulation				
Leistungsverzeichnis	PH	DK	KU, KA	DIN A4, wöchentlich 2-100 Seiten
Auftragsbestätigung	PH, FX	DK	KU, KA	DIN A4, einmalig
Ausführungspläne	PH, PG	KP	KU, KA	DIN A2/3

Tabelle 3.5.2 Kommunikationssicht (vereinfachtes Beispiel)

K³-Element „Information"	Attribut Kommuni-kation	Attribut Informa-tionsträger	beteiligte Or-ganisations-mitglieder	Bemerkungen
7-8 Kommunikation Baustellenteam → Bauleitung				
Tagesberichte	EM, DÜ	DA	PO, BL	täglich
Personal- und Gerätebedarf	PG, TF	MI	PO, BL	DIN A4, einmalig
Informationen für Bauleitung	EM	DA	PO, BL	DIN A2/3
Nachträge	FX	DK	KU, BL	bei Bedarf
eigene Aufmaßskizze	PH, DÜ	DK	KU, PO	regelmäßig
Ausführungspläne	EM, FX	DA, DB	PO, BL, TS	täglich
Lieferscheine	PH, FX	DK	LI, PO	bei Lieferung
Stundenlisten	EM	DA	MA, BL	täglich
Maschinenberichte	PG, TF	MI	PO, BL	DIN A4, einmalig
Qualititätsprotokolle	PH, PG	KP	KU, KA	am Ende eines Bauabschnittes

3.6
K³-Use Case

3.6.1
Beschreibungsmethode

In der Unified Modeling Language (UML) wird mit sog. „Use Cases" das Verhalten von technischen Systemen dargestellt, ohne jedoch vorher die Realisierung des Systems genau zu spezifizieren oder zu beschreiben. Sie teilen die Systemfunktionalitäten in bedeutende Transaktionen für den Aktoren auf, der idealisiert mit dem System interagiert. Die Teile der interaktiven Funktionalität werden Use Case genannt. Ein Use Case beschreibt eine Interaktion mit dem Aktor als Sequenz von Nachrichten zwischen dem System und einem oder mehreren Aktoren, wobei diese in der UML-Modellierung sowohl durch Menschen als auch durch andere Computersysteme und Prozesse dargestellt werden können.

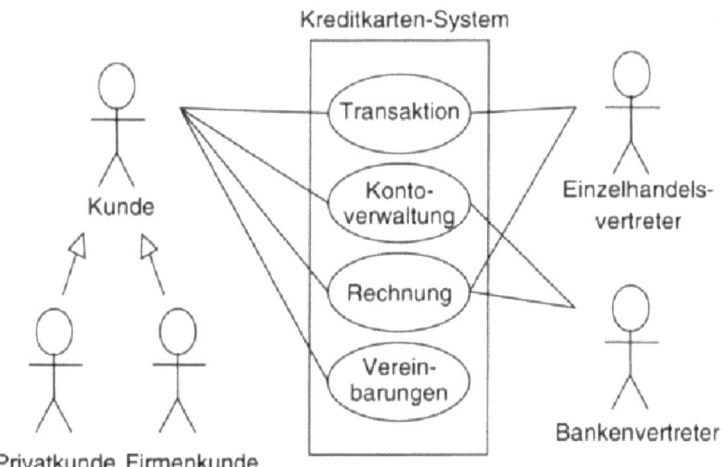

Abb. 3.6.1 Use Case-Diagramm nach UML

In der K³-Matrix in Kap. 2 stehen als prägende Elemente für eine Beschreibung von Use Cases die Aufgabe und die Organisationseinheit zur Verfügung. Das K³-Use Case-Modell kann – im Gegensatz zum klassischen UML-Use Case-Diagramm – sowohl die Aufgabe als auch die Organisationseinheit als prägendes Element in den Mittelpunkt stellen. Aufgaben oder Aufgabenstrukturen sind gegenseitig immer mit Organisationseinheiten und -strukturen verknüpft, welche ihre Ressourcen in das System einbringen und von diesem ein bestimmtes Verhalten erwarten.

Gerade in frühen Phasen oder in schwach strukturierten Prozessen soll es für die K³-Modellierung möglich sein, die Aufgabenabwicklung mit den beteiligten Organisationseinheiten darzustellen. Die K³-Use Case-Diagramme bestehen hier aus Use Cases, welche aus dem im Abschn. 3.2 beschriebenen K³-Aufgabenmodell oder dem in Abschn. 3.3 beschriebenen K³-Organigramm abgeleitet und in der notwendigen Detaillierung dargestellt werden. Alle Aufgaben werden unter einem Aufgabensystem zusammengefaßt, welches auch die Gültigkeitsgrenze des Aufgabenmodells ist. Ferner bestehen die Diagramme aus Organisationseinheiten, welche gleichzeitig Aktoren und Ressourcen darstellen, sowie den Abhängigkeiten, Beziehungen und Generalisierungen. Die Organisationseinheiten werden wiederum konform zu dem in Abschn. 3.3 beschriebenen Organisationsmodell dargestellt.

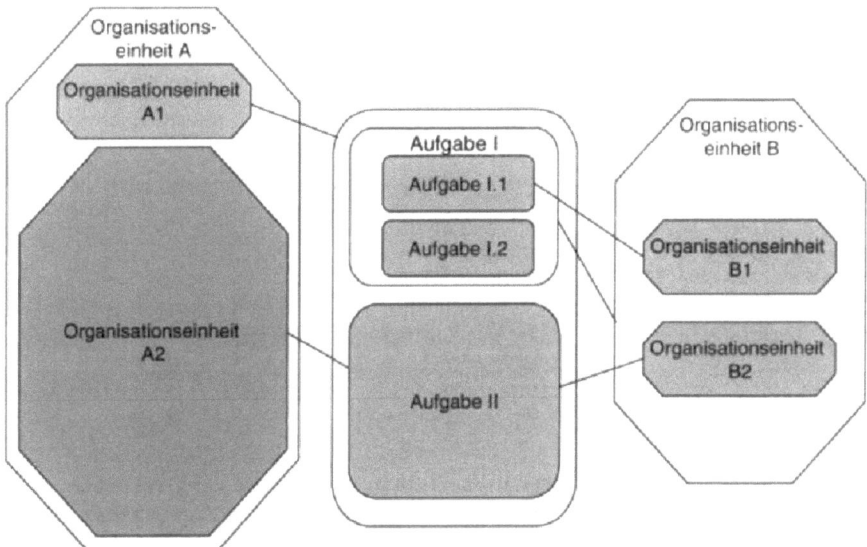

Abb. 3.6.2 Use Case-Diagramm mit grober Zuordnung

Der Vorteil in der K³-Darstellung (Abb. 3.6.2) liegt darin, daß das K³-Aufgabenmodell mit den Blobs nach Harel (Abschn. 2.3) einerseits eine unsichere Zuordnung der Aufgaben zuläßt, andererseits durch seinen hierarchischen Aufbau ein nachträgliches Verfeinern innerhalb des Use Case-Systems zuläßt (Abb. 3.6.3). Die Unified Modeling Language (UML) läßt für die Aktoren auch eine hierarchische Modellierung zu. Dennoch kann mit dem K³-Modell die Zuordnung der Organisationseinheiten vor allem beim Verfeinern der Aufgaben innerhalb des Aufgabensystems einfacher geschehen. Dies zeigt auch die Verfeinerung in den folgenden graphischen Darstellungen. Diese Verfeinerungsmöglichkeiten können sowohl auf der Organisations- als auch auf der Aufgabenseite mit Hilfe der in Abschn. 3.2 und 3.3 beschriebenen Modellierungsperspektiven durchgeführt werden.

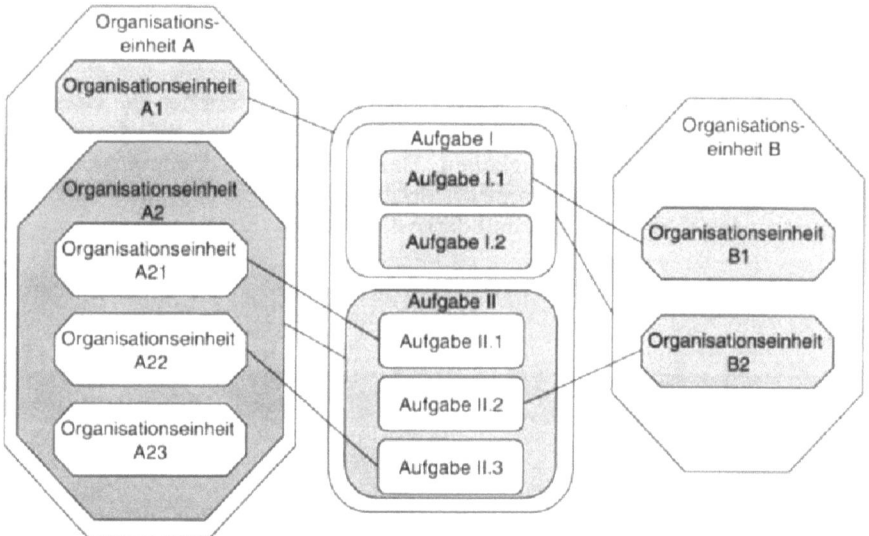

Abb. 3.6.3 Use Case-Diagramm in verfeinerter Darstellung

3.6.2
Einsatzmöglichkeiten

K³-Use Case-Diagramme können – ähnlich wie Use Case-Diagramme der UML-Modellierungssprache – verwendet werden, um das Verhalten eines Systems oder Untersystems zu erfassen. Darüber hinaus können sie mit Hilfe der K³-Aufgabenmodellierung und des K³-Organigramms in beliebiger Verfeinerung visualisiert, spezifiziert und dokumentiert werden. Diese Art der Darstellung ermöglicht den Gestaltern von K³-Prozessen, ein gemeinsames Verständnis mit den Benutzern und Experten der beteiligten Organisationseinheiten zu erlangen. Es können sowohl Kontext der Aufgaben als auch Anforderungen an ein Aufgabensystem dargestellt werden. Mit der Modellierung des Kontexts des Aufgabensystems können die Interaktionen von Organisationseinheiten mit dem System aufgezeigt werden, wobei dieses als Black Box dargestellt wird. Bei der Modellierung von Anforderungen an ein abgegrenztes Aufgabensystem zeigen sich die Interaktionsmöglichkeiten, die das System erfordert, wobei die Aufgaben innerhalb des Use Case-Diagramms nicht detailliert beschrieben werden müssen, aber später auch verfeinert werden können. Ferner helfen Use Cases die Systemarchitektur zu validieren und während des fortschreitenden Entwicklungsprozesses das System zu überprüfen.

Use Case-Diagramme eignen sich daher sowohl für Forward- als auch für Reverse-Engineering. Dies bedeutet, daß sich diese sowohl dann einsetzen lassen, wenn es gilt, ein neues Aufgabensystem zu gestalten, als auch, wenn ein bestehendes System, bei dem anfänglich nur die interagierenden Organisationseinheiten sichtbar sind, ähnlich einer Black Box auf seine Funktionalitäten untersucht wird.

3.6.3
Beispiel

In einem Unternehmen werden die Anforderungen an ein System zur Erfassung unsicherer Informationen aufgestellt und in dem folgenden Use Case-Diagramm (Abb. 3.6.4) dargestellt.

Alle Abteilungen des Unternehmens haben die Aufgabe, unsichere Informationen über neue potentielle Projekte zu sammeln. Ferner haben sie auch noch die Aufgabe, diese Informationen gewissen Kriterien zuzuordnen und jede Information, die sich ändert, zu berichtigen.

Die Entwicklungsabteilung ist wiederum diejenige, welche die Informationen beim Verteilen erhält und eine neue Entwicklung anstoßen muß. Ferner ist es auch die Entwicklungsabteilung, die die Aufgabe hat, Informationen zu suchen.

Der Systemadministrator hat die übergeordnete Aufgabe, das Zuordnen, das Sortieren und das Verteilen der Informationen zu organisieren. Ferner hat er die Aufgabe, eine Berichtigung der Informationen in regelmäßigen Abständen zu verlangen und nicht mehr gültige Informationen zu löschen.

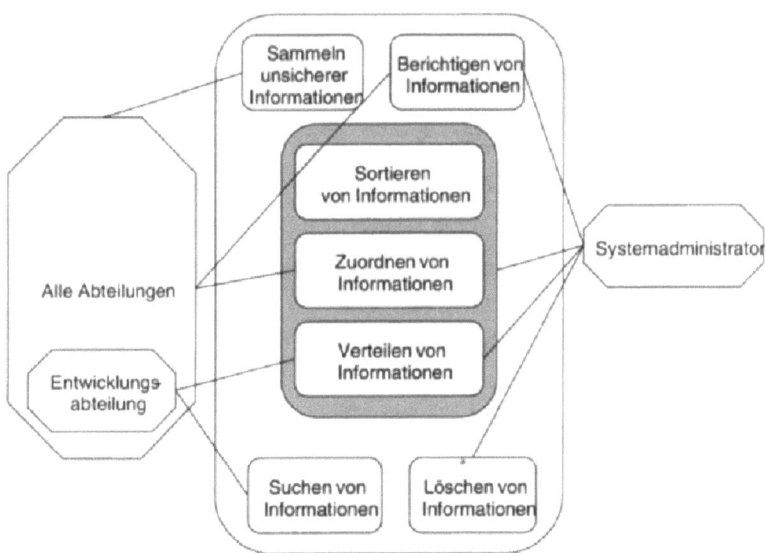

Abb. 3.6.4 Use Case-Diagramm aus Unternehmensprojekt

3.7
K³- Informationszugriff und -verteilung

Ein wesentlicher Gegenstand bei der Analyse und Modellierung kooperativer Anwendungen sind die Zugriffs- und Änderungsmöglichkeiten von Informationsbeständen durch organisatorische Einheiten. Bei vielen heutigen Technologien sind Informationsobjekte nicht nur passive Ressourcen, die vom Nutzer oder von Systemprozessen gelesen und verändert werden können, sondern können eine aktive Rolle spielen, indem sie den Nutzer entsprechend bestimmter Interessenprofile über bestimmte Veränderungen wie das Ändern eines vorhandenen Objekts oder das Einstellen einer neuen Information zu einem bestimmten Thema, benachrichtigen. Für diese Benachrichtigung stehen eine Reihe von Techniken zur Verfügung, zu denen insbesondere die Benachrichtigung (Notifikation) über die Veränderung des Informationsbestands mit E-Mail oder die vollständige Übermittlung des neuen oder geänderten Objekts an den festgelegten Interessentenkreis (Subskription) zählt.

Die Methoden, mit denen der Nutzer selbst auf die im System abgelegte Information zugreift, werden als Pull-Techniken bezeichnet, die aktive Versendung von Information aus dem jeweiligen Bestand heraus als Push-Techniken. Abb. 3.7.1 stellt Push- und Pull-Beziehungen zwischen Informationsobjekten und Organisationselementen sowie zwischen Information und Aufgaben vor.

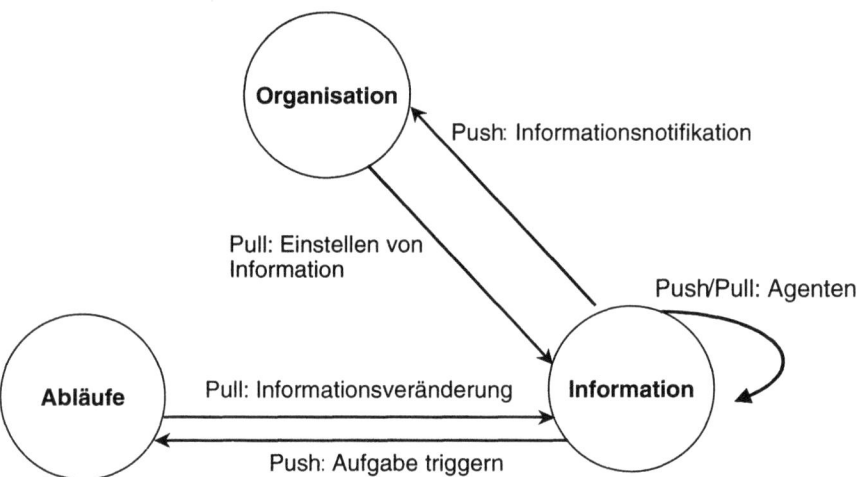

Abb. 3.7.1 Push- und Pull-Beziehungen zwischen Informationsobjekten und anderen K³-Elementen

3.7.1
Beschreibungsmethode

Aus dem genannten Grundkonzept lassen sich unterschiedliche Darstellungs-
bereiche und -techniken ableiten. Ein ganz wesentlicher Bereich in der Beschreibung kooperativer Tätigkeiten ist die Darstellung der Informationszu-
griffsmöglichkeiten und der aktiven Flüsse zwischen Organisationseinheiten
und Informationsobjekten. Hierbei können unterschiedliche Arten von Beziehungen zwischen Information und organisatorischer Einheit oder Rolle auftreten. Abbildung 3.7.2 (links) zeigt die unterschiedlichen Arten von Beziehungen, die in der K³-Modellierung verwendet werden.

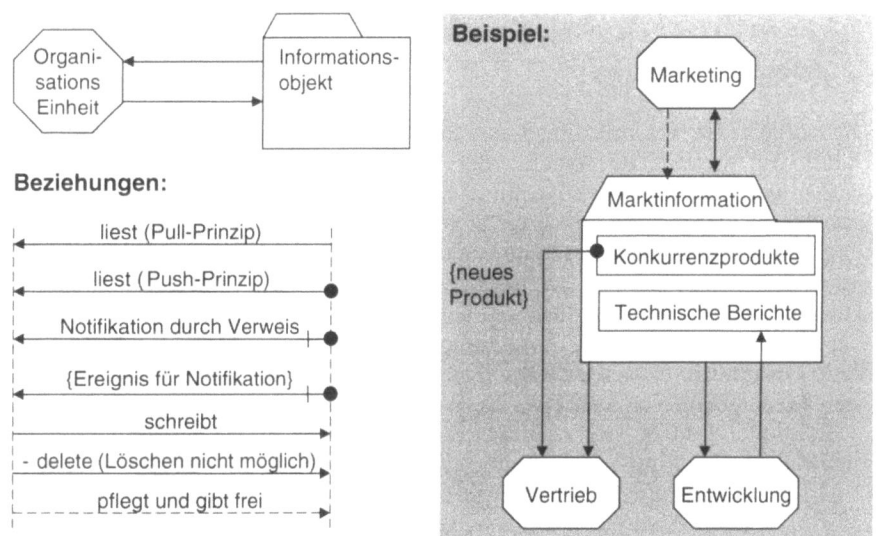

Abb. 3.7.2 Push-/Pull-Beziehungen zwischen Informationsobjekten und anderen Modellelemen-
ten

Auf der Pull-Seite sind insbesondere die unterschiedlichen Berechtigungsstu-
fen zum Lesen, Schreiben und Löschen der Information wesentlich. Bei komplexen oder nicht weiter modellierten Informationsbeständen kann weiterhin
eine Manager- oder Moderatorrolle zugeteilt werden. Der die Rolle Einneh-
mende ist dafür zuständig, die Struktur des Informationsbestandes zu pflegen
und ggf. Einträge, die von anderen Schreibberechtigten gemacht werden, zu
prüfen und freizugeben. Die Beziehung stellt demnach keine elementare Verbindung dar, sondern kann als Abkürzung für entsprechende Pflege- oder
Freigabeprozesse mit einer Vielzahl von Einzelschritten gesehen werden.
    Auf der Push-Seite wird unterschieden nach Übermittlung der Gesamt-
information nach dem Push-Prinzip und der Notifikation, bei der in einer

abgekürzten Form eine Referenz oder eine Beschreibung des jeweiligen Objektes an den Addressaten geschickt wird. Bei allen Push-Techniken können die auslösenden Ereignisse für die Informationsübertragung in geschweiften Klammern angegeben werden.

Abbildung 3.7.2 zeigt auf der rechten Seite ein kurzes Beispiel für die Verwendung dieser Beziehungen. Ein Informationsbestand „Marktinformation" kann von „Vertrieb", „Entwicklung" und „Marketing" gelesen werden. Die Schreibrechte sind unterschiedlich verteilt und beziehen sich bei „Entwicklung" nur auf die Komponente „technische Berichte". Der Bestand wird durch „Marketing" moderiert. Hierfür sind im Detaildesign entsprechende Mechanismen und Werkzeuge vorzusehen. Der Vertrieb wird über einen Push-Mechanismus jedesmal informiert, wenn ein neues Konkurrenzprodukt eingestellt wird.

3.7.2
Einsatzmöglichkeiten

Die vorgestellte Technik bietet ein transparentes und gleichzeitig mächtiges Mittel, um wesentliche Aspekte der Informationslogistik abzubilden. Dabei wird in der Modellperspektive die Beziehung zwischen Informationsobjekten und den Organisationselementen abgebildet. Der Schwerpunkt der Betrachtung liegt auf den Zugriffsrechten und der aktiven Propagation von Informationsinhalten bei Eintreten bestimmter vordefinierter Ereignisse. Eine typische Anwendungssituation für diese Modellierungstechnik ist z. B. die Auslegung von Zugriffs-, Pflege- und Informationsprozessen in einem Firmen-Intranet. Viele Groupware-Systeme bieten Basisfunktionalitäten, um die unterschiedlichen Mechanismen unmittelbar zu realisieren. Aus der Angabe von Moderatorfunktionen können sich z. B. weitergehende Workflows ableiten lassen, die zur Qualitätssicherung und Freigabe der Inhalte eingerichtet werden sollen.

Mit der dargestellten Technik lassen sich weiterhin wesentliche Aspekte der informationalen Awareness analysieren (vgl. Dourish u. Bellotti 1992). Zum einen ergibt sich aus der Darstellung der potentielle Umfang der durch Push-Mechanismen an eine Person gesandten Information, wodurch sich Fragen der Informationsbelastung und der Angemessenheit der Information für die Aufgaben des Adressaten ableiten lassen. Zum anderen lassen sich unterschiedliche Formen der Notifikation unterscheiden, die sich z. B. durch unterschiedliche Beschreibungstiefen in bezug auf die zur Kenntnis gegebene Information unterscheiden. Hierfür können bei Bedarf weitere Stereotypen in die Darstellungstechnik eingeführt werden, die die relevanten Unterscheidungen hinsichtlich Art und Detaillierungsgrad der Benachrichtigung ausdrücken.

4 Methodik der Anforderungsanalyse

4.1
Vorgehensmodelle

In der Literatur finden sich diverse Vorgehensmodelle für die Entwicklung von Software-Systemen. In der Tat beschäftigt sich eine ganze Wissenschaftsdisziplin mit der Fragestellung, welches Vorgehen für die Entwicklung eines Software-Systems sinnvoll sei. Dabei gibt es eher generische Modelle, wie z. B. Life-Cycle-Modelle (Boehm 1976; Denert u. Hesse 1980) oder das Wasserfallmodell (Royce 1970), die sich dadurch auszeichnen, daß die Entwicklungsarbeit einer Phase auf den Ergebnissen der Vorgängerphase aufbaut und deshalb „document-driven" genannt werden oder das Spiralmodell (Boehm 1988), das ein Vorgehen in Entwicklungszyklen sowie die sukzessive Vorgabe risikoabhängiger Arbeitspläne für diese Entwicklungszyklen beschreibt und deshalb als „risk-driven" bezeichnet wird. Diese Modelle wurden in den 70er und 80er Jahren entwickelt und beschreiben das Vorgehen einer Software-Entwicklung sehr allgemein, also ohne auf besondere Sonderfälle einzugehen.

Weitere Vorgehensmodelle, die ebenfalls allgemeine Vorgehensweisen bei der Software-Entwicklung beschreiben, sind das V-Modell oder Vorgehensweisen, die für die Entwicklung mit UML vorgeschlagen werden (z. B. Rational Unified Process 1999). Das V-Modell (V-Modell-Browser 1999) wurde als nationaler Standard vom Bundesinnenminister herausgegeben. Es beinhaltet drei Module, die die Prozesse, die Methoden der Entwicklung und die funktionalen Anforderungen an die Werkzeuge beschreiben. Eine möglichst weite Anwendbarkeit soll durch Tailoring-Regeln gewährleistet werden, um so den Standard an verschiedene Projektcharakteristika anpassen zu können. Das V-Modell hat im deutschsprachigen Raum insbesondere durch eine starke öffentliche Förderung eine gewisse Bedeutung erlangt.

UML ist eine Modellierungsmethode, mit der objektorientierte Systeme entworfen und modelliert werden können. Für UML wurden bereits einige Vorgehensmethoden entwickelt, die in erster Linie auf einen systematischen Einsatz der von UML zur Verfügung gestellten Modellierungsmethoden abzielen. Bei den meisten dieser Vorgehensweisen steht zum einen der evolutionäre, zum anderen der partizipative und der objektorientierte Aspekt im Vordergrund. Ein Beispiel dafür ist in Abb. 4.1.1 dargestellt.

Da UML mittlerweile als ein weltweiter Standard angesehen werden kann, zu dem eine Vielzahl von Unterstützungswerkzeugen existieren (Requisite

Pro, Rose, Clear Case, Soda, Team Test, Apex etc.), spielt bei den Vorgehensmethoden zu UML der Werkzeugeinsatz ebenfalls eine große Rolle. So
wird mit Rational Unified Process eine „Best-practice"-Vorgehensmethode
vorgestellt, die sich durchgängig und integriert in allen Phasen – von der Anforderungsanalyse über die Implementierung bis hin zur Evaluation und Test –
von Entwicklungswerkzeugen unterstützen läßt (Rational Unified Process
1999).

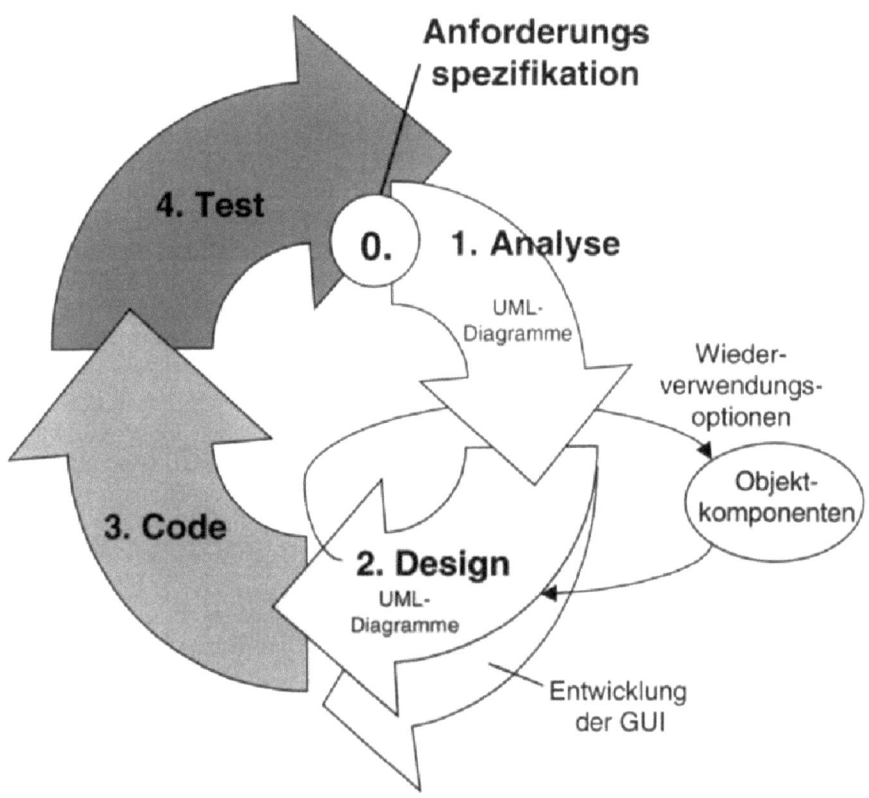

Abb. 4.1.1 Vorgehensmethode mit UML

Anfang der 90er wurde immer mehr der Bedarf erkannt, für spezielle Soft-
ware-Systeme (z. B. Workflow) bzw. spezielle Software-Funktionalitäten
(z. B. Internet-Applikationen) eigene spezielle Vorgehensweisen zu entwik-
keln, die den besonderen Anforderungen gerecht werden, die sich aus dem
eingeschränkten Betrachtungsfeld ergeben. So nahm bspw. mit der zunehmenden Einbindung von Groupware-Funktionalitäten die Bedeutung von par-
tizipativem Design zu. Beispiele für spezielle Vorgehensmodelle sind das

„Vorgehensmodell für Workflow-Management-Anwendungen" (Jablonski u. Stein 1998) oder „Vorgehensmodelle für die Entwicklung wissensbasierter Systeme" (Angele et al. 1998).

Bei dem Vorgehensmodell für Workflow-Management-Anwendungen handelt es sich in erster Linie um ein Phasenmodell, das besonders an die charakteristischen Phasen der Geschäftsprozeßmodellierung und -optimierung angepaßt ist. Für die eher anwendungsorientierten Phasen bedeutet dies, daß die Prozeßdefinition für das Workflow-Management in den Mittelpunkt rückt, während in den systemorientierten Phasen Entscheidungen zur Reorganisation der Prozesse sowie zur Definition von übergeordneten Workflow-Schemata und -funktionen getroffen werden müssen.

Vorgehensweisen zur Entwicklung wissensbasierter Systeme fußen entweder auf der Rapid Prototyping-Methode, bei der das erworbene Wissen direkt in einen ausführbaren Formalismus kodiert wird, oder auf sog. Role Limiting Methoden. Bei letzteren ist bereits alles Wissen zur Lösung von Problemen vorhanden, das lediglich um das bereichsspezifische Wissen angereichert werden muß. Schließlich ist es mit einer modellbasierten Vorgehensweise möglich unterschiedliche Realisierungsgrade in mehreren Zwischenrepräsentationen zu dokumentieren, bevor schließlich das endgültige wissensbasierte System realisiert wird.

Ein wichtiger Aspekt bei Vorgehensmodellen, der insbesondere dann wichtig wird, wenn eine modellgestützte Anforderungsanalyse und eine Modellierung des Software-Systems vorgenommen werden soll, ist eine möglichst enge Kopplung zwischen der Anforderungsanalyse und der Modellierungsmethode: Ein wesentliches Problem bei der Entwicklung eines neuen Groupware-Systems und seiner Anpassung an ein bestimmtes Anwendungsfeld besteht darin, daß zu Beginn des Entwicklungsprozesses weder die konkreten Charakteristika des Anwendungsfeldes, noch die Mechanismen, in denen das Groupware-System nutzbringend wirksam werden kann, bekannt sind. Die Entwicklung von Groupware-Systemen unterscheidet sich in diesem Punkt von der herkömmlichen Software-Entwicklung, da üblicherweise entweder die Funktionalitäten des zu entwickelnden Software-Systems oder die „Probleme" der späteren Nutzer, die mit einem entsprechenden Software-System gelöst werden sollen, bekannt sind. Mit einer schrittweisen Konkretisierung der Unterstützungsleistung des Groupware-Systems müssen deshalb immer wieder neue und – bezogen auf die zu untersuchenden Kriterien – andere Problemanalysen durchgeführt werden, aus denen dann die Anforderungsdefinition abgeleitet werden kann. Für die Modellierungsmethode hat dieser Aspekt zur Konsequenz, daß ein hoher Grad an Flexibilität vorausgesetzt werden muß, um erstens die Wiederverwendbarkeit einmal erhobener Daten sicherzustellen und zweitens den Aufwand der Analysen in einem möglichst geringen Umfang zu halten.

Wenn also die Anforderungsanalyse mit einer Modellierungsmethode unterstützt werden soll – und das ist bei der Anwendung der hier vorgestellten K^3-Methode der Fall – muß die Vorgehensweise zumindest folgende Schritte beinhalten:

In der ersten Phase arbeiten Experten, die mit existierenden Groupware-Funktionalitäten gut vertraut sind, und die zukünftigen Anwender des Groupware-Systems eng zusammen (partizipativer Ansatz). Ziel der Zusammenarbeit ist es, zum einen Schwachstellen im Arbeitsablauf der Anwender zu identifizieren, die mit existierenden oder noch zu entwickelnden Groupware-Funktionalitäten behoben werden können. Zum anderen ist es aber auch die Aufgabe der Experten, Potentiale für Groupware-Systeme an solchen Stellen herauszufinden, an denen die Anwender weder Schwachstellen noch ein Potential für Groupware sehen. Prozeßorientierte Modelle helfen dabei den Experten einen Einblick in das Arbeitsumfeld der zukünftigen Anwender zu bekommen. Die erhobenen Schwachstellen etc. können in diesen Modellen abgebildet werden.

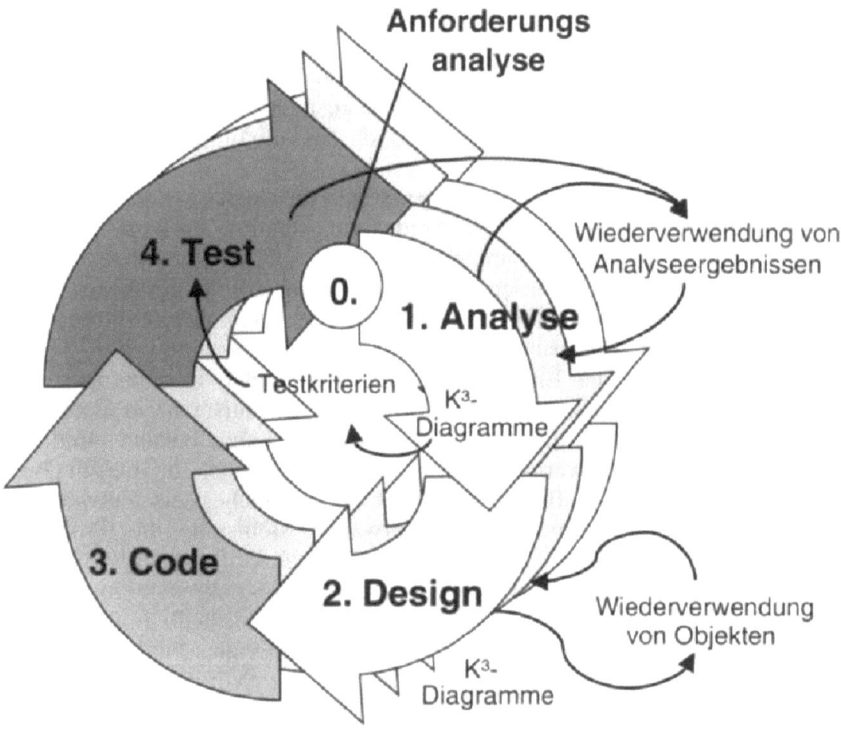

Abb. 4.1.2 K³-Vorgehensmodell

Nach der ersten groben Analyse folgt eine detailliertere Abstimmung zwischen Experten und zukünftigen Anwendern, in der weitere Analysen erforderlich werden. Diese Analysen erfolgen erstens auf der Basis einer Antizipation des Groupware-Einsatzes (z. B. Konzeptpräsentation oder Storyboard-Technik) und lassen sich zweitens ohne erhöhten Aufwand in das bestehende Modell einfügen. Das setzt eine Befragung in logisch aufeinander aufbauenden Stufen voraus.

Die Einführung erfolgt nach einem intensiven Test erst in einer Pilotgruppe. Da es aufgrund der verteilten und offenen Struktur eines Groupware-Systems nicht möglich ist, das System mit einem akzeptablen Aufwand vollständig zu testen und fehlerfrei zu machen, können die letzten Fehler nur während einer Phase der praktischen Anwendung erkannt und behoben werden. Für die Einführung in einer Pilotgruppe ist eine intensive Betreuung (ständige Motivation trotz Fehlern und geringem Nutzen wegen einer geringen Anwenderzahl) und ein sehr guter Support beim Auftreten von Fehlern notwendig.

4.2
Anforderungsanalyse

4.2.1
Partizipative Analyse und Gestaltung in Workshops

Der Erfolg von Veränderungsprozessen i. allg. hängt entscheidend von der Vorgehensweise ab. Sollen organisatorische Lösungen mit Informations- und Kommunikationstechnologie unterstützt werden, gilt dies im besonderen, da eine hohe Akzeptanz der Benutzer eine wesentliche Grundvoraussetzung für einen erfolgreichen Einsatz von DV-Systemen darstellt. Eine Vorgehensmethodik, die insbesondere auf diesen Punkt abhebt, ist die „Partizipative Analyse und Gestaltung in Workshops".

Im Rahmen der partizipativen Analyse und Gestaltung sollen eine vorhandene Struktur und vorhandene Abläufe analysiert, bewertet und verbessert werden. Ziel ist es, die Gesamtbelange aller Beteiligten zu erfassen, ein funktionsübergreifendes Optimum zu ermitteln und einen Konsens über die angestrebte Lösung zu erhalten.

Sowohl die Analysephase als auch die Phase der Neugestaltung erfolgt partizipativ, d. h. unter permanentem Einbeziehen aller Beteiligten. Hierzu wird im Rahmen von verschiedenen Workshops für die Projektdauer ein permanentes Projektteam gebildet. Soll z. B. ein Auftragsabwicklungsprozeß verbessert werden, besteht das Projektteam aus allen an einer Auftragsabwicklung beteiligten Mitarbeitern. Ein so gebildetes Team ist funktionsübergreifend, da es sich in der Regel aus Mitarbeitern unterschiedlicher Funktionen, Qualifikationen und Hierarchieebenen zusammensetzt. Wird z. B. in einem Bauunternehmen ein Auftragsabwicklungsprozeß untersucht, kann sich die folgende Teamzusammensetzung ergeben: jeweils ein bis zwei Mitarbeiter aus der Kalkulation, Geschäftsleitung, Oberbauleitung, Bauleitung, Poliere und dem technischen Sekretariat. Dabei muß beachtet werden, daß sich eine sinnvolle Teamgröße ergibt, da sonst das Team nicht arbeitsfähig wäre. Eine aus arbeitspsychologischer Sicht optimale Teamgröße ergibt sich mit sechs bis maximal acht Personen.

Die Workshops müssen von einem Moderator betreut werden. Der Moderator muß sich dabei nicht als Leiter oder Führer verstehen, sondern als Coach, der sein Wissen und seine Erfahrung den Teilnehmern zur Verfügung stellt. Seine Aufgabe ist es, sich neutral zu verhalten, d. h. Fragen zu stellen, Vorschläge zu machen und zu initiieren, für eine ausgeglichene Aktivität in der Gruppe zu sorgen und auf die Einhaltung der Spielregeln im Verlauf der Diskussion zu achten. Aufgrund seines fachlichen Know-hows kann er Ideen und technische Realisierungsvorschläge einbringen und damit neue Möglichkeiten bzw. Alternativen aufzeigen.

Sowohl bei der Modellierung des Ist-Zustands als auch bei der Modellierung des Soll-Zustands müssen Darstellungsmedien verwendet werden, die für eine interaktive Teamarbeit geeignet sind. Aus diesem Grund eignet sich die „Metaplantechnik" zur Modellierung mit der K³-Modellierungssprache besonders gut; unter Berücksichtigung der heutigen Möglichkeiten sind elektronische Medien bedingt geeignet.

Vorgehen:

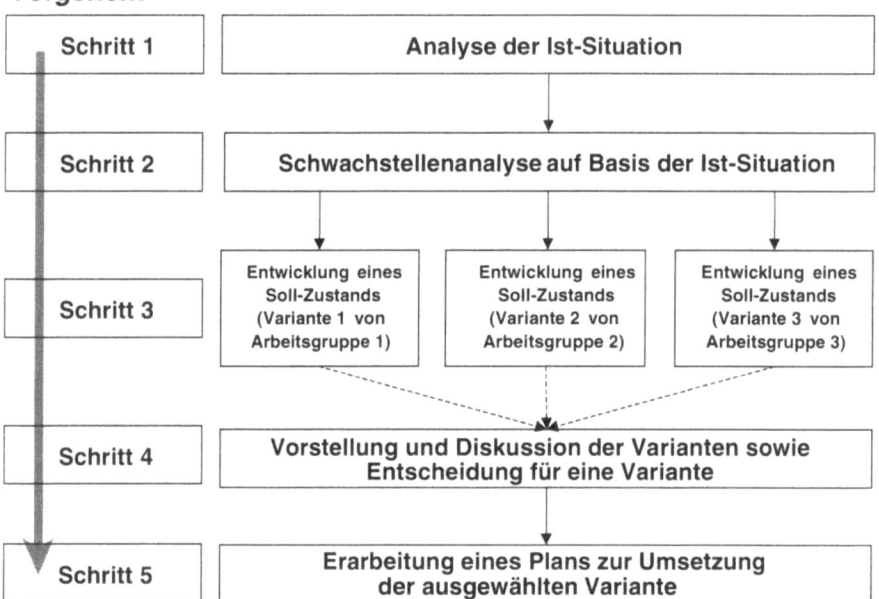

Abb. 4.2.1 Vorgehensmethodik

Analyse der Ist-Situation

Mit Hilfe der K³-Beschreibungssprache wird die derzeitige Ist-Situation in der gewünschten Sicht dargestellt. Da alle beteiligten Mitarbeiter am Workshop teilnehmen, entwickeln die Teilnehmer ein gegenseitiges Verständnis für die jeweiligen Aufgaben, Rollen und spezifischen Situationen. Wird beispielsweise in der Prozeßsicht eine Auftragsabwicklung modelliert, so wird das übergreifende Verständnis eines Auftragsdurchlaufs bei allen Teilnehmern gefördert. Gleichzeitig lernen die Workshop-Teilnehmer die Modellierungssprache kennen, was für eine spätere selbst erstellte Beschreibung von Lösungsalternativen von Bedeutung ist.

Schwachstellenanalyse auf Basis der Ist-Situation

Auf Basis der gewonnenen Erkenntnisse wird eine Schwachstellenanalyse auf Basis der Ist-Situation durchgeführt. Ausgehend von Problemfällen und Verbesserungsmöglichkeiten der einzelnen Workshop-Teilnehmer soll ein gemeinsames Verständnis der Verbesserungspotentiale entwickelt werden. Es erfolgt eine Priorisierung der Verbesserungspotentiale. Sind Maßnahmen zu einzelnen Verbesserungsmöglichkeiten zuzuordnen, ohne daß eine weitere Abstimmung mit dem Gesamtprojekt notwendig ist, können die hierfür notwendigen Maßnahmen sofort initiiert werden.

Entwicklung eines Soll-Zustands

Ziel ist es, verschiedene Varianten eines möglichen Soll-Zustands zu entwickeln und in der bekannten Beschreibungssprache zu dokumentieren. Dabei erlaubt die Modellierung eine Abstraktion. Dadurch kann zunächst frei von Einschränkungen der logische Ablauf optimiert werden. Die Umsetzung in eine technische Realisierung erfolgt erst in einer zweiten Phase, innerhalb der dann die logischen Abläufe und Strukturen in physikalische umgesetzt werden. Dabei sollen die Workshop-Teilnehmer selbst verschiedene Varianten entwickeln und ausarbeiten. Für diese Vorgehensweise empfiehlt es sich, die Teilnehmer des Workshops in mehrere kleine Arbeitsgruppen mit ca. zwei bis drei Personen zu teilen, die jeweils eine eigene Lösung erarbeiten. Zugleich entstehen dadurch mehrere Varianten, die jeweils unterschiedliche Strategien verfolgen können. Durch die intensive Beschäftigung mit der Problemsituation wird ein umfassendes Verständnis im Team erarbeitet. Gleichzeitig fließt das Wissen, die Kompetenz und die praktische Erfahrung der Teilnehmer in die Neugestaltung mit ein. Da in dieser Phase bereits alle Workshop-Teilnehmer mit der K³-Modellierung vertraut sind, sind sie in der Lage, eine Lösung weitgehend eigenständig zu konzipieren und zu dokumentieren. Weil die Workshop-Teilnehmer ihre Lösung selbst entwickeln, kann von einer hohen Identifikation ausgegangen werden, was gleichzeitig die Akzeptanz in einer späteren Umsetzungsphase deutlich erleichtert.

Diskussion und partizipative Bewertung der verschiedenen Alternativen

Zunächst stellen die Arbeitsgruppen ihre Lösungsvarianten vor, die zu diesem Zeitpunkt mittels der K³-Modellierungssprache dokumentiert sind. Da allen Teilnehmern die Modellierungssprache bekannt ist, wird durch die verständliche Darstellung ein zügiges Vorgehen gewährleistet. Im Anschluß erfolgt eine Diskussion der Vor- und Nachteile einer jeden Variante und eine Bewertung der Varianten aus Sicht jedes Beteiligten. Ziel ist es, unter den Beteiligten einen Konsens zu finden. Darauf aufbauend kann die Priorisierung einer Variante oder – vor einem zeitlichen Hintergrund – die Priorisierung von mehreren Varianten (z. B. kurzfristig realisierbar, mittelfristig realisierbar und langfristiges Ziel) erfolgen.

Erarbeiten eines Umsetzungsplans
Ist der anzustrebende Soll-Zustand erarbeitet, kann eine detaillierte Planung der für den Wandlungsprozeß notwendigen Aktivitäten erfolgen. Ziel ist es, einen Arbeits- und Zeitplan zu erarbeiten, der alle notwendigen Maßnahmen enthält.

Eignung der partizipativen Workshop-Methode
Aufgrund des skizzierten Ablaufs ist die dargestellte Vorgehensmethodik für übergreifende Prozeßbetrachtungen im Rahmen der Prozeßsicht, für die übergreifende Betrachtung von Kommunikations- und Informationsbeziehungen im Rahmen der Kommunikationssicht und der Informationssicht geeignet. Die Vorgehensmethodik ist weniger geeignet zur personenbezogenen Erhebung im Rahmen der Personen- und Rollensicht, da hier nur ein bilateraler Kontakt mit einzelnen Organisationsmitgliedern notwendig ist.

4.2.2
Strukturlegetechnik

Zur partizipativen Datenerhebung mit jeweils einem Mitarbeiter ist die Heidelberger Strukturlegetechnik von Scheele u. Groeben (1984) geeignet. Bei dieser Technik wird in einem halbstandardisierten Interview mit der involvierten Person die zu untersuchende Problematik diskutiert. Der Interviewer stellt anschließend die erhobenen Daten in Form einer formalen Struktur durch entsprechende Karten und ein Regelwerk dar. Dieses Regelwerk erhält der Befragte nach dem Interview, um sich mit den Regeln der Darstellung vertraut zu machen, und bildet in einer weiteren Sitzung ebenfalls einen Entwurf der Zusammenhänge mit der vorhandenen Technik ab. Diese beiden Entwürfe werden schließlich von Interviewer und Befragtem im Dialog verglichen und in argumentativer Einigung auf eine Struktur reduziert. Dadurch können die Kompetenzen bezüglich der Darstellungsmethode und der Thematik in einer Struktur vereinigt werden (Groeben et al. 1988).
Im Gegensatz dazu erfolgt bei der K^3-Analyse die Datenerhebung und Vereinigung der Kompetenzen bezüglich der Darstellungsmethode und der Thematik synchron. Nachdem die Methodik dem Mitarbeiter hinreichend bekannt ist, werden in einem Interview die erforderlichen Daten zum Prozeß und zum Austausch von Informationen erhoben und simultan mittels Karten, die die Modellierungselemente repräsentieren, nach dem in Kap. 2 u. 3 beschriebenen Regelwerk visualisiert. Es erweist sich als hilfreich, wenn der Interviewer durch einen Partner unterstützt wird, dem diese Methode hinlänglich bekannt ist. Dieser übernimmt die Strukturierung der Karten und ihrer Beziehungen.

Um eine Vergleichbarkeit der in mehreren Interviews erhobenen Daten zu gewährleisten, empfiehlt es sich, einen Interviewleitfaden zu verwenden. Im Abschn. 6.4.2 der vierten Fallstudie ist dieser Leitfaden in Tabelle 6.4.3 abgebildet. Durch die Transparenz der Methode ist der Mitarbeiter in der Lage, die Darstellung seiner Arbeitsprozesse und Kooperationsbeziehungen nachzuvollziehen und gegebenenfalls zu korrigieren. Daher ist es wichtig, die visualisierten Daten während des Interviews für den Mitarbeiter einsehbar und noch korrigierbar aufzunehmen. Dadurch erfolgt die Vereinigung der beiden Kompetenzen im Sinne der Heidelberger Strukturlegetechnik während der Datenerhebung. Je nach Umfang und Komplexität der zu erhebenden Prozesse und Kooperationsbeziehungen dauert ein Interview im Durchschnitt zwei Stunden. Im Anschluß müssen die mittels der vordefinierten Karten erhobenen Daten noch geeignet aufbereitet werden, um diese dem Mitarbeiter nochmals zur Ansicht bereitzustellen. Durch diese Schleife können Fehler korrigiert werden, die sich während der Datenerhebung oder -aufbereitung ergeben.

5 Gestaltung kooperationsunterstützender Systeme

5.1 Design und Klassifizierung von Groupware-Funktionen

Ein Schwerpunkt der Forschungsarbeiten zur Entwicklung der K³-Methode war es, die Arbeits- und Kommunikationsabläufe von Entwicklungsprozessen so detailliert wie möglich zu erfassen, zu verstehen und zu dokumentieren. Neben der Dokumentationsaufgabe dient diese Erfassung dazu, technische und organisatorische Gestaltungspotentiale zu identifizieren und konkrete Anforderungen an eine informatorische Unterstützung abzuleiten, die in die Entwicklung von Groupware-Systemen münden soll. Unter Groupware werden hierbei Computersysteme verstanden, die die kooperative Arbeit unterstützen (Oberquelle 1991). Als Merkmale der kooperativen Arbeit nennt Oberquelle in diesem Zusammenhang die zumindest partielle Übereinstimmung der Ziele, gemeinsame Nutzung knapper Ressourcen sowie die Koordination gemäß vereinbarter Konventionen. Bei dieser Definition werden Funktionalitäten, die ausschließlich zur Unterstützung der Kommunikation zwischen verteilten Partnern dienen, jedoch nur implizit berücksichtigt. Computergestützte Kommunikationssysteme stellen aber eine wichtige Komponente bei der Gestaltung informationsbasierter Unterstützungssysteme dar (Wulf 1997). Sie werden deshalb in der folgenden Klassifikation für Groupware-Funktionalitäten gesondert berücksichtigt (Abb. 5.1.1), womit sie in Einklang mit den weiter gefaßten Definitionsansätzen von Groupware stehen (z. B. Wulf 1997).

Zunächst wird unterschieden, ob die Groupware-Funktionalität lediglich einen Kommunikationskanal zur Verfügung stellt, also der Übertragung von Daten dient, oder ob damit die Erfüllung einer Arbeitsaufgabe unterstützt wird. Diese Unterscheidung entspricht der Vorstellung, daß Kooperation aus einem ständigen Wechsel von Kommunikation und individuellem Handeln besteht und entsprechend beide Bereiche separat unterstützt werden können (Habermas 1995). Die Unterstützungsleistung kann weiterhin gemäß der Relevanz der Funktionalität für die Erfüllung der Arbeitsaufgabe (strategisch vs. operativ) differenziert werden. Diese Untergliederung spiegelt die betriebswirtschaftliche Unterteilung in strategische und operative Aufgaben des Informationsmanagement wider (Schwarzer u. Krcmar 1994). Ferner ist zu unterscheiden, ob die Aufgabenbearbeitung vollständig vom Computersystem ausgeführt wird (in diesem Fall würde das System dem Nutzer eine Aufgabe vollständig abnehmen, wie beispielsweise beim automatischen Erzeugen von Benachrichtigungen) oder ob das System den oder die Nutzer bei der Aufgabenbearbeitung unterstützt (z. B. mit einem Shared Whiteboard). Mit Klassifikationskriterien gemäß des zeitlichen Ablaufes der Kommunikation (gleiche Zeit vs. unterschiedliche Zeit) sowie der Aufenthaltsorte der Kommunikationspartner (gleicher Ort vs. unterschiedlicher Ort) können Groupware-Funktionalitäten weiter untergliedert werden.

Abb. 5.1.1 Groupware-Klassifikation

Anhand dieser Klassifikation wird deutlich, daß die Unterstützungsleistung von Groupware-Systemen darin bestehen kann, daß

- *Kommunikation* über Entfernungen möglich gemacht wird,
- das gemeinsame operative Lösen einer Arbeitsaufgabe (*Kooperation*) zumindest unterstützt wird und
- Aufgaben zur *Koordination* des Bearbeitungsvorganges (strategische Arbeitsaufgaben) erleichtert bzw. ermöglicht werden.

Eine Schlußfolgerung aus dieser Klassifikation ist, daß es für eine Anforderungsdefinition von Groupware-Systemen notwendig ist, K^3-Abläufe im späteren Einsatzgebiet zu analysieren, um daraus ein Groupware-Design mit einem möglichst hohen Nutzungsgradienten ableiten zu können. Sie steht im Einklang mit dem Klassifikationsansatz von Teufel et al. (1995), der CSCW-Systeme nach dem Grad ihrer Unterstützung für die Phänomene Kommunikation, Kooperation und Koordination unterscheidet und damit deren Einfluß auf den Entwurf von Groupware untersucht. Da der Nutzen jedoch von der Gebrauchsabsicht der Nutzer der entsprechenden Groupware-Funktionalität abhängig ist (Maaß 1991), müssen die Analysen in einen Kontext zu den Aufgaben, den Zielen und den jeweils ausführenden Personen gesetzt werden.

Auf der Basis dieser Klassifikation wurde eine Methode entwickelt, mit der K^3-Prozesse erhoben und modelliert werden können. Sie enthält neben einer Modellierungsmethode auch ein Vorgehensmodell, das den Ablauf einer Erhebung definiert. Damit wird die notwendige Flexibilität sichergestellt, die für die Anforderungsdefinition von Groupware-Systemen unabdingbar ist (Grudin 1994; Luczak et al. 1998).

5.2
Leitlinien für die Einführung kooperationsunterstützender Systeme

Bei der Einführung kooperationsunterstützender Systeme muß beachtet werden, daß diese einen weitreichenden Einfluß auf die Erledigung von Aufgaben auf individueller und organisatorischer Ebene haben. Wenn kein an den Anwendern und ihren Bedürfnissen orientiertes Entwicklungs- und Einführungskonzept vorliegt, wird eine geringe Akzeptanz mit Nichtnutzung oder suboptimaler Nutzung der Systemfunktionalität resultieren (vgl. Ehrlich 1999).

Zum anderen sind kooperationsunterstützende Systeme oft komplex und bieten in ihren Grundkonzepten eine infrastrukturelle Plattform, auf der sich eine Vielzahl konkreter Applikationen abstützen kann. Deshalb kann die Systemeinführung nicht in einer Einzelmaßnahme bestehen, sondern muß einem iterativen und partizipativen Konzept folgen, bei dem stufenweise unterschiedliche Unterstützungsgrade eingeführt, erprobt und weitergeführt werden. Die Einführung von Groupware ist deshalb eher als Prozeß denn als zeitlich begrenztes Ereignis zu verstehen. Im folgenden werden einige wesentliche Grundsätze beschrieben, die bei der Einführung kooperationsunterstützender Systeme zu beachten sind. Diese stützen sich auf Leitsätze, wie sie in Engel et al. (1999) beschrieben werden, und berücksichtigen die speziellen Erfahrungen in den Anwendungsprojekten.

Partizipatives Vorgehen
Sowohl die Anforderungserhebung als auch die Konzeption kooperationsunterstützender Systeme sollte gemeinsam mit Anwendern, Systemnutzern, IT-Verantwortlichen, Organisatoren und Entwicklern erfolgen, um die Transpa-

renz der Systemleistungen zu erhöhen, die Arbeitsanforderungen wirklich zu unterstützen und die Akzeptanz der Funktionalität und Benutzungsschnittstellen zu erhöhen.

Evolutionäres Vorgehen

Aufgrund des infrastrukturellen Charakters vieler Groupware-Funktionen (E-Mail, Gruppenkalender u. a.) bieten kooperationsunterstützende Systeme meist ein weites Spektrum an Leistungen mit unterschiedlichem Grad an Anwendungsspezifität. Weder die Entwicklung noch die Einführung einer solchen Umgebung läßt sich in einem Einzelzyklus bewerkstelligen. Es muß vielmehr ein evolutionäres Vorgehen gewählt werden, das nicht nur mehrere Iterationen in der Entwicklungsphase einschließt, sondern kontinuierliche Iterationen für die Phasen Vorbereitung, Einführung, Nutzung, Analyse und Re-Design umfaßt.

Usability Engineering

Usability – ins Deutsche übersetzt mit dem Begriffspaar „Benutzbarkeit" und Gebrauchstauglichkeit" – ist das „Ausmaß, in dem ein Software-Werkzeug von einem bestimmten Benutzer verwendet werden kann, um bestimmte Ziele in einem bestimmten Kontext effektiv, effizient und zufriedenstellend zu erreichen" (ISO 9241). Usability ist demnach mehr als nur eine Eigenschaft eines Software-Werkzeuges. Wichtig ist in diesem Zusammenhang das Attribut der Interaktion eines Benutzers mit einem kooperationsunterstützenden System innerhalb eines bestimmten Kontexts. Notwendige Elemente zur Bestimmung der Usability sind neben der Beschreibung der Ziele der Interaktion und der Benutzer beispielsweise die Beschreibung der Ausstattung und der Umgebung sowie meßbare Attribute bzgl. Effizienz, Effektivität und Zufriedenheit.

In den Prozeß der Software-Entwicklung sollten von Anfang an Usability-Aspekte einbezogen werden, um die Benutzungsfreundlichkeit der Software sicherzustellen. Im Verlauf der Entwicklung wird die Usability der Software immer wieder definiert, gemessen und verbessert. Dabei können die Anwendung und Methoden dieses iterativen Verbesserungsprozesses vom Usability Ingenieur variiert werden. Die Ergebnisse des Prozesses dienen jedoch nicht nur der Analyse vorhandener Probleme und der nachhaltigen Verbesserung der Software, sondern sie sind zudem entscheidend für die Überprüfung festgelegter und die Festsetzung neuer Ziele hinsichtlich des Software-Designs.

Es gibt eine Vielzahl von möglichen Usability Tests. Beim „explorativen Testen" sollen Experten bzw. potentielle Nutzer explorativ, d. h. ohne Vorgaben, die Software testen und entsprechende Schwachstellen identifizieren. Beim sog. „Threshold-Test" werden vorher festgelegte Leistungskriterien des zu bewertenden Systems gegenüber festgelegten Zielgrößen getestet. Das „Vergleichstesten" erlaubt die Gegenüberstellung von Usability Kriterien bezüglich verschiedener Ansätze, Designs oder Systeme. Der Ablauf der Tests sollte immer folgende Punkte berücksichtigen: Vorbereitung, Einführung, Test, Abschlußbesprechung, Analyse, Bericht.

Integratives Vorgehen der Technikeinführung und Organisationsentwicklung

Technologische und organisatorische Veränderungen müssen Hand in Hand gehen. Es ist in der Praxis meist weder sinnvoll, zunächst ein neues Organisationskonzept vollständig zu entwickeln und darauf die erforderlichen Technologien aufzusetzen, noch ist es erfolgversprechend, die technische Infrastruktur zu installieren und darauf basierend die erforderlichen organisatorischen Anpassungen vorzunehmen. Eine gemeinsame Evolution der technischen und organisatorischen Aspekte bietet in aller Regel die größte Chance für eine erfolgreiche Umsetzung.

Kooperationsbezogener Regelungsbedarf

Die effektive Nutzung von Kooperationssystemen erfordert nicht nur die Beherrschung der Systemfunktionalität, sondern auch die Entwicklung gemeinsamer Konventionen und Regelungen im Kooperationszusammenhang. Dieser Aspekt besitzt eine genauso große Bedeutung für den Erfolg des Groupware-Einsatzes wie die eigentliche Systemschulung. Zum Regelungsbedarf gehören eine Vielzahl unterschiedlicher Aspekte. Diese umfassen z. B.:

* Verwendungsregeln wie die Häufigkeit des Prüfens des E-Mail-Eingangs, erwartete Antwortzeiten oder das Prüfen von Veränderungen gemeinsamer Informationsbestände;
* Entwicklung gemeinsamer Begriffe und Terminologien soweit diese nicht bereits organisatorisch vorgegeben sind (dies schließt auch vermeintlich einfache Aspekte wie die Benennung von Dateien ein);
* Entwicklung problembezogener Kommunikationsmuster wie das Versenden von Benachrichtigungen, Freigabezyklen für Dokumente.

Unzureichende Verwendung von Groupware-Funktionen ist häufig darauf zurückzuführen, daß es nicht gelingt, ein gemeinsames Verständnis und darauf basierende implizite oder explizite Regelungen für die Systemnutzung durch alle Kooperationsbeteiligten herzustellen.

Aufgabenbezogene Einführung im Kooperationszusammenhang

Im Zuge der Einführung kooperationsunterstützender Systeme ist Beteiligung, Schulung und Betreuung an konkreten Aufgaben durchzuführen, durch welche die Mitarbeiter die Vorteile der technisch unterstützten Zusammenarbeit klar erkennen können. Schulungen und Betreuungsmaßnahmen sollten möglichst prozeß- und aufgabenorientiert ausgerichtet sein. Sie sollten darüber hinaus in denjenigen Kooperationsteams stattfinden, die auch im täglichen Arbeits- und Aufgabenzusammenhang existieren, um den Teilnehmern unmittelbar die Vorteile für ihr Aufgabengebiet zu vergegenwärtigen. Exploratives Verständnis und Lernbereitschaft im Umgang mit der Anwendung sind entsprechend dem Know-how der Gruppe zu fördern. Dadurch sollten die Mitarbeiter erkennen können, welche Einsatzmöglichkeiten die Groupware-Lösungen bieten und worin der konkrete erfahrbare Nutzen für die individuelle und teambezogene Aufgabenerledigung liegt.

Schulung und kontinuierliche Betreuung der Anwender

Eine initiale Schulung bei jeder eingeführten neuen Groupware-Lösung ist eine wichtige Voraussetzung, nicht nur, um den Anwendern die erforderlichen Kenntnisse zu vermitteln, sondern auch, um das Signal für den Beginn der Nutzung des Systems oder der neuen Systemversion zu setzen. Hierfür sind sowohl Gruppenschulungen als auch individuelle Nachschulungen bei Bedarf von Bedeutung. Es sollten in den Teams Multiplikatoren aufgebaut werden, die in direkter Form den Mitarbeitern bei Problemen und Nachfragen helfen können.

Eine kontinuierliche und begleitende Betreuung des Anwendungsfeldes ist in technischer wie methodischer Hinsicht von entscheidender Bedeutung für den Projekterfolg. Die Betreuung, die einerseits als vertiefendes Training-on-the-job verstanden werden soll, dient andererseits vor allem dazu, die Anwendungsmöglichkeiten im täglichen Arbeitsablauf zu verdeutlichen und den Benutzer zu animieren, die neuen Möglichkeiten anzunehmen. Der kontinuierlichen Betreuung kommt häufig im fortschreitenden Projektverlauf eine zunehmende Bedeutung zu. Sie ist insbesondere bei Projekten mit längerer Laufzeit ein entscheidender Erfolgsfaktor.

Als Folge einer durchgängigen Erfassung der Benutzeranforderungen ist häufig eine kontinuierliche technische Anpassung der Anwendungssysteme von gleicher Relevanz für den Projekterfolg. Dementsprechend muß das System geeignete Anpassungsmöglichkeiten liefern. So ist durch die bedarfsgerechte Gestaltung der Arbeitsumgebung die Akzeptanz der Benutzer gewährleistet. Aufgrund projektspezifischer Rahmenbedingungen werden i. d. R. die Bedeutung und die notwendige Intensität von Schulungs- und Betreuungsmaßnahmen variieren.

Integration neuer Systeme in die vorhandene Infrastruktur

Die Unterstützung der Kooperation in Teams und zwischen unterschiedlichen Organisationseinheiten muß sich reibungslos in die vorhandene Infrastruktur eingliedern. Dazu sind evtl. Schnittstellen zu schaffen und es ist auszuschließen, daß bereits vorhandene und akzeptierte Funktionen nicht erneut abgebildet werden. Zentrale Dienste (z. B. Verzeichnisdienst, zentrale Ablagen, existierende Altapplikationen) müssen in die Systemlandschaft integriert werden, um keine neuen Brüche in den Bearbeitungsketten zu schaffen.

5.3
Nutzen- und Kostenbetrachtung bei der Einführung kooperationsunterstützender Systeme

Die Ermittlung und Bewertung dieser Größen stellt ein komplexes Problem dar, da es eine Vielzahl von Einflußfaktoren gibt, die teilweise nur schwer zu ermitteln sind und deren Bewertung eine Abwägung unterschiedlicher, teilweise konfligierender Zielkriterien erfordert. Um einen Zugang zu dieser komplexen Problematik zu erreichen, wurde ein Rahmen entwickelt, der unterschiedliche Ebenen der Nutzenbetrachtung umfaßt. In die Entwicklung dieses Modells flossen Erfahrungen aus den SPICE-Betriebsprojekten (Kap. 6), aber auch aus anderen Projekten ein, um eine breitere Basis für ein methodisches Herangehen an die Nutzenbewertung zu erzielen.

Die Einführung kooperationsunterstützender Systeme muß einer wirtschaftlichen Betrachtung unterzogen werden, bei der die entstehenden Nutzen- und Kostenaspekte zu analysieren und gegeneinander abzuwägen sind. Der Einsatz von modernen Informations- und Kommunikationstechniken muß einerseits die Leistungsfähigkeit der Organisation nach verschiedenen Kriterien in belegbarer Weise erhöhen, zum anderen aber den Aufwand in einer wirtschaftlichen Relation zu den erwarteten Nutzengrößen halten.

Die Nutzenaspekte moderner kooperationsunterstützender Systeme beschränken sich nicht auf den reinen Bereich von Effizienz, d. h. sie sind nicht ausschließlich als unmittelbar meßbare Produktivitätssteigerung zu sehen. Der Nutzen ist auch im Hinblick auf die Verbesserung der Qualität des Arbeitsergebnisses und die Flexibilität des Arbeitens zu bemessen. Weiterhin ist die Belastung für die Mitarbeiter ein wesentlicher zu berücksichtigender Faktor, der für die langfristige Leistungsfähigkeit der Organisation eine wesentliche Rolle spielt. Organisationen sind i. allg. dadurch gekennzeichnet, daß neben strukturierten Prozessen auch eine erhebliche Zahl wenig strukturierter Abstimmungs- oder Problemlösungsprozesse zu bewältigen ist, die nur mit Hilfe flexibler Kommunikations- und Kooperationsunterstützung effizient erledigt werden können. Durchgängige Kommunikationsplattformen und die Zugreifbarkeit auf Informationen von beliebigen Arbeitsplätzen aus (z. B. durch Groupware-Technologien) sind wichtige Voraussetzungen, um eine ausreichende Flexibilität der Nutzung zu gewährleisten.

Bei der Bewertung des Nutzens einer durchgängigen Unterstützung kooperationsunterstützender Systeme darf der strategische Wert einer Erhöhung der Anpassungs- und Innovationsfähigkeit nicht vernachlässigt werden. Die Möglichkeit, veränderte Aufgabenstellungen zu bearbeiten bzw. neue Prozesse und Leistungsformen mit beherrschbarem Aufwand einzuführen, ist ein Kernmerkmal moderner Organisationsformen und ein wesentliches Ziel bei der Einführung kooperationsunterstützender Systeme. Allerdings sind hierfür Technologien und Anwendungen vorzusehen, die die vorliegenden Prozesse nicht zementieren, sondern selbst ausreichende Offenheit und Anpassungsfähigkeit besitzen. Die strategische Bedeutung kooperationsunterstützender Systeme ist deshalb nicht zu unterschätzen.

5.3.1
Nutzenkriterien für kooperationsunterstützende Systeme

Die beobachtbaren Nutzeneffekte lassen sich den im folgenden dargestellten drei Hauptbereichen Effizienz, Qualitäts- und Flexibilitätssteigerung zuordnen, wobei zu beachten ist, daß die „menschlichen Faktoren" entscheidend für den Erfolg oder Mißerfolg einer Technikeinführung sind.

Ein grundlegender Nutzenaspekt ist die Erhöhung der Produktivität von Arbeitsprozessen, wobei hier insbesondere die Effizienzsteigerung im Hinblick auf Zeit und Aufwand bei der Bearbeitung von Aufgaben von Interesse ist. Dabei lassen sich Effizienzaspekte in folgenden Bereichen beobachten:

- Zeitaspekte: Besonders deutlich läßt sich der Nutzen von Telekooperation in der Verringerung von zeitlichen Aufwänden beobachten. Hier sind es insbesondere Bearbeitungs-, Transport- und Liegezeiten, die verkürzt werden. Allein die schnellere Übertragung von Dokumenten auf elektronischem Wege führt in vielen Fällen zu deutlichen und realisierbaren Zeiteinsparungen (so z. B. in der Kommunikation zwischen Bauleiter und Verwaltung in einem Bauunternehmen). Die positiven Effekte einer Verkürzung von Transportzeiten lassen sich um so stärker beobachten, je mehr unterschiedliche Stellen in einem Arbeitsprozeß mitwirken. Die Verkürzung von Bearbeitungszeiten bedeutet oft auch eine Qualitätssteigerung, da z. B. die Termintreue eines Vorgangs oder die Fundierung einer strategischen Entscheidung verbessert werden können.
- Kommunikationsaufwand: In vielen Fällen ist die eigentliche Aufgabenbearbeitung mit einer intensiven Kommunikation zu unterschiedlichen Ansprechpartnern innerhalb und außerhalb der Organisation verbunden. Ein typischer Trend ist die starke Zunahme dieses Kommunikationsanteils. Insbesondere gilt dies für weniger strukturierte Aufgaben, wie sie z. B. im Zusammenhang mit der Planung und Durchführung eines Entwicklungsprojektes anfallen. Der Kommunikationsaufwand kann durch eine gezielte Verwendung asynchroner Kommunikationsmittel (insbesondere E-Mail) deutlich verringert werden. E-Mail-Kommunikation hat hier besonders den Vorteil, daß trotz der quasi sofortigen Übermittlung die Mitarbeiter selbst den Zeitpunkt der Bearbeitung bestimmen können und damit im Gegensatz zum Telefon eine geringere Störung der Arbeitsabläufe gegeben ist. Die Einbindung mobiler Mitarbeiter durch portable Rechner und Kommunikationsgeräte führt ebenfalls zu einer deutlichen Entlastung.
- Koordinationsaufwand: Bei Aufgabenstellungen, die das Zusammenwirken mehrerer Personen erfordern, entsteht oft ein erheblicher Koordinationsaufwand. Dies gilt besonders in der Vorbereitungs- und Erstellungsphase von Dokumenten, ehe sie in den formalen Geschäftsgang gegeben werden. Koordinationsaufwand entsteht z. B. im Aufwand für das Finden von Terminen, im Austauschen des Bearbeitungsstatus von Vorgängen oder in der Planung von Aktivitäten bei komplexeren, projektartigen Aufgabenstellungen. Hier kann durch Einsatz von E-Mail, Termin- und Urlaubsplanungssystemen, Gruppenablagen, Projektplanungsprogrammen oder Reservierungstools in Groupware-Anwendungen ein erheblicher Anteil des Gesamtaufwands eingespart werden. In der Produktneuentwicklung beim Anwenderunternehmen Festo z. B. ergaben sich komplexe, mit vielen Randbedingungen belegte Abhängigkeiten zwischen den einzelnen Aktivitäten und Rollen, so daß ein spezielles Projekt-

unterstützungssystem zur Sicherstellung der Koordination entwickelt und
eingesetzt wurde.

- Einsparung von indirekten Kosten: Kooperationsunterstützende Systeme
  bieten vielfach ein Potential, durch Effizienzerhöhung die Kosten zu senken. Dabei sollte das Augenmerk aber nicht nur auf die direkten Prozeß-
  kosten z. B. durch die damit verbundenen Personalkosten, sondern auch
  auf indirekte Kosten und Folgekosten gerichtet werden. Beispielsweise
  können durch die Beschleunigung eines Prozesses im Bereich der Debito-
  renbuchhaltung erhebliche Kosten vermieden werden.
- Viele Nutzeneffekte kooperationsunterstützender Systeme sind qualitati-
  ver Art. Vielfach besteht ein Potential, die Qualität der Arbeitsergebnisse
  wie auch der internen Prozesse zu verbessern. Besonders deutlich wird die
  Qualität der Leistungen an den Schnittstellen zur Außenwelt – wie z. B.
  den Schnittstellen zum Kunden – sowie zu externen Partnern und Auf-
  tragnehmern.

Für die qualitativen Nutzeneffekte kooperationsunterstützender Systeme sind
besonders die folgenden Faktoren anzuführen:

- Termintreue: Termingebundene Vorgänge müssen innerhalb der Vorgaben abgewickelt werden. Hier helfen kooperationsunterstützende Systeme
  häufig, den Termindruck zu mildern und damit die Belastung der Mitarbeiter zu senken. Vielfach treten aber auch nicht termingebundene Prozesse auf bzw. Prozesse, bei denen sich durch entsprechende Verkürzung eine verbesserte Qualität in den Folgen und den damit verbundenen Kosten
  beobachten läßt.
- Dokumentenqualität: Im Rahmen notwendiger administrativer Prozesse
  entsteht eine Vielzahl von Dokumenten, von denen eine hohe Anzahl im
  internen Gebrauch verbleibt. Möglichkeiten zur Verbesserung der inhaltlichen und formalen Qualität von Schriftstücken ergeben sich z. B. durch
  die Verwendung elektronisch verfügbarer Vorlagen sowie durch den direkten Zugriff auf relevante Zusatzinformationen.
- Qualität von Entscheidungen: Durch die rechtzeitige und einfache Verfügbarkeit von Informationen und Gesetzen in elektronischer Form kann
  eine intensivere Beteiligung an Entscheidungsfindungsprozessen erzielt
  werden, als dies bei der Verteilung von Papierunterlagen der Fall ist. Insbesondere bei vorgegebenen Fristen kann die Information breiter verteilt
  und intensiver diskutiert werden. Bei Entscheidungen auf administrativer
  Ebene kann die Entscheidungsfindung vereinfacht und beschleunigt werden. Weiterhin können anwendungsspezifische Funktionen für die Sicherstellung konsistenter Arbeitsergebnisse herangezogen werden.
- Vermeidung von Nachbesserungen: Aufgrund von Abstimmungsproble-
  men bzw. unzureichenden Kommunikationsmitteln kommt es in vielen
  Bereichen zu zusätzlichen Bearbeitungszyklen, die die Vorgänge verlän-
  gern und die Belastung der Mitarbeiter erhöhen. Bessere Transparenz
  durch kooperationsunterstützende Systeme hilft, zielgerichtet und mit

möglichst wenig Nachbesserungen das gewünschte Endergebnis zu erreichen.

* Informationsangemessenheit und Transparenz bei internen Schnittstellen:
Durch verbesserte Darstellung, Inhalt und Aktualität der ausgetauschten
Informationen können erforderliche Vorbereitungs- und Rüstzeiten für die
Bearbeitung verkürzt und die Belastung verringert werden. Durch verbes-
serte Transparenz der Abläufe können Rückfragen bezüglich des aktuellen
Bearbeitungszustandes von Vorgängen leichter beantwortet und eine ver-
besserte Koordination unterschiedlicher Vorgänge durchgeführt werden.

* Informationsangemessenheit und Transparenz der Außenbeziehungen:
Die zunehmend gewünschte bzw. erforderliche Einbindung der Kunden
und externer Partner erfordert eine neue Informationsqualität und Aktualität der nach außen bereitgestellten Informationen, z. B. im Sinne von
Projektinformationssystemen basierend auf dem Internet. Darüber hinaus
erschließen sich neue Möglichkeiten in der Kommunikation mit den Kunden, Lieferanten sowie Behörden.

* Sicherheit: Der Schutz von Informationen vor unberechtigtem Zugriff, die
Authentizität und Verbindlichkeit von Kommunikationsvorgängen stellt
einen wichtigen Aspekt dar. Durch geeignete Maßnahmen wie die Vergabe von Zugriffsrechten, Verschlüsselung und digitale Signaturen kann sichergestellt werden, daß diese Kriterien erfüllt sind. Bei sachgerechtem
Einsatz der Informationstechnik kann hierbei das mit konventionellen
Mitteln gegebene Sicherheitsniveau nicht nur erreicht, sondern durchaus
übertroffen werden, da es auch bei papiergebundenen Vorgängen zahlreiche potentielle Angriffsmöglichkeiten gibt.

Ein wesentliches Nutzenkriterium, das sich aus einem angemessenen Einsatz
kooperationsunterstützender Systeme ergibt, ist eine Erhöhung der Anpassungsfähigkeit einer Organisation bei veränderten Anforderungen und Randbedingungen. Da sich die positiven Effekte einer verbesserten Anpassungsfähigkeit erst auf mittlere oder längere Frist zeigen, ist dieses Kriterium stark
mit der strategischen Orientierung einer Organisation verbunden.

5.3.2
Ebenen der Nutzenbetrachtung

Die Untersuchung des Nutzens sollte sinnvollerweise auf unterschiedlichen
Ebenen erfolgen, die jeweils einen unterschiedlichen Betrachtungsausschnitt
für die Ermittlung der Nutzengrößen liefern. Wesentlich ist, daß sich der Ge-
samtnutzen nur aus der Kombination der unterschiedlichen Betrachtungswei-
sen ergibt. Eine Optimierung z. B. der Vorgangsbearbeitung entlang einer
Prozeßkette über verschiedene Bearbeiter hinweg kann u. U. eine Effizienz-
verschlechterung am einzelnen Arbeitsplatz mit sich bringen, ebenso wie eine
verbesserte Systemunterstützung am Arbeitsplatz bei unzureichender Gestaltung zu Ineffizienzen – wie z. B. Medienbrüchen im Gesamtprozeß – führen
kann. Ähnliche Abwägungen sind anzustellen, wenn die Auswirkungen auf

die Gesamtorganisation (z. B. Zuständigkeiten, Änderungen in der Aufbauorganisation, Teambildung über Organisationsgrenzen hinweg) beurteilt werden. Aus diesem Grunde kann für die Nutzenermittlung ein Mehrebenenansatz (basierend auf dem Ebenenansatz zur ganzheitlichen Wirtschaftlichkeitsbetrachtung von Reichwald 1998) verwendet werden, der sich auf die folgenden vier Hauptebenen bezieht:

- Arbeitsplatzebene: Hier sind die unmittelbar für den einzelnen Arbeitsplatz oder Mitarbeiter beobachtbaren Effizienz-, Qualitäts- oder Flexibilitätsaspekte zu betrachten, wie sie sich z. B. aus einer schnelleren Fallbearbeitung oder einem effektiveren Informationszugriff ergeben. Die Effekte auf der Arbeitsplatzebene müssen nicht zuletzt auch im Hinblick auf die Motivation, Akzeptanz, Belastung und Qualifikation der Mitarbeiter betrachtet werden.
- Arbeitsverbundebene: Auf dieser Ebene erfolgt eine Betrachtung entlang der gesamten Prozeßkette, die zur Erledigung eines Vorgangs zu durchlaufen ist. Sie schließt dementsprechend mehrere Bearbeiter und Organisationseinheiten ein. Typische Nutzeneffekte auf dieser Ebene sind schnellere Durchlaufzeiten oder die Verringerung von Medienbrüchen bei der Vorgangsweiterleitung.
- Organisationsebene: Hier erfolgt die Ermittlung des Nutzen durch eine Betrachtung der Gesamtorganisation bzw. der für die Untersuchung relevanten Ausschnitte. Hierbei sind alle Organisationseinheiten einzubeziehen, für die eine direkte oder indirekte Wirkung der Technikeinführung oder der organisatorischen Umgestaltung besteht.
- Unternehmensübergreifende Ebene: Diese Ebene betrachtet die Auswirkungen auf die Interaktion zwischen Unternehmen und Kunden, Lieferanten, externen Partnern sowie Behörden.

Da der Einsatz kooperationsunterstützender Systeme die technische Unterstützung des Zusammenwirkens mehrerer Personen bedeutet, die zeitlich oder räumlich getrennt voneinander arbeiten, sind die Hauptnutzeneffekte auf der Arbeitsplatzebene zu finden. Auf Arbeitsverbundebene und Organisationsebene gewinnen vor allem strategische Aspekte an Bedeutung.

5.3.3
Kostenbetrachtung bei der Einführung kooperationsunterstützender Systeme

Die Einführung von Technologien zur Unterstützung der Kooperation ist selbstverständlich mit Kosten verbunden, die den Nutzenaspekten gegenübergestellt werden müssen. Wie der Nutzen sind auch die Kostenfaktoren vielschichtig und teilweise schwer quantifizierbar. Es dürfen keineswegs nur die unmittelbaren Anschaffungs- oder Installationskosten eines Systems betrachtet werden. Es sind auch Schulungs- und Betreuungskosten, Wartungs- und Administrationskosten sowie mögliche un- oder minderproduktive Zeiten der

Anwender zu berücksichtigen. Diese Kosten sind selbstverständlich über den gesamten Anwendungszeitraum hinweg abzuschätzen.

Einen weiteren bedeutenden Kostenaspekt stellen die Kosten für die Voruntersuchungen dar, die die Analyse der Ablauf- und Aufbauorganisation umfassen. Im Rahmen der Einführung und des laufenden Betriebs entstehen zusätzlich Kosten für die Anpassung des Systems (Gestaltung der organisatorischen Strukturen) an die Aufbau- und Ablauforganisation einer Verwaltung.

Die gegenwärtigen Diskussionen um „Total Cost of Ownership" (TCO) zeigen, daß der Einsatz von Informations- und Kommunikationstechnik eine ganze Reihe „verdeckter" Kostenfaktoren mit sich bringt, die oft wesentlich größer als die unmittelbaren Kosten sind. Deshalb ist eine Reduzierung der indirekten Kosten meist wirksamer als die Verringerung der Investitionskosten.

Die folgenden Tabellen 5.3.1 u. 5.3.2 geben einen systematischen Überblick über die unterschiedlichen Kostenbereiche.

Die aufgeführten Kostenkategorien bilden ein Gerüst, anhand dessen die Kosten für eine Systemeinführung und -anwendung untersucht werden können. Die Kategorien sind allerdings teilweise schwer gegeneinander abzugrenzen. Hinzu kommt, daß die benutzungsbezogenen Kosten problematisch zu ermitteln sind. Die hauptsächlich verwendeten Kostenmodelle und die darauf basierenden Studien berücksichtigen die benutzungsbezogenen Kosten häufig nicht oder nicht ausreichend. Diese lassen sich meist nur durch einen Prozentualwert auf Basis einer Hochrechnung darstellen.

Dabei sind insbesondere die Zusammenhänge zwischen einzelnen Kostenkategorien von besonderem Interesse. So ist z. B. der Zusammenhang zwischen benutzungsbezogenen Kosten und Schulungskosten zu untersuchen. Werden die Schulungskosten entsprechend gekürzt, so steigen die benutzungsbezogenen Kosten übermäßig proportional an. Bei intensiver Schulung und Betreuung sinken die benutzungsbezogenen Kosten erheblich.

Kostensenkende Maßnahmen, vor allem für die Bereiche Beschaffung, Schulung und Administration/Betrieb, ergeben sich durch den Einsatz einheitlicher Software und Hardware. Heterogene Umgebungen bedeuten einen erhöhten Schulungsaufwand, beim Einkauf geringere Abschläge, einen höheren Administrationsaufwand und Probleme beim Aufbau einer einheitlichen Funktionalität (z. B. Viewer-Problematiken) mit der gleichen Bedienungsoberfläche.

Aus diesen Gründen können Teilsysteme meist nicht isoliert betrachtet werden, sondern es muß eine Gesamtabschätzung in bezug auf die eingesetzten Systeme, die betroffenen Organisationseinheiten sowie die Wirkung an den Schnittstellen geleistet werden.

Es ist bei der Einführung von kooperationsunterstützenden Systemen darauf zu achten, daß solche Veränderungen mit möglichst geringem Aufwand realisierbar sind. Systeme, die eine flexible Infrastruktur für die Kommunikation und Kooperation der Mitarbeiter bereitstellen, eignen sich in besonderer Weise, die Organisation für zukünftige Anforderungen zu rüsten.

Tabelle 5.3.1 Kosten bei der Einführung kooperationsunterstützender Systeme (Teil 1)

Bereich	Kostenart	Erläuterung
Anschaffungskosten Telekooperations-technik	Hardware	Arbeitsplatzrechner, Server, Video-Conferencing, Arbeitsplatzmobiliar
	Netzwerkinfrastruktur	Kabelinstallation, Router, Switches, Hubs
	Software	Basissoftware (Betriebssystem, Sicherheitskomponenten etc.), Kommunikationssoftware (E-Mail, Video-Conferencing, Groupware), Anwendungsprogramme etc.
direkte Betriebskosten	Systemadministration	System, Netzwerk, Software incl. SW-Verteilung, Datenbankadmini-stration, Sicherheitsmanagement, Geräte- und Lizenzverwaltung
	Systemwartung	Wartungsverträge, interne Wartung, Fehlerbehebung
	Kommunikations-kosten	Netzzugang (intern und extern), Leitungskosten (z. B. Videokonferenz)
	Raum-, Energie-, Materialkosten	Rechnerräume, Speichermedien, Druckermaterialien etc.
Kosten für Software- und Organisationsent-wicklung	Entwicklungsplanung und Koordination	Planung und Moderation der organi-satorischen Entwicklungsprozesse, Koordination von Entwicklungs-tätigkeiten
	Prozeßanalyse und -gestaltung	Erfassung Ist-Prozesse, Schwach-stellenanalyse, Neukonzeption, Gestaltung der Soll-Prozesse
	Entwicklung von An-wendungssystemen	Design, Realisierung und Wartung von Inhouse-Software
	Vorlagen, Muster	Textbausteine, elektronische Formula-re, Formatvorlagen
Qualifizierungs- und Betreuungskosten	Erstellung von Arbeitsinformationen	Handbücher, Arbeitsanleitungen, Intranet-Inhalte
	Schulungs-durchführung	Lehrkräfte, Ausbildung von Trainern und Betreuern, Schulungsunterlagen, Hardware und Software, Räume
	Teilnehmerkosten	Zeitausfall Schulungsteilnehmer, Reisekosten

Tabelle 5.3.2 Kosten bei der Einführung kooperationsunterstützender Systeme (Teil 2)

Bereich	Kostenart	Erläuterung
Nutzungsbezogene Kosten	kontinuierliche Benutzerbetreuung	Benutzerservice und Hotline, Betreuung am Arbeitsplatz, Verwaltung, Problemmanagement, Produktivitätsausfall während Betreuung
	geringere Produktivität zu Beginn der Lernphase	Systemexploration, Handbuchstudium
	Aufwand bei der Fehler- und Problembehebung	Fehlerbeseitigung, Nachfrage bei Kollegen, Hotline-Anfragen
	Systemhandhabung	Zeitverlust durch umständliche Systemhandhabung, ungünstige Benutzeroberflächen, suboptimale Arbeitsweise, Anwendungszugang und -wechsel
	nicht aufgabenbezogene Kosten	Ändern der Systemeinstellung, Anpassung, Erkunden anderer Systemfunktionen, private Nutzung

Wesentliche Kriterien für einen hohen Grad an Anpassungsfähigkeit sind:

* Vorhandene Flexibilität bei der Aufgabenbearbeitung: Hier ist zu untersuchen, inwieweit alternative Vorgehensweisen, Instrumente und Informationen bereitstehen, um bereits gegenwärtig auftretende Ausnahmesituationen oder besondere Fallarten zu bearbeiten. Insbesondere ist zu beachten, inwieweit die Organisation in der Lage ist, neuen Marktanforderungen gerecht zu werden.
* Qualifikation und Kompetenz der Mitarbeiter: Dies ist einer der wichtigsten Faktoren, um zukünftige, neue Anforderungen und Aufgaben bewältigen zu können. Ein Teil des aufgabenbezogenen Wissens läßt sich heute systemunterstützt effektiv am Arbeitsplatz anbieten, wobei dieser Ansatz konventionelle Qualifizierungsformen ergänzt, aber nicht ersetzt.
* Innovationsfähigkeit der Organisation: Dieser Bereich ist dadurch gekennzeichnet, welche Prozesse und Instrumente die Organisation eingerichtet hat, um Veränderungspotentiale systematisch zu erkennen und umzusetzen. Die Mitarbeiter müssen hierbei einbezogen werden, z. B. durch ein geeignetes Vorschlagswesen oder durch Kommunikationsmöglichkeiten, um echte Verbesserungen zu erzielen.

6 Fallstudien

6.1
Fallstudie 1: Unterstützung von Unternehmens-
kooperation am Beispiel des Unternehmensverbundes
des Technologieparks Herzogenrath

6.1.1
Problemstellung

Unternehmensverbünde in Technologiezentren haben sich zur Stärkung kleiner, flexibler und häufig sehr innovativer Unternehmen bewährt. Im Technologiepark Herzogenrath (TPH GmbH) waren zu Beginn des Forschungsprojektes ca. 100 Firmen beheimatet, die auf unterschiedlichen Geschäftsfeldern tätig waren. Trotz der lokalen Nähe existierten Schwierigkeiten im Informationsfluß, die eine Verbesserung der Kommunikationsinfrastruktur erforderten.

Die Unterstützung von Unternehmenskooperationen war somit eine wichtige Aufgabe. Der dabei erforderliche, hohe Abstimmungsbedarf ließ einen großen Bedarf an einer unternehmensübergreifenden Vernetzung und an darauf basierenden Kommunikationsdienstleistungen entstehen. Auf dieser Grundlage sollten verteilt verfügbare Produkt- und Dienstleistungsangebote bedarfs- und kundenorientiert kombiniert und effizient abgestimmt werden. Neben der Unterstützung bestehender Dienstleistungen bestand des weiteren die Überlegung, neue, innovative Dienstleistungen zu generieren, die ohne eine neue technische Infrastruktur nicht möglich wären. Ein Beispiel hierfür sind Groupware-unterstützte Einkaufsgemeinschaften zur Verbesserung der Marktposition der daran beteiligten Unternehmen.

Die Errichtung einer informations- und kommunikationstechnischen Infrastruktur in den Technologiezentren – in Verbindung mit Groupware-Komponenten als Dienstleistung – sollte Transparenz über Produkte und Dienstleistungen im eigenen und in anderen Technologiezentren bringen sowie die Durchführung gemeinsamer Angebotserstellungen und die Klärung kurzfristiger Probleme bei einer gemeinsamen Auftragsbearbeitung etc. ermöglichen.

Als wirtschaftlicher Vorteil war damit direkt verknüpft, die Kosten technischer Ressourcen, die kapitalintensive Investitionen erfordern, auf viele Nutzer umzulegen. Die dann anfallenden variablen Kosten sollten jeweils projektorientiert kalkuliert werden.

6.1.2
Vorgehensweise zur Lösung

Ziel des Projekts war die technische Konzeption und Einführung neuer Informations- und Kommunikationstechnologien zur Unterstützung von Unternehmenskooperationen am Beispiel des Technologieparks Herzogenrath.
Hierzu wurden die folgenden Arbeitsschritte durchgeführt:

- Auswahl geeigneter ansässiger Unternehmen,
- Erarbeiten von Gestaltungsanforderungen gemeinsam mit den ansässigen Unternehmen,
- Schaffung der technischen Voraussetzungen,
- Erprobung verschiedener technischer Konzepte,
- Einführung der Informations- und Kommunikationstechniken,
- Erarbeiten von organisatorischen Gestaltungsanforderungen gemeinsam mit späteren Nutzern (Partizipation),
- Ermittlung organisatorischer Gestaltungspotentiale,
- Konzeption der Informations- und Kommunikationstechnologien,
- Konzeption der Dienstleistungen,
- Begleitung bei der Einführung und Optimierung der Dienstleistungen,
- Generalisierung der entwickelten Konzepte.

Aufgrund der Auswirkungen, die die Etablierung Groupware-basierter Dienstleistungen auf die Arbeitsweise und Arbeitsinhalte von Mitarbeitern in Unternehmenskooperationen haben würden, konnten arbeitswissenschaftliche Gesichtspunkte und Anforderungen eingebunden werden.

6.1.3
Ergebnisse

6.1.3.1
Analyse des Bedarfs an Kooperationsunterstützung im TPH

Zum Zeitpunkt der Betrachtung bestand der TPH aus ca. 100 Unternehmen.
Das Branchenspektrum dieser Unternehmen war vielfältig. Die Hauptbranchen ließen sich in Dienstleistung, Elektronik, Maschinenbau, Informatik/
Elektronische Datenverarbeitung (EDV), Werkstoffe/Chemie und Bautechnik
einteilen. Faßte man die Bereiche Elektronik und Informatik/EDV sowie Maschinenbau und Bautechnik zusammen, konnten drei in etwa gleich starke
Gruppen identifiziert werden: Dienstleistung, Maschinenbau und Elektronik/EDV (Abb. 6.1.1).
  Rund 70% der Betriebe verfügten über weniger als zehn Mitarbeiter. Die
restlichen 30% beschäftigten zwischen zehn und 40 Mitarbeiter (Abb. 6.1.2).
Insgesamt handelte es sich also um Kleinstbetriebe.
  Die Potentiale für den Einsatz von Informations- und Kommunikationstechnologien (IuK) wurden mit einem standardisierten Fragebogen erhoben.
Fokus der Befragung war die aktuelle Situation des jeweiligen Unternehmens

als Teil des Technologieparks und als aktives Unternehmen auf Märkten im wechselseitigen Kontakt mit Kunden und Partnerunternehmen. Ziel der Befragung war es, Schwächen in der Zusammenarbeit mit Kunden und Lieferanten innerhalb und außerhalb des TPH zu finden sowie Potentiale zur Verbesserung der Geschäftsprozesse zu definieren.

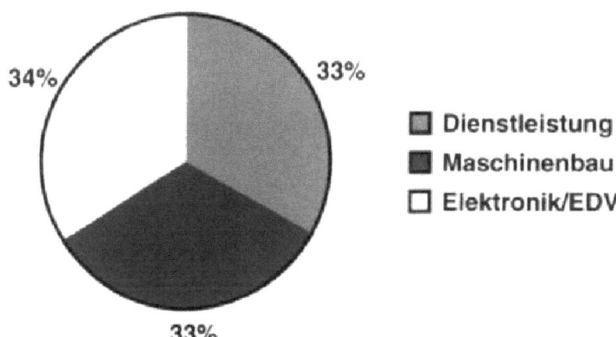

Abb. 6.1.1 Branchenstruktur im TPH

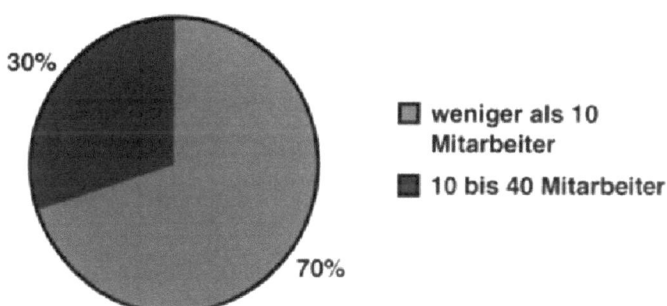

Abb. 6.1.2 Mitarbeiterstruktur im TPH

Dazu wurden Fragen zu folgenden Bereichen gestellt:

* Unternehmensprofil,
* bisherige Erfahrung mit dem Internet,
* Kommunikation mit dem Kunden,
* Zusammenarbeit mit Unternehmen innerhalb des TPH,
* Zusammenarbeit mit Unternehmen außerhalb des TPH,
* Mögliche IuK-basierte Dienstleistungen.

Die Erfahrung der Unternehmen mit moderner IuK-Technik war sehr unterschiedlich. Die Betriebe der Elektrotechnik/EDV verfügten in der Regel alle über interne Computernetze und verwendeten gängige Software-Produkte.

Viele der Unternehmen hatten bereits einen Zugang zum Internet eingerichtet oder geplant. Diese Unternehmen nutzten Modems in Verbindung mit dem analogen oder digitalen (ISDN) Telefonnetz als Zugang zum Internet. Im Bereich Electronic Commerce bestand ein erhebliches Wissensdefizit.

Fast alle Unternehmen schätzten den gegenwärtigen (1997) Nutzen des Internets als gering ein. Nutzeffekte konnten sie nur ansatzweise beim Marketing, beim Service und bei der Informationsbeschaffung verzeichnen. Der größte Nutzen resultierte aus einer verbesserten und schnelleren Auftragsbearbeitung durch die Nutzung von E-Mail (Abb. 6.1.3).

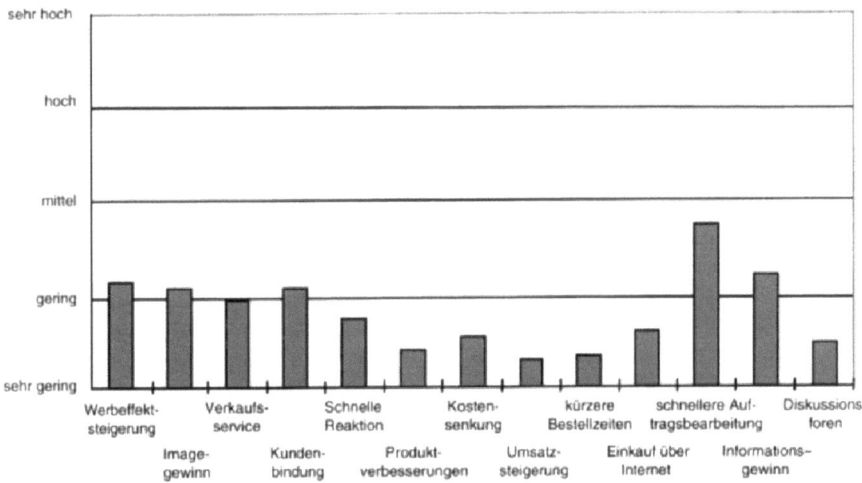

Abb. 6.1.3 Gegenwärtiger Nutzen durch das Internet

Deutliche Verbesserungen erhofften sich die Unternehmen durch den verstärkten Einsatz von Internet-Technologien, wobei vor allem der Image- und Werbeeffekt betont wurde. Zudem betrachteten die Unternehmen das Internet als Informationsquelle, was sich in der verstärkten Nutzung der Recherchemöglichkeiten zeigte (Abb. 6.1.4).

Bei den verwendeten Kommunikationsformen der Unternehmen mit den Kunden wurde der Trend zu klassischen Kommunikationsformen deutlich. Das Telefon war mit 40% die meist genutzte Kommunikationsform der Unternehmen. Zusammen mit dem Fernkopierer lief rund die Hälfte aller Kommunikation über diese beiden Geräte. Das persönliche Gespräch als Face-to-face-Kommunikation nahm immerhin noch ein Drittel aller Kommunikationsvorgänge ein. Auch hier wurde der zögerliche Umgang mit dem Computer deutlich. Nur 5% aller Kommunikation wurde computergestützt abgewickelt (Abb. 6.1.5).

In diesem Bereich bestand für die Unternehmen noch ein großes Verbesserungspotential. So könnten z. B. Auftragsbestätigungen unmittelbar nach der

Erstellung oder Bestellungen an Lieferanten nicht mehr über Telefon oder Fernkopierer, sondern per E-Mail verschickt werden.

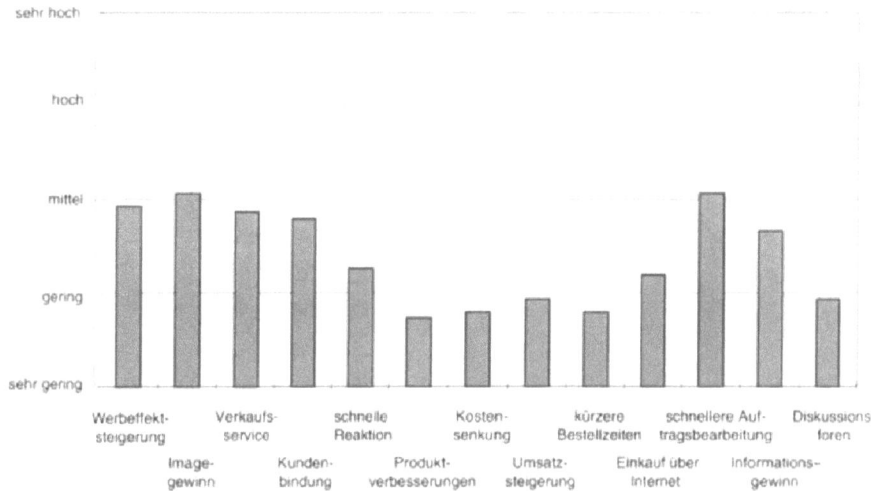

Abb. 6.1.4 Erwarteter Nutzen durch das Internet

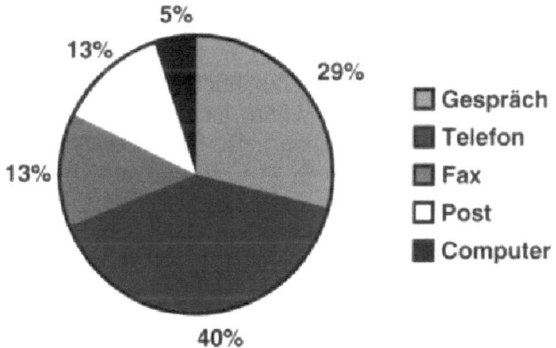

Abb. 6.1.5 Verwendete Kommunikationsformen für die Kommunikation mit den Kunden

Es zeigte sich außerdem, daß Kooperation der Unternehmen untereinander kaum vorhanden war. Mit einer Ausnahme kooperierten sie weder beim Einkauf noch beim Verkauf, sondern agierten autonom auf ihren Märkten. Als Gründe für dieses Verhalten wurden unter anderem genannt:

- fehlendes Vertrauen,
- Angst vor Konkurrenz,

- rechtliche Gründe (z. B. Ingenieurbüros dürfen nur eingeschränkt werben).

Die Kommunikation zwischen den Unternehmen des Technologieparks zeigte ein weiteres Potential für den Einsatz von IuK-basierten Technologien auf. Rund ein Drittel (31%) pflegte keinen Kontakt mit anderen Unternehmen des Technologieparks. Die Kommunikation wurde von persönlichen Gesprächen dominiert (Abb. 6.1.6).

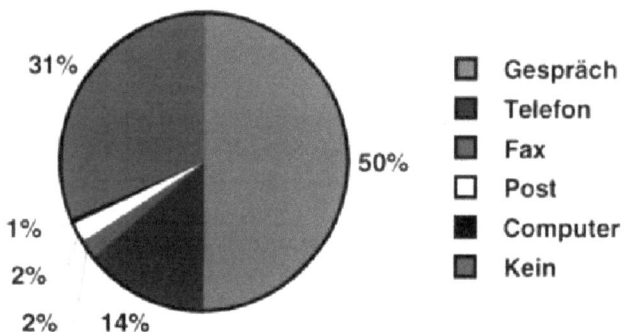

Abb. 6.1.6 Verwendete Kommunikationsgeräte zwischen den Unternehmen des Technologieparks

Als Hindernisse für eine Zusammenarbeit kristallisierten sich mehrere Aspekte heraus. In erster Linie fehlten den Unternehmen Informationen über andere Unternehmen, so daß sie keine Potentiale für eine Zusammenarbeit erschließen konnten. Dieser Umstand wurde auch durch den zweiten Punkt unterstrichen, daß fast die Hälfte der Unternehmen keinen Anknüpfungspunkt für eine Zusammenarbeit sah, was auch auf eine unzureichende Kommunikation schließen ließ (Abb. 6.1.7).

Neben fehlenden Informationen wurde auch eine fehlende Kooperationskultur zwischen den Unternehmen bemängelt. Es fehlte an Offenheit, Vertrauen und Bereitschaft, sich mit anderen Unternehmen zusammenzuschließen. Ein Versuch, einen Plotter gemeinsam zu nutzen, scheiterte an der mangelnden Bereitschaft der Unternehmen und an der Intransparenz des Nutzens dieser gemeinsamen Ressource. Auch eine Kooperation mit externen Firmen wurde kaum praktiziert. Ansätze bestanden lediglich auf dem Gebiet des Personalleasings und des Einkaufs externer Leistungen. Die Motivation der Unternehmen zu einer zukünftigen Kooperation mit externen (und auch internen) Betrieben war nur vereinzelt vorhanden. Einige Unternehmen äußerten starkes Interesse, die Zusammenarbeit zwischen den Unternehmen zu fördern. Als dominierende Punkte wurden die Bereiche Anlagennutzung, Marketing und Einkauf genannt. Einen weiteren, wichtigen Kooperationsansatz sahen die Unternehmen in einem generellen und verstärkten Informationsaustausch (Abb. 6.1.8).

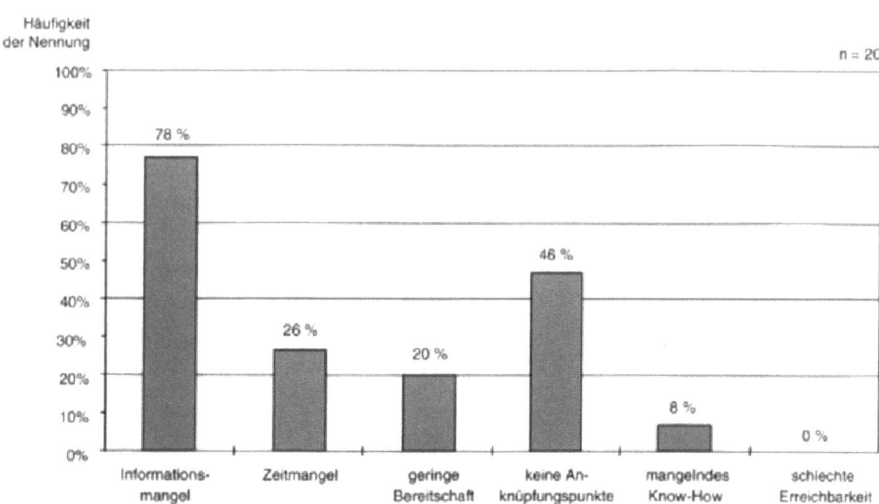

Abb. 6.1.7 Hindernisse der Zusammenarbeit zwischen den Unternehmen

Andere Unternehmen zeigten sich weniger aufgeschlossen, die Zusammenarbeit zu fördern und nannten auch keine Ansatzpunkte dazu. Dieses Verhar-
ren in ihren „Königreichen" mochte zunächst verständlich sein, es zeigte aber,
daß es bei vielen Unternehmen am Wissen über Synergieeffekte aus der Zusammenarbeit mit Partnerunternehmen mangelte. Bemerkenswert war, daß
Unternehmen teilweise keine Kooperation eingehen wollten, weil sie be-
fürchteten, ihr Fachwissen an Konkurrenten zu verlieren.

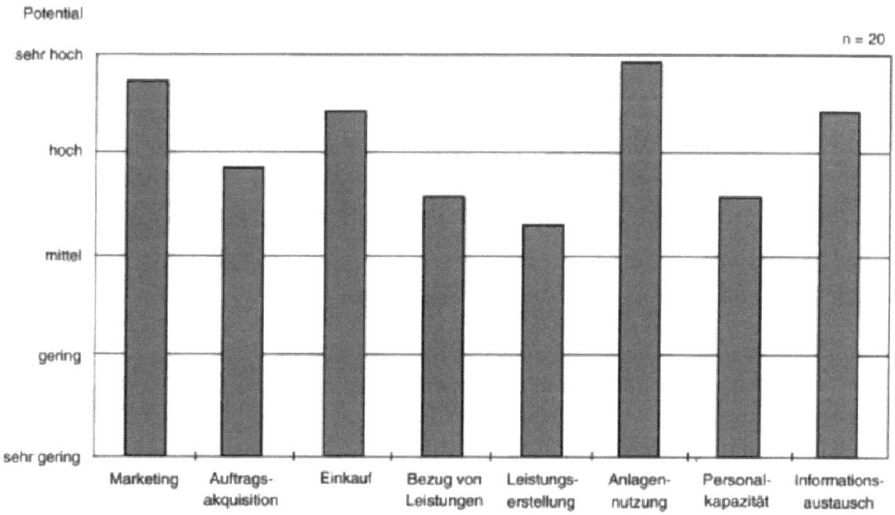

Abb. 6.1.8 Kooperationspotential

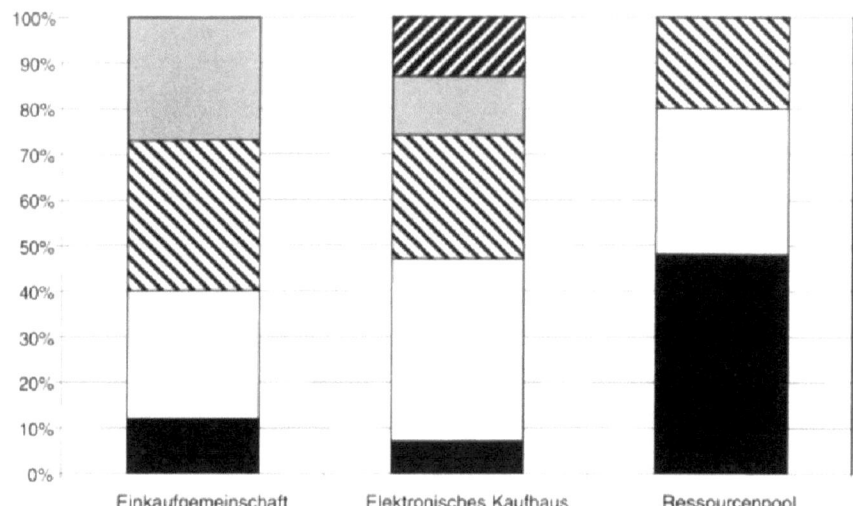

Abb. 6.1.9 Potential für drei Basisdienstleistungen

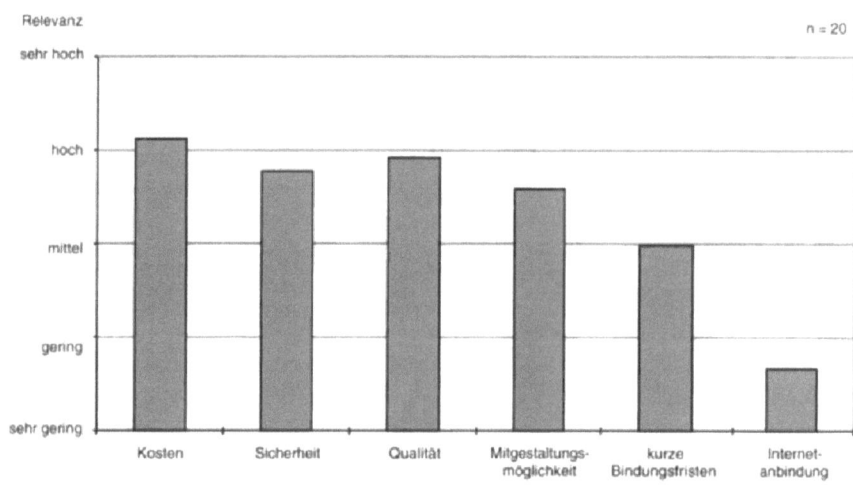

Abb. 6.1.10 Unternehmensrelevante Entscheidungskriterien

Das Interesse der Unternehmen, an neu zu schaffenden Dienstleistungen im TPH teilzunehmen, variierte stark. Während die Akzeptanz bei der Bildung einer Einkaufsgemeinschaft und eines Ressourcenpools (wahrscheinliche bis sichere Teilnahme > 50%) groß war, äußerten die Unternehmen gegenüber einem virtuellen Kaufhaus Zurückhaltung (wahrscheinliche bis sichere Teilnahme < 30) (Abb. 6.1.9). Ursächlich hierfür war die Tatsache, daß die meisten Produkte kundenspezifischer Natur oder stark erklärungsbedürftige Dienstleistungen sind, die nicht in einer standardisierten Form angeboten werden können.

Die Entscheidungen der Unternehmen in bezug auf ihre Teilnahme an Internet-basierten Dienstleistungen wurden in erster Linie anhand der Kriterien Kosten, Qualität und Sicherheit getroffen (Abb. 6.1.10).

Um einen erfolgreichen Einsatz von IuK-basierten Technologien und damit eine verstärkte Kooperation der Unternehmen im TPH zu gewährleisten, bedurfte es einer verstärkten Sensibilisierung und Motivation der Unternehmen für das zu entwickelnde Konzept. Daher mußten die zu erwartenden positiven Effekte (Einsparungseffekte) in Informationsveranstaltungen und persönlichen Gesprächen verdeutlicht und dadurch die Bereitschaft der Unternehmen für Kooperationen aktiviert werden.

6.1.3.2
Kooperationsfelder und technische Unterstützung

Kooperationsfelder
Kleine Unternehmen weisen aufgrund der kürzeren Informations- und Kommunikationswege in einer übersichtlicheren Organisationsstruktur eine höhere Flexibilität in ihrem Marktverhalten auf als Großunternehmen. Zudem sind kleine Unternehmen oft in Marktnischen tätig und weisen hier eine hohe (Kern-)Kompetenz auf.

Demgegenüber haben Kleinunternehmen auch strategische Nachteile. So können sie keine Größenvorteile auf den Beschaffungsmärkten für Güter und Kapital nutzen. Der Pool an Fach- und Führungskräften und die Informationsbasis sind ebenfalls entsprechend begrenzt (Wiendahl 1997).

Der Ansatz des „*Virtuellen Unternehmensnetzwerks*" versucht nun, die strategischen Wettbewerbsvorteile der geringen Größe zu nutzen und gleichzeitig die spezifischen strategischen Nachteile kleiner Unternehmen auszugleichen.

Das Ergebnis der Potentialanalyse bei den im TPH ansässigen Unternehmen zeigte einen Bedarf an verstärkter Kooperation und Einführung neuer Technologien sowie eine prinzipielle Aufgeschlossenheit der Unternehmen gegenüber neuen Technologien. Dabei wurde besonders häufig die Nutzung des Internets genannt, so daß es nahe lag, die Einführung von Kommunikationssystemen und Groupware-basierten Dienstleistungen mit der Nutzung von Internet-Technologien zu kombinieren.
Folgende Kooperationsfelder schienen hierfür besonders geeignet:

* Marketing,
* Informationsbeschaffung,
* Ressourcenpool und
* Einkaufsgemeinschaft.

Angesichts des stärkeren Wettbewerbs wird die Bedeutung des Standortmarketings zunehmend wichtiger (Dill u. Kanitz 1994). Anhand eines Marketing-Konzeptes ist ein eigenes, unverwechselbares Image für die Wirtschaftsregion aufzubauen. Im Rahmen dieser Wirtschafts- und Standortwerbung ist die Kommunikation und Zusammenarbeit mit den Medien und der allgemeinen Öffentlichkeit erforderlich. Dieser Kommunikation dienen auch die modernen Informations- und Kommunikationssysteme, insbesondere wiederum das Internet. Die Wirtschaft erwartet eine kundenorientierte Organisation der Wirtschaftsförderung. Eine zentrale Anlaufstelle soll kurzfristig alle notwendigen Informationen für Investorenentscheidungen liefern. In der heutigen Wettbewerbssituation und unter dem ständig steigenden Kostendruck bei Investitionen ist die Schnelligkeit, Berechenbarkeit und Zuverlässigkeit von Informationen immer häufiger ausschlaggebend bei Standortentscheidungen (Dill u. Kanitz 1994).

Gerade kleinere und mittlere Unternehmen können ihre Entwicklungschancen eher ausschöpfen, wenn sie Informations-, Kommunikations- und Beratungshilfen erhalten. Bausteine einer solchen Beratung sind Standortinformationssysteme, die Daten – z. B. zu potentiellen Zulieferern in der Region, Menschen oder Institutionen mit besonderem Know-how, etwa Universitätsinstitute bestimmter Fachrichtungen, verfügbare Gewerbeflächen und gewerbliche Objekte – beinhalten. Weitere Dienstleistungen können eigenständige oder vermittelte betriebswirtschaftliche Beratung, die Vermittlung von Gutachten, Hilfestellungen bei der Beantragung öffentlicher Fördermittel oder die Durchführung von Veranstaltungsreihen zu aktuellen Themen sein (Dill u. Kanitz 1994).

Nach der Idee des Virtuellen Unternehmens können Kleinunternehmen durch flexible und kostengünstige Kooperationen eine erhebliche Basiserweiterung hinsichtlich ihrer personellen, finanziellen und technologischen Ressourcen vornehmen und damit in Konkurrenz zu größeren treten. Mit dem Austausch von Personalressourcen wird teilweise erst die Leistungserstellung ermöglicht bzw. deren Umfang und Qualität gesteigert.

Die Aufgabe der Beschaffung ist die Analyse und aktive Gestaltung der Beschaffungsmärkte und Lieferantenbeziehungen. Durch das Eingehen von Beschaffungskooperationen kann dabei häufig auf bestehende Rahmenverträge zurückgegriffen werden, in denen Preise und andere kaufmännische Bedingungen bereits zwischen Lieferant und Beschaffungsmarketing festgelegt worden sind. Damit müssen nur noch die benötigten Mengen aus dem Rahmenvertrag abgerufen werden (Berning 1996).

Obwohl die Idee der Kooperation auf dem Gebiet der gemeinsamen Beschaffung schon alt ist und große Vorteile erwarten läßt, findet bei vielen Unternehmen nur eine unzureichende Zusammenarbeit statt. Der Vorteil von gemeinsamen Beschaffungsaktivitäten liegt in den Bündelungsmöglichkeiten von Beschaffungstransaktionen, mit denen sich ökonomisch wirksame Effekte, z. B. Rabatte, ausnutzen lassen. Gerade Unternehmen mit ähnlichen Produktstrukturen und deshalb ähnlichem Materialbedarf haben die besten Voraussetzungen für eine erfolgreiche Zusammenarbeit im Einkauf.

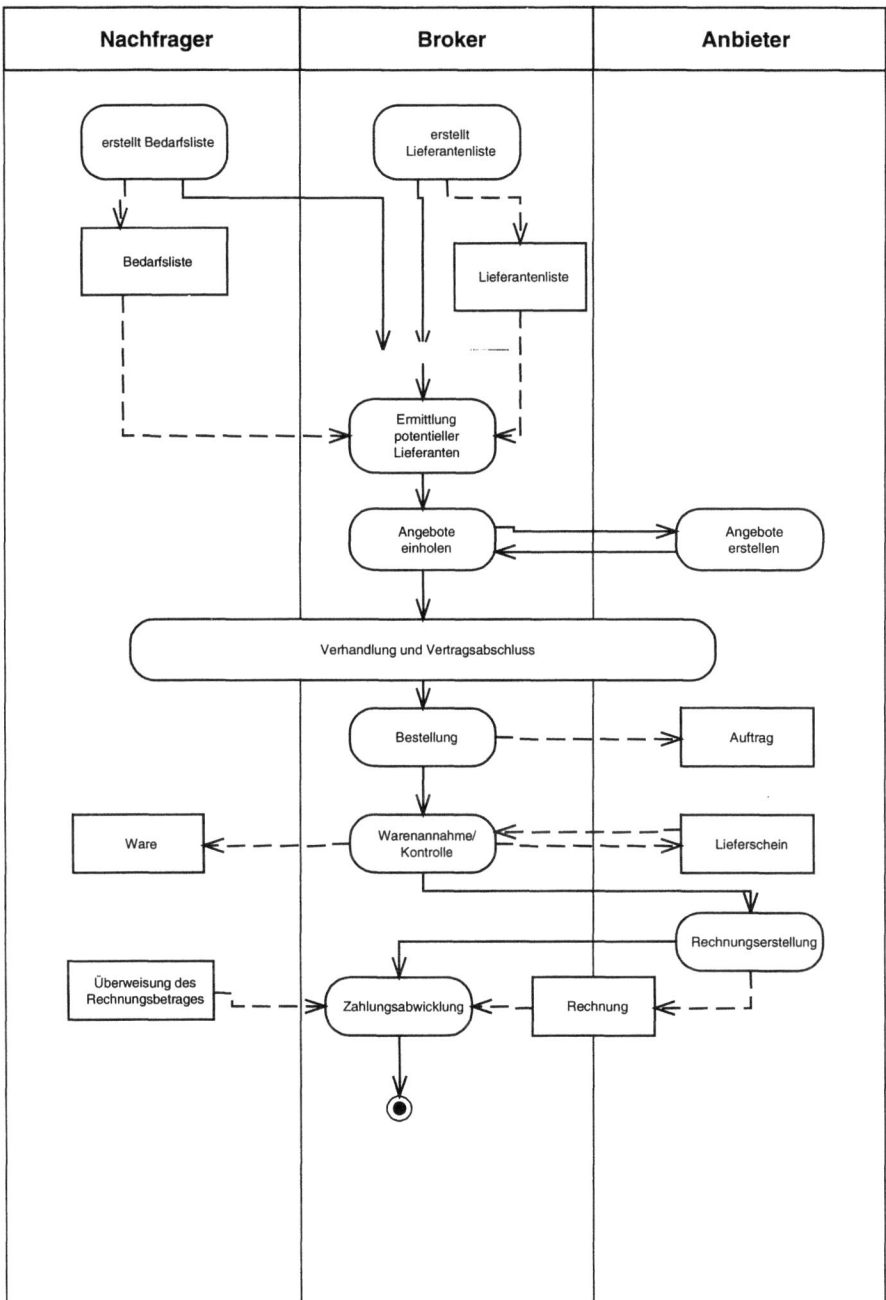

Abb. 6.1.11 Abwicklung eines Beschaffungsauftrags einer Einkaufsgemeinschaft

Erst die Wahl von Partnern mit ähnlichem Beschaffungsspektrum erlaubt es, die größten Materialkostenblöcke – Zukaufteile, Baugruppen sowie Roh-, Hilfs- und Betriebsstoffe – mit ihren Einsparungspotentialen zu erschließen (Westermann 1995).

Allerdings bestehen auch Vorbehalte und Ängste vor der Offenlegung vertraulicher Betriebskennzahlen und Daten. Dadurch wird eine Bündelung der Kräfte verhindert. Dieses Risiko wird um so höher eingeschätzt, je stärker die kooperierenden Unternehmen im direkten Wettbewerb stehen. Darüber hinaus besteht die Gefahr, Produktionskostenvorteile bei der Zusammenarbeit im Wettbewerb zu verlieren.

Für die Zusammenarbeit ergibt sich auch ein Wissensvorteil aus der Nutzung des kollektiven Einkäufer-Know-hows mehrerer Partner (Westermann 1995). Diese Ökonomisierungschancen schwächen die Transaktionskostennachteile ab, die sich aufgrund der höheren Anzahl von Austauschprozessen einstellen. Rahmenverträge werden in der Regel jährlich mit Lieferanten ausgehandelt. Sie beziehen sich auf definierte Bedarfsobjekte und legen die rechtlichen und kaufmännischen Bedingungen des Bezuges soweit wie möglich fest (Preise und Rabatte, Zahlungsbedingungen, Lieferkonditionen, Gewährleistungen etc.). Lediglich die konkreten Bedarfsmengen, die Terminierung der Lieferungen und gegebenenfalls der Anlieferort werden in späteren Abrufen, bei denen man sich auf den Rahmenvertrag bezieht, konkretisiert.

Hierdurch bietet sich zum Beispiel die Möglichkeit, daß der Einkauf eine bestimmte Bedarfsgruppe nur einmal im Jahr mit den Lieferanten verhandelt und die Bedarfsträger des Unternehmens auf der Grundlage dieses Rahmenabkommens ihre Bedarfe befriedigen, ohne daß der Einkauf in den Abrufvorgang noch involviert ist. Wichtig ist jedoch, daß sich der Einkauf über entsprechende Listen jederzeit einen Überblick darüber verschaffen kann, von wem Abrufe in welcher Höhe getätigt worden sind und wie sich das Gesamtvolumen bezüglich eines Rahmenvertrages entwickelt.

Groupware als technische Unterstützung von Kooperation

Kategorisierung von Groupware

Groupware stellt eine neue Entwicklung der angewandten Informations- und Kommunikationstechnik dar, die es Arbeitsteams ermöglicht, effizient und effektiv im Rahmen gemeinsamer Aufgabenstellungen zusammenzuarbeiten und die gleichzeitig dazu beiträgt, Informationen im Rahmen von Arbeitsprozessen besser zu erschließen. Zur Unterstützung von Unternehmenskooperationen kann Groupware eingesetzt werden, um dem steigenden Koordinationsbedarf gerecht zu werden. Hierbei ist es einer Gruppe möglich, Informationen und Ressourcen auf elektronischem Wege auszutauschen oder gemeinsame Ressourcen koordiniert zu bearbeiten. Dabei soll das Synergiepotential aus der Zusammenarbeit von Menschen erschlossen werden.

Mögliche Funktionalitäten von Groupware sind:

- Electronic-Mail-Systeme (E-Mail),
- Online Cooperation Groupware, z. B. Videokonferenzsysteme,
- Workflow-Management-Systeme,

- Entscheidungs- und Sitzungsunterstützungssysteme,
- Verteilte Hypertext-Systeme,
- Notice-Board- und Bulletin-Board-Systeme, sog. „schwarze Bretter",
- Gruppen- und Dokumenten-Datenbanken,
- Elektronische Terminkalender,
- E-Commerce-Systeme.

Im Falle des TPH richtete sich der Fokus des Interesses auf die zwischenbetriebliche Kommunikation. Zuerst einmal sollten Kommunikationswege für eine direkte Kommunikation und zum Austausch von Dateien etabliert werden. Dazu bot sich der E-Mail-Dienst im TPH-Netzwerk an. Zur Förderung des Clubgedankens wurden im TPH eigene Newsgroups zur Diskussion bereitgestellt. Zur Koordination der Beschaffung innerhalb einer Einkaufsgemeinschaft wurde ein eigens konzipiertes E-Commerce-System realisiert, das Nachfrageorientierte E-Commerce-System (NECS), welches den Schwerpunkt des Projekts bildete.

E-Commerce-Systeme

Electronic Commerce umfaßt die Abwicklung von Geschäftsprozessen über das Internet. Mögliche Geschäftsprozesse können z. B. der Beschaffungsprozeß eines Industriebetriebes oder der Verkaufsprozeß einer Einzelhandelskette sein. Dabei können die Bereiche Business-to-Business, also Unternehmen mit Unternehmen, und der Business-to-Consumer Bereich, d. h. Unternehmen mit dem Endverbraucher, unterschieden werden. Elektronischer Handel ist somit die Abwicklung aller Aktivitäten beim Verkauf von Produkten und Dienstleistungen an den Endverbraucher bzw. Kunden durch die Unterstützung der Dienste des Internets (Kurbel 1997).

Dabei kann E-Commerce auf verschiedene Arten abgewickelt werden. Die beiden am meisten verbreiteten Anwendungen sind das Internet-Kaufhaus und die Internet-Auktion, wobei im weiteren nur auf das Internet-Kaufhaus eingegangen wird.

Zur informationstechnischen Gestaltung eines Internet-Kaufhauses wird der Einkaufsprozeß in einzelne Phasen gegliedert. Im einzelnen ergeben sich dabei die Vorkaufphase, die eigentliche Kaufphase und die Nachkaufphase (Abb. 6.1.12).

In der Vorkaufphase steht die Suche nach den notwendigen Informationen über Produkte und Service, deren Auswahl auf der Grundlage eines Preisvergleiches sowie die Möglichkeit von Verhandlungen über Preise und Liefertermine im Vordergrund. Die Kaufphase zeichnet sich vor allem durch distributionsorientierte Aktivitäten wie Bestellung, Zahlungsabwicklung und Erhalt des Produktes oder Services aus. In der Nachkaufphase wird Unterstützung im Falle der Reklamation oder des Garantieanspruchs sowie allgemeine Kundenbetreuung angeboten (Brenner u. Schubert 1998).

Für die Gestaltung von E-Commerce stehen verschiedene Ausbaustufen bereit.

Die Informations-Site deckt in erster Linie die Informationsphase ab, der Abschluß oder die Abwicklung eines Geschäfts ist hier kein Bestandteil. Neben der reinen Firmenpräsentation bieten sich den Unternehmen vielseitige Gestaltungsmöglichkeiten zur Information von Kunden und Interessenten. Inhalte können Prospekte, Produkt- und Leistungsbeschreibungen, Preislisten, Händlerverzeichnisse, Sonderangebote und vieles mehr sein.

Die wichtigste Informationsquelle für den Online-Kunden ist die Produktbeschreibung, die ausführlich und zuverlässig sein sollte. Daneben müssen sich die Produkte auf dem Bildschirm betrachten lassen. Um die Wartezeit nicht unerwünscht lange werden zu lassen, sollte der Besucher selbst entscheiden können, ob er zu den gesuchten Produkten auch das entsprechende Foto betrachten möchte.

Hauptkriterien für die Gestaltung eines Internet-Auftritts sind Schnelligkeit im Seitenaufbau, Übersichtlichkeit für den Benutzer und Ästhetik im optischen Erscheinungsbild. Dies gilt vor allem für den umfangreichen, komplexen Aufbau einer E-Commerce-Website, die besonders funktionalen Ansprüchen gerecht werden muß: Produkte finden, vergleichen, in den Warenkorb legen, gegebenenfalls auch in das Regal zurückstellen – alle gewohnten Einkaufsvorgänge will der Besucher instinktiv erschließen können. Durch die Reduzierung von Hierarchieebenen und die Verwendung einheitlicher, sich selbst erklärender Navigationselemente über alle Seiten findet sich der Kunde deutlich schneller zurecht (Nilsson 1998).

Der Online-Shop ist eine Erweiterung der Informations-Site um zusätzliche Transaktionselemente, so daß auch bestellt und ggf. auch über das Netz bezahlt werden kann. Von einer Informations-Site unterscheidet sich der Online-Shop vor allem durch seinen Warenkorb, auch als Shopping-Cart bezeichnet.

Dieser Warenkorb ist eine eigenständige, nicht in den üblichen Internet-Diensten zu findende Funktionalität. In ihm werden die von dem Kunden ausgewählten Produkte abgelegt, bevor der Inhalt dann als Bestellauftrag an den Anbieter abgesandt wird. Die verbindende Applikations-Software zwischen der Datenbank und dem Warenkorb wird als Merchant-Server bezeichnet. Von der Flexibilität des Merchant-Servers hängt es ab, ob der Online-Shop als komfortabel empfunden wird. Ein guter Online-Shop wird den Käufer nicht nur hierarchisch zu den gesuchten Produkten bringen, sondern beispielsweise auch die Option bieten, die Produktdatenbank nach Schlüsselwörtern oder Produktattributen (Preis, Größen, Farbe etc.) zu durchsuchen. Ebenso kann der Käufer von der Software im Sinne eines Cross-Sellings automatisch auf Zubehör und verwandte oder ergänzende Produkte hingewiesen werden.

Ein wichtiger Schritt zur Weiterentwicklung des elektronischen Handels ist der Einsatz zuverlässiger Verfahren zur Online-Bezahlung, denn die Zahlungsmodalitäten werden noch immer als eines der Hauptprobleme beim Online-Shopping gesehen. Die meisten Bestellungen werden daher auf herkömmlichem Weg – per Nachnahme oder gegen Rechnung – beglichen (Nilsson 1998).

Kaufprozeß		Alternativen der Unterstützung					Kriterium
Phase 1: Vorkauf	Stufe 1: Informations-suche	verlinkte Produktpräsen-tationen im WWW	• Suchmaschine • Schlagwort-verzeichnis	Kommunikation • Videokonferenz • Mail etc.	Pushdienste bspw. über E-Mail, Bild-schirmschoner		• Informationsbe-dürfnis des Kunden • Komplexität des Produktes
	Stufe 2: Produkt-vergleich	• neutrale Tests • Empfehlungen im Netzwerk	„Kompositions"-Modul zur Zusam-menstellung von Produkten				• Marktsituation und -transparenz • Komplexität des Produktes
	Stufe 3: Preisver-handlungen	Festpreisan-gaben schließen Preisverhand-lungen aus	Preisverhand-lungen über E-Mail, Video-konferenz etc	dynamische Preisgestaltung z. B. über Rabattsystem	automatisierte Preisgestaltung bei Auktionen (Bietverfahren)		• Informations-bedürfnis • Komplexität des Produktes
Phase 2: Kauf	Stufe 4: Bestellung	Online-Bestellung: • an Lieferant • an Broker	Schnittstelle zum Warenwirt-schaftssystem des Lieferanten	Generierung der Bestätigung: • manuell • automatisiert	Bestätigung • vom Lieferant • vom Broker erfolgt Online		• Informations-bedürfnis • Nutzbare Kommu-nikationsmittel
	Stufe 5: Zahlungs-abwicklung	Rechnungsgene-rierung durch • Lieferant • Broker	Rechnungs-erstellung erfolgt • manuell • automatisiert	Fakturierung durch • Lieferant • Broker	Bezahlung mittels • Electronic Cash • Kreditkarte • ...	Schnittstelle zu Fakturierungs-software	• Sicherheitsbedürf-nis des Lieferanten • Sicherheitsbedürf-nis des Kunden
	Stufe 6: Erhalt der Leistung	Lieferung erfolgt direkt an den Empfänger	Lieferung erfolgt indirekt über den Broker an den Empfänger	zentrales Zwischenlager des Netzwerks	Lieferung erfolgt Online über das Internet		• Art des Produktes/ der Dienstleistung
Phase 3: Nachkauf	Stufe 6: Kunden-service	Beratung über E-Mail, Videokonferenz	Softwareupdate über das Internet	Fernwartung von Rechnern/ Anlagen über das Internet			• Art des Kunden-spektrums • Produkt/Dienst-leistungsspektrum

Abb. 6.1.12 Abwicklungsprozeß einer Einkaufsgemeinschaft

6.1.3.3
Umsetzung des Kooperationssystems

Aufgrund der Auswertung der Unternehmensbefragungen wurde das Kooperationssystem in mehreren Stufen konzipiert und umgesetzt. Grundlage war die Schaffung eines TPH-internen Netzwerkes, über welches die Unternehmen in Kommunikation miteinander treten konnten. Durch die Anbindung des Netzwerkes an das Internet wurde die Voraussetzung geschaffen, die einzelnen Unternehmen des TPH und den Technologiepark als ganzes gegenüber der Außenwelt zu präsentieren und die Kooperation mit externen Unternehmen zu fördern. Im letzten Schritt wurden die Dienstleistungen für die Kooperationsfelder eingerichtet, die sich in der Potentialanalyse als besonders geeignet herausgestellt hatten (Kap. 6.1.2 und 6.1.3.1):

- Marketing,
- Informationsbeschaffung,
- Ressourcenpool,
- Einkaufsgemeinschaft (NECS und flexible Einkaufskooperation).

Diese Dienstleistungen sind über das TPH-Intranet zugänglich. Die Benutzung des Intranets steht nur den Unternehmen zur Verfügung, die als Nutzer registriert sind und einen „Clubbeitrag" zur Finanzierung des administrativen Aufwands leisten.

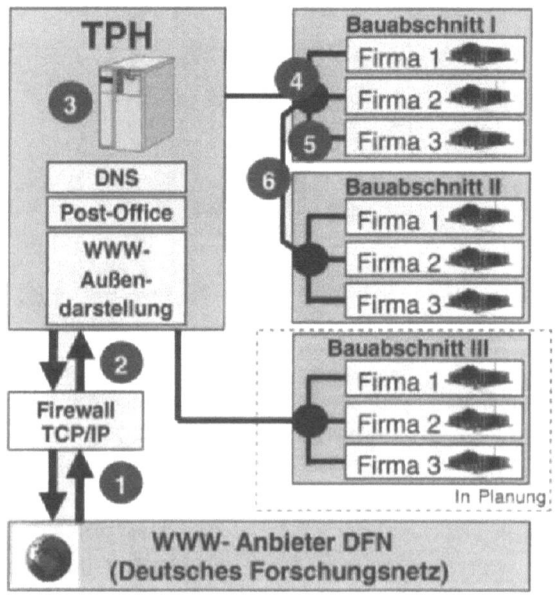
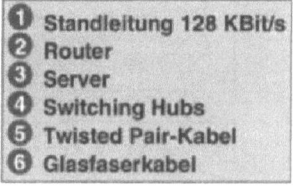

Abb. 6.1.13 Umsetzung der technischen Infrastruktur

Technische Umsetzung

Zunächst mußte die technische Infrastruktur prototypisch geschaffen werden. Zu diesem Zweck wurde eine Vernetzung der Bauabschnitte 1 und 2 per Glasfaserkabel geschaffen und den dort ansässigen Firmen eine Netzwerkverbindung zur Verfügung gestellt. Die Anbindung des dritten Bauabschnitts konnte wegen der räumlichen Distanz (ca. 500 m) zu den ersten beiden Bauabschnitten bisher nicht realisiert werden. Die Anbindung des Technologieparks Herzogenrath an das Internet wurde über das Deutsche Forschungsnetz (DFN) mittels einer Standleitung zum Rechenzentrum der RWTH Aachen realisiert.

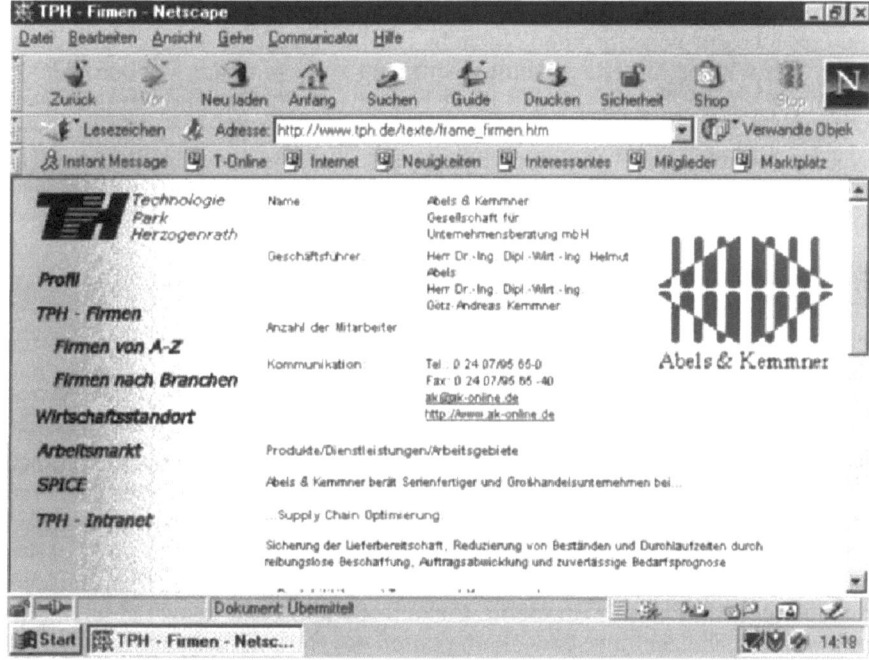

Abb. 6.1.14 Exemplarische Unternehmensdarstellung auf der TPH-Website

Marketing

Durch die Bereitstellung von Speicherkapazitäten auf einem zentralen Server und die kostenlose Erstellung einer HTML-Seite wurde jedem Unternehmen die Möglichkeit eingeräumt, sein Firmenprofil und sein Produktspektrum potentiellen Kunden im Internet darzustellen (Abb. 6.1.14). Der Zugang hierfür geschieht über die Homepage des TPH. Von dort aus können sich Interessenten über die ansässigen Unternehmen (alphabetisch und nach Branchen geordnet) informieren. Außerdem finden sich dort alle relevanten Informationen über den Technologiepark, wie z. B. Mietangebote und Serviceleistungen, sowie zentrale Ansprechpartner, die auch per E-Mail zu erreichen sind.

Informationsbeschaffung und Ressourcenpool

Das Intranet bildete den Schwerpunkt des Projektes, da hier die wichtigsten Dienstleistungen und Kommunikationsforen angeboten werden. Die Benutzung des Intranets steht nur den Unternehmen zur Verfügung, die als Nutzer registriert sind und einen „Clubbeitrag" zur Finanzierung des administrativen Aufwands leisten.

Zur Unterstützung der Kommunikation und des Informationsflusses zwischen den Unternehmen stehen thematisch geordnete Newsgroups zur Diskussion bereit. Unter der Rubrik Ressourcen können die Unternehmen Angebote und Gesuche zur gemeinsamen Nutzung von Personal und Anlagen aufgeben. Außerdem können die Unternehmen Anfragen zu bestimmten Fachproblemen stellen, deren Lösung sie alleine nicht bewältigen können und deren direkte Weitergabe an ein Fachunternehmen zu kostspielig wäre. Im Rahmen des Expertenforums können hier Probleme einem Steuerberater, einem Unternehmensberater und einem Spezialisten für Netzwerke und Kommunikationstechnologie vorgestellt werden.

Elektronische Einkaufsgemeinschaft

Kleine und mittelständische Unternehmen, die sich zu einer Einkaufsgemeinschaft zusammenschließen und ihren Bedarf bündeln, können ihre Kosten durch bessere Einkaufskonditionen senken. Wenn man davon ausgeht, daß kleine und mittlere Unternehmen pro Mitarbeiter und Jahr ca. DM 400 für Büromaterial ausgeben (Erfahrungswerte eines kooperierenden Büromusterhauses), so ergibt sich für den gesamten TPH ein jährliches Einkaufsvolumen von ca. DM 400.000. Damit können gerade im Bereich Büromaterial durch eine Einkaufsgemeinschaft günstigere Konditionen erreicht werden, als es den Unternehmen alleine möglich wäre.

Von den in Abb. 6.1.11 genannten Phasen eines Beschaffungsauftrags konnten jedoch nicht alle durch die Einkaufsgemeinschaft des TPH übernommen werden. Die zentrale Abwicklung durch das System bot sich für folgende Bereiche an:

• Ermittlung des Beschaffungsbedarfs,
• z. T. Beschaffungsmarktforschung,
• Angebote entgegennehmen,
• Rahmenverträge abschließen,
• Bestellung.

Um die Entwicklungskosten des Systems und den laufenden Verwaltungsaufwand möglichst gering zu halten, verblieben die Bereiche Warenannahme, Reklamations- und Zahlungsabwicklung bei den Einzelunternehmen.

Für den erfolgreichen Einsatz einer elektronischen Einkaufsgemeinschaft müssen jedoch einige Grundvoraussetzungen erfüllt sein. Zunächst muß auf der Seite der Nachfrager Transparenz über den Bedarf der Einzelunternehmen gegeben sein. Den Einkaufsverantwortlichen der Unternehmen sollte also ein elektronisches Hilfsmittel zur Verfügung stehen, das ihnen einen Überblick über den Bedarf der übrigen Unternehmen gibt und gleichzeitig die Kommunikation mit anderen Einkaufsverantwortlichen ermöglicht. Hierzu bietet sich die Nutzung eines Intranets an.

Um aber finanziellen Nutzen aus einer Einkaufsgemeinschaft ziehen zu können, bedarf es Anbieter, die einem virtuellen Unternehmen ähnliche Preisvorteile einräumen wie einem realen Großunternehmen.

Die Umsetzung einer Einkaufsgemeinschaft im TPH erforderte also vor allem zwei Dinge:

- die Schaffung eines elektronischen Tools, welches den Informationsaustausch zwischen den Unternehmen der Einkaufsgemeinschaft einerseits und zwischen der Einkaufsgemeinschaft und den Anbietern andererseits gewährleistet;
- die Ausarbeitung attraktiver Rabattstrategien, die den Bedarf der Einzelunternehmen so bündeln, daß maximale Einsparungen erreicht werden können.

Um den speziellen Anforderungen der Einkaufsgemeinschaft gerecht zu werden und gleichzeitig die Kosten für ein passendes E-Commerce-System möglichst niedrig zu halten, wurde kein bestehendes Produkt eingesetzt sondern ein aus mehreren Komponenten bestehendes System entwickelt. Während das Grundmodul die typischen Funktionalitäten eines herkömmlichen E-Commerce-Systems bietet, können in den Strategiemodulen flexible Einkaufsbzw. Verkaufsstrategien sowohl von der Seite des Nachfragers als auch von der Seite des Anbieters betrieben werden. Dem Vorbild eines Markplatzes folgend, können beide Seiten hier miteinander in Kontakt treten und sich innovativer Strategien zur Preisbildung bedienen.

Grundsystem

Das nachfrageorientierte E-Commerce-System basiert auf Internet-Technologien. Es besteht aus einer Anzahl von HTML-(Hyper Text Markup Language-)Seiten (Websites), auf denen ein Anbieter seine Produkte dem Kunden präsentiert. Die notwendigen Daten werden aus einer Datenbank mittels Active Server Pages (ASP) herausgelesen und dem Besucher des Systems in funktioneller und optisch ansprechender Weise präsentiert.

Die Websites, aus denen das NECS besteht, mußten individuell gestaltbar sein. Dies sollte sowohl für die einzelnen Anbieter gelten, die jeweils ihr unternehmensspezifisches Design in ihre Webseiten integrieren können sollten, als auch für die verschiedenen Bereiche innerhalb der Website eines Anbieters.

So war daran zu denken, daß eine Website mehrere Bereiche mit verschiedenen Funktionen beinhalten mußte. Folgende Bereiche sollten in einer Website enthalten sein:

- Eingangsseite (Abb. 6.1.15),

- Seite mit Selbstdarstellung des Anbieters, z. B mit Links zur eigenen Homepage und mit grundsätzlichen Erläuterungen zum Unternehmen,
- Seiten mit Produktdaten,
- Seiten mit den allgemeinen Geschäftsbedingungen (AGB),
- Seiten mit Sonderangeboten, Events etc., die zu bestimmten Zeiten automatisch aktualisiert werden,
- Suchseite, dort macht der Kunde Angaben, mit denen er den Suchgegenstand eingrenzt, beispielsweise Reise: Datum, wie teuer, wohin?

Zunächst kann der Kunde sich anhand der Produkterklärungen über das Angebot informieren und ggf. weitere Informationen durch synchrone Kommunikation mit dem Anbieter einholen. Wenn er eine Produktauswahl vorgenommen hat, wird das entsprechende Produkt in seinen persönlichen Warenkorb gelegt. Danach muß er genaue Angaben zu dem von ihm gewünschten Bestelltermin machen.

Wenn alle Angaben getätigt worden sind, wird seine Bestellung in den TPH-Warenkorb eingestellt. Wenn er einen Bestelltermin eingetragen hat, der später als das aktuelle Tagesdatum ist, so wird seine Bestellung bis dahin im System zwischengespeichert und dazu benutzt, durch Sammlung mehrerer TPH-Bestellungen eine größere Bestellsumme und ggf. einen höheren Rabatt zu erreichen.

Abb. 6.1.15 Leitseite des NECS

Je nach Strategie und Anbieter wird eine Bestellung per E-Mail oder Fax ausgelöst und der Bestellungsempfang ebenfalls per E-Mail oder Fax durch den Anbieter bestätigt. Bei Unstimmigkeiten bezüglich der Auftragsabwicklung oder der Produkte können Rückfragen durch synchrone Kommunikation gestellt werden.

Der Anbieter stellt dann die bestellten Waren zusammen und liefert sie entweder direkt an das nachfragende Unternehmen oder aber zentral an den TPH, von wo aus sie dann durch den Nachfrager, den Anbieter oder die TPH GmbH verteilt werden. Die Bezahlung erfolgt je nach Wunsch des Nachfragers oder des Anbieters und der Strategie entweder direkt durch den Nachfrager oder aber durch die TPH GmbH, die ihrerseits dann an den Nachfrager weiterberechnet.

Strategiemodul Einkaufsbörse

Darüber hinaus wurde ein Tool konzipiert, welches die Nachfrager auch dann unterstützt, wenn es bei einem bestimmten Bedarf entweder noch keinen geeigneten Anbieter im NECS gibt oder der Bedarf noch zu wenig spezifiziert ist und eines allgemeinen Informationsaustauschs mit anderen Unternehmen bedarf. Zu diesem Zweck bot sich die Schaffung einer Einkaufsbörse an, die in ihren Funktionen einer Newsgroup ähnelt.

Für den TPH wurde ein Tool zur Unterstützung flexibler Einkaufskooperationen geschaffen, welches ähnlich dem NECS auf ASP-Seiten und einer Datenbank basiert. Hier können Unternehmen Anzeigen aufgeben, wenn Sie z. B. das Angebot eines externen, nicht festen Anbieters anderen Unternehmen bekannt machen wollen, um Interessenten für einen gemeinsamen Einkauf zu finden.

Das typische Verfahren beim Aufgeben und Auswerten einer Anzeige kann wie folgt aussehen:

Ein Anbieterunternehmen des TPH füllt ein Angebotsformular in der Einkaufsbörse aus und sendet dieses per Mausklick an die Datenbank. Zur Abbildung von Rabattmöglichkeiten kann die Anzeige bis zu vier Preis-/Mengenkombinationen enthalten. Jede Anzeige muß beim Verfassen mit einem Paßwort versehen werden (Abb. 6.1.16).

Die Darstellung aller im System vorhandenen Anzeigen erfolgt tabellarisch. Dabei können die Anzeigen nach Anzeigenname, Kategorie, Anzeigenart und Erstellungsdatum sortiert angezeigt werden. Auf Mausklick können alle Details einer Anzeige betrachtet werden. Über eine Suchseite können gezielt Angebote und Gesuche im System gefunden werden. Bei Interesse wird per Mausklick ein Formular geöffnet, in welches ein oder mehrere Preis-/Mengenkombinationen eingetragen werden können.

Unternehmen, die Anzeigen in das System eingegeben haben, können über eine Auswertungsseite prüfen, ob sich Interessenten gemeldet haben und, wenn ja, zu welchen Konditionen. Diese Seite ist durch ein Paßwort geschützt, so daß nur der jeweilige Inserent die Auswertung betrachten kann. Über die Einrichtung eines Agenten können sich Benutzer des Systems automatisch per

E-Mail benachrichtigen lassen, wenn eine für sie interessante, neue Anzeige im System eingetroffen ist.

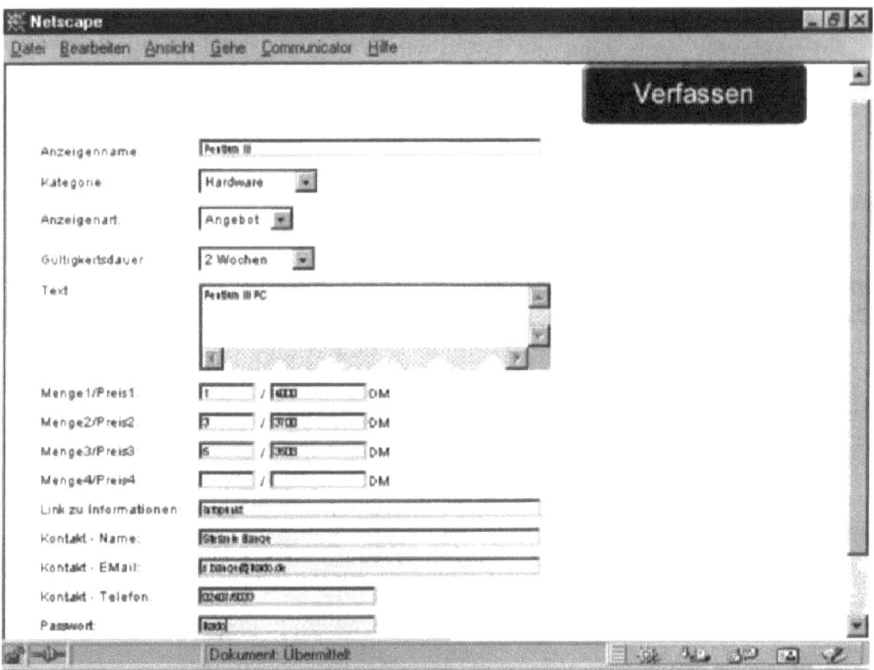

Abb. 6.1.16 Verfassen einer Anzeige in der Einkaufsbörse

Strategiemodul Rabattstaffel

Der Zusammenschluß mehrerer Einzelunternehmen zu einer Einkaufsgemeinschaft macht nur dann Sinn, wenn durch die größere zu erreichende Bestellmenge ein Rabatt zu erzielen ist. Die Art und Höhe des Rabatts ist mit dem Anbieter zu verhandeln. Der gemeinsame Auftritt als ein großes virtuelles Unternehmen sollte jedoch die Situation dahingehend beeinflussen, daß für die einzelnen Unternehmen ein finanzieller Nutzen aus ihrer Teilnahme an der Einkaufsgemeinschaft entsteht. Abb. 6.1.17 stellt den Unterschied zwischen einem handelsüblichen, anbieterorientierten E-Commerce-System und dem NECS dar, welches eine Bündelung der Nachfrage im TPH und dadurch ein für den Nachfrager günstigeres, gruppenbezogenes Preissystem ermöglicht.

Aufgrund der oben beschriebenen elektronischen Tools kann die Rabattgestaltung in zwei Bereiche unterteilt werden. Auf der einen Seite steht das NECS, das bereits ausgehandelte Rabatte ausgewählter Anbieter darstellt und bei der Bestellung berücksichtigt sowie den Gesamtumsatz des TPH und „Verbrauchshighlights" transparent macht und so wichtige Informationen für das Aushandeln von Rabatten liefert. Auf der anderen Seite steht die Einkaufsbörse, in der durch die Angabe mehrerer Preis-/Mengenkombinationen mengenabhängige Rabattstaffeln mit neuen Anbietern flexibel realisiert werden können.

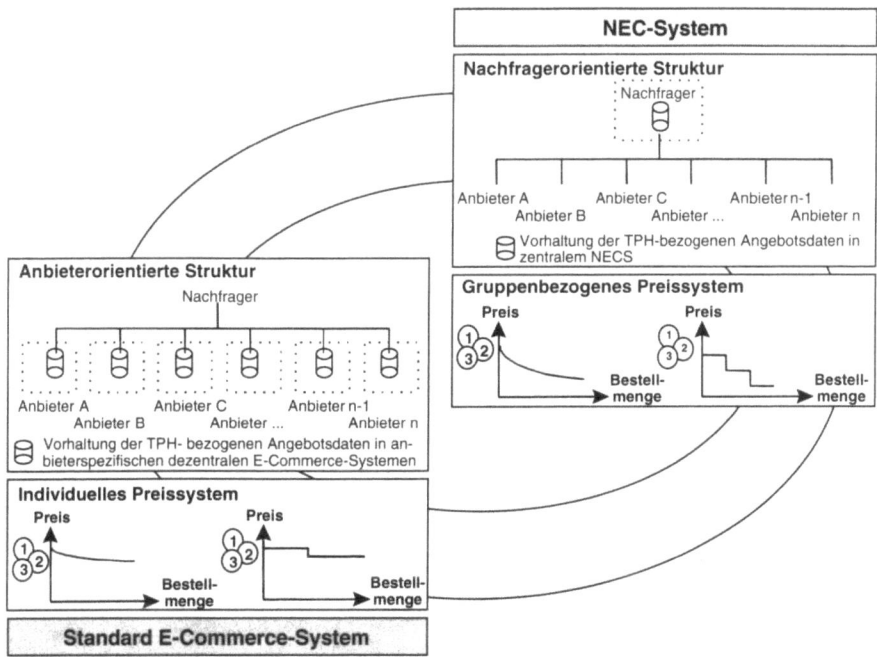

Abb. 6.1.17 Herkömmliches E-Commerce-System vs. NECS

Ein generell gewährter, fixer Rabatt für TPH-Unternehmen mit Einzelabrechnung benötigt keine Strategie und führt zur einzelnen Absendung der Bestellungen durch das NECS und deren Bezahlung durch den Nachfrager. Diese Art von Rabatt ist also ausgesprochen komfortabel für die Nachfrager, da sie auch bei voneinander unabhängigen Einzelbestellungen vom ausgehandelten Rabatt profitieren und daher sehr flexibel agieren können. Darüber hinaus können sie auch bei anderen Anbietern bestellen und deren Preisvorteile nutzen, ohne mittelfristig auf die fixen Rabatte des festen Anbieters verzichten zu müssen.

Für den Anbieter ist diese Art von Rabatt in mehrfacher Hinsicht ungünstig. Einmal entstehen ihm durch die Bearbeitung zahlreicher Einzelbestellungen höhere Kosten als dies bei Sammelbestellungen der Fall wäre. Außerdem besteht für die Unternehmen der Einkaufsgemeinschaft keine unmittelbare Notwendigkeit, ihre Bestellungen ausschließlich bei diesem festen Anbieter zu tätigen und somit dessen Gesamtumsatz zu steigern. Diese Nachteile für den Anbieter lassen darauf schließen, daß fixe Rabatte nicht den maximalen Preisnachlaß für die Unternehmen darstellen und von flexiblen Rabatten, die mehr Vorteile für die Anbieter beinhalten, übertroffen werden können.

Flexible Rabattstrategien erhöhen den Preisvorteil mit steigenden Umsatzzahlen. Dabei sind wiederum verschiedene Unterstrategien denkbar. Entweder wird der Rabatt auf den Umsatz der einzelnen Unternehmen oder aber auf den Gesamtumsatz der Einkaufsgemeinschaft gewährt, wobei nur die zweite Strategie dem Grundgedanken einer Einkaufsgemeinschaft entspricht.

Ideal ist also eine Rabattstrategie, die der Einkaufsgemeinschaft eine Preisstaffel zur Verfügung stellt, die allen Unternehmen einen generellen Preisvorteil gegenüber anderen Anbietern bietet, und durch mengenabhängige Staffelpreise den Unternehmen zusätzliche Preisvorteile einräumt, die besonders stark zum Gesamtumsatz beitragen. Das Niveau der Preisstaffel wird in Abhängigkeit vom Gesamtumsatz der Einkaufsgemeinschaft ausgehandelt und gegebenenfalls nachverhandelt.

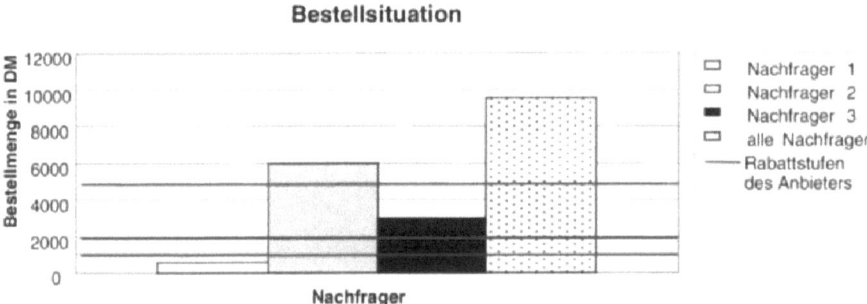

Abb. 6.1.18 Bestellsituation bei flexibler Rabattstrategie

Rechtliche Rahmenbedingungen

Zu den rechtlichen Fragen in bezug auf die Festlegung des Verhältnisses der Unternehmen des virtuellen Beschaffungsunternehmens untereinander kann auf die Vertragsgestaltung einer konventionellen Einkaufsgemeinschaft zurückgegriffen werden. Diese ist hinsichtlich der Nutzung der Internet-Dienste um einige Punkte erweitert worden.

Für die vertragliche Gestaltung der Einkaufsgemeinschaft sei nachfolgend ein Vertragsmuster aufgeführt. Innerhalb der Einkaufsgemeinschaft sind die Rechte und Pflichten der teilnehmenden Unternehmen festzulegen.

Kritische Punkte dabei sind Fragen der Geheimhaltung von Daten und der Abwehr von externen Störungsversuchen.

Einkaufskooperationsvertrag (Muster)

§ 1 Gegenstand des Vertrages
Zwischen den im Anhang 1 aufgeführten Firmen, nachfolgend Einkaufspartner genannt, wird ein Einkaufskooperationsvertrag mit folgenden Zielen und Aufgaben geschlossen:
- Allgemeiner Austausch von Einkaufsinformationen.
- Gemeinschaftlicher Einkauf: Schrauben, Stahlblechen und Bürobedarf.
- Gemeinsam die Einkaufsmärkte zu bearbeiten und zu erkunden.
- Durchsetzen von günstigeren Preisen, Konditionen und Serviceleistungen, im Vergleich zu eigenen Einkäufen der Unternehmen.
- Die Einkaufsabwicklung zu beschleunigen und zu reduzieren.

§ 2 Vertragsdauer und Vertragsende
Der Vertrag wird für ein Jahr abgeschlossen. Er beginnt am 01. Januar 1996 und endet am 31. Dezember 1996. Der Vertrag verlängert sich nicht automatisch. Jeder Einkaufspartner hat das Recht, mit einer Kündigungsfrist von 6 Wochen die Einkaufskooperation zu verlassen. Eingegangene Verpflichtungen, deren Erfüllung über das Vertragsende hinausgehen, sind weiterhin zu erfüllen.

§ 3 Ablauf der Zusammenarbeit
Die Einkaufspartner einigen sich auf die gemeinschaftlich einzukaufenden Produkte und Leistungen. Die Einkaufspartner nennen für die in Frage kommenden Produkte ihre bisherigen Lieferanten, Preise, Konditionen und Lieferbedingungen. Die Einkaufspartner legen fest, wer für welches Produkt die Federführung übernimmt. Dieser Einkaufspartner wird dann als Einkaufskoordinator bezeichnet. Die Arbeitslast ist auf alle Schultern gleichmäßig zu verteilen. Der gesamte Bedarf der Einkaufspartner für einen Artikel wird von dem festgelegten Einkaufskoordinator in eigenem Namen und auf eigene Rechnung eingekauft.
Die Einkaufspartner verpflichten sich gegenüber dem jeweiligen Einkaufskoordinator zur Abnahme und Zahlung der von ihnen georderten Mengen. Die Einkaufsnebenkosten werden vom Einkaufskoordinator im Verhältnis zur bestellten Menge an die Einkaufspartner weitergegeben. Die Einkaufspartner erhalten vom jeweiligen Einkaufskoordinator eine Kopie der Bestellung, der Rechnung und des Lieferscheins. Eventuelle Reklamationen und Terminanmahnungen übernimmt fristgerecht der Einkaufskoordinator. Ein Bezugszwang für die Einkaufspartner ist ausgeschlossen.

§ 4 Verhalten bei Störung durch Lieferanten
Werden einem Einkaufspartner von einem Lieferanten Sonderkonditionen angeboten, mit dem Ziel die Einkaufsgemeinschaft zu stören, ist der zuständige Einkaufskoordinator sofort und vollständig zu informieren. Unterläßt ein Einkaufspartner diese Informationsweitergabe, so kann er aus der Einkaufsgemeinschaft ausgeschlossen werden.

§ 5 Geheimhaltung
Die Einkaufspartner verpflichten sich, alle Informationen und Unterlagen im
Rahmen der Einkaufskooperation nur intern zu verwenden und keinem Dritten
mitzuteilen.

§ 6 Vertragsänderungen, Nebenabsprachen, Rechtsgrundlage
Wird der Vertrag geändert oder ergänzt, muß dies schriftlich erfolgen. Münd-
liche Nebenabsprachen der Einkaufspartner bestehen nicht.

Ort, Datum und Unterschrift der Einkaufspartner

Abb. 6.1.19 Vertragsmuster für eine Einkaufsgemeinschaft (Holtmann 1996)

Bei der Gestaltung der Beziehungen innerhalb des virtuellen Beschaffungsunternehmens sind Aspekte des Gesetzes gegen Wettbewerbsbeschränkungen
(GWB), häufig auch als Kartellgesetz bezeichnet, und das Gesetz gegen den
unlauteren Wettbewerb (UWG) zu beachten.
    Grundsätzlich sind Zusammenschlüsse von Betrieben, um gemeinsam ein-
zukaufen, durch § 5c GWB erlaubt. Sie müssen weder bei der Kartellbehörde
angemeldet noch müssen sie behördlich genehmigt werden. Lediglich die
folgenden drei Punkte müssen beachtet werden:
    Es darf kein Bezugszwang für die beteiligten Unternehmen bestehen. Die
Kooperationspartner müssen absolut frei in der Wahl ihrer Lieferanten bleiben.
    Der Wettbewerb darf auf dem jeweiligen Markt nicht stark beeinträchtigt
werden. Bei einem Zusammenschluß von kleinen und mittleren Unternehmen
spielt dieser Punkt praktisch keine Rolle, da die Kooperationen selten so groß
werden, daß sie 10 bis 15 % des gesamten Marktes kontrollieren.
    Die Wettbewerbsfähigkeit kleinerer und mittlerer Unternehmen wird ver-
bessert. Bei Einkaufsgemeinschaften ist dieser Punkt immer klar erfüllt. Durch
das Bündeln der Nachfrage werden günstigere Einkaufspreise und -bedingun-
gen erzielt sowie die Einkaufsabwicklung rationalisiert (Holtmann 1996).
    Für den konkreten Fall im Technologiepark Herzogenrath konnte diese Re-
gelung in ihrer Struktur übernommen werden. Dabei mußten allerdings Ergänzungen eingebracht werden:
    Die Haftungsfrage bei Störungen war eindeutig zu regeln. Insbesondere,
wenn hiermit infolge verspäteter Lieferungen Folgekosten wie Konventional-
strafen, Produktionsausfälle o. ä. verbunden sind.
    Die interne Abwicklung von Rahmenverträgen war zu regeln. Dabei han-
delt ein Unternehmen (der Einkaufskoordinator) des virtuellen Beschaffungsunternehmens die Konditionen für alle anderen aus. Der eigentliche Ab-
ruf der bestellten Waren findet dann aber selbständig durch jedes Unternehmen direkt beim externen Anbieter statt.
    Da die Abwicklung der Geschäfte über das Internet geschieht, war eine Re-
gelung zu berücksichtigen, die Risiken dieses Mediums reduzierte und fair auf

die beteiligten Partner verteilte. Insbesondere waren die Aspekte der Beweisbarkeit und des Zugangs von Bestellaufträgen zu berücksichtigen.

Die Qualität mit der das virtuelle Beschaffungsunternehmen arbeitet hängt in wesentlichen Punkten von dem Engagement der teilnehmenden Unternehmen und einem offenen und vertrauensvollen Klima ab. Deshalb waren Bedingungen für den Ausschluß von Unternehmen vorzusehen, die gegen diese Grundsätze verstoßen.

Die finanziellen Aufwendungen, die bei der Koordinierung der Einkaufsgemeinschaft und der Nutzung der technischen Infrastruktur entstanden, waren in einer Gebührenordnung festzulegen.

Mit der verbreiteten Nutzung des Internets sind zahlreiche Unsicherheiten bezüglich der Sicherheit der Übertragung entstanden. Die damit verbundene Unsicherheit über die Rahmenbedingungen für den elektronischen Handel im Internet (Electronic Commerce) haben zur Gründung eines „Competence Network Electronic Commerce" (cnec.org) geführt. Das offene Netzwerk, das auf Initiative der Deutschen Bank und des Instituts für Wirtschaftsinformatik der Universität Frankfurt entstanden ist, soll als Anlaufstelle für technische, wirtschaftliche und rechtliche Fragen zum elektronischen Handel fungieren (FAZ, Nr.262, 1997).

Wesentlichste Frage ist, wann ein Kaufvertrag über das Internet zustande kommt. Für das Zustandekommen eines Kaufvertrages bedarf es zweier korrespondierender Willenserklärungen, d. h. Angebot und Annahme. Für den Fall des Internets stellt nach der von Reiners vertretenen Meinung die Homepage und das Warenangebot auf ihr lediglich eine „Invitatio ad offerendum", eine Aufforderung zur Abgabe eines Angebots dar. Bei der Auswahl des Produkts durch den Kunden kommt ein Angebot an den Verkäufer zustande, das mit der Annahme und Bearbeitung der Bestellung durch diesen angenommen wird und somit einen rechtsverbindlichen Vertrag begründet. Bei der Abgabe des Angebots durch den Kunden mittels eines Mausklicks stellt sich die Frage, ob es sich dabei um eine bewußte und zielgerichtete Willenserklärung handelt. Da Kaufverträge grundsätzlich Formfreiheit genießen und nur in besonderen Fällen Schriftform oder notarielle Form vorgeschrieben sind, können Kaufverträge somit wirksam via Internet abgeschlossen werden (Reiners 1998).

6.1.3.4
Evaluation

Am Ende des Forschungsprojektes wurden 15 der teilnehmenden Unternehmen zu ihren Erfahrungen mit dem virtuellen Technologiepark befragt. Die Befragung fand in 30- bis 60-minütigen strukturierten Interviews statt, währenddessen auch direkt auf das Intranet zugegriffen werden konnte.

Zum einen sollten die Unternehmen beurteilen, wie hoch sie die Qualität der umgesetzten Dienstleistungen einschätzten, zum anderen sollten sie das Gesamtsystem in Hinblick auf eine Kooperationsunterstützung beurteilen.

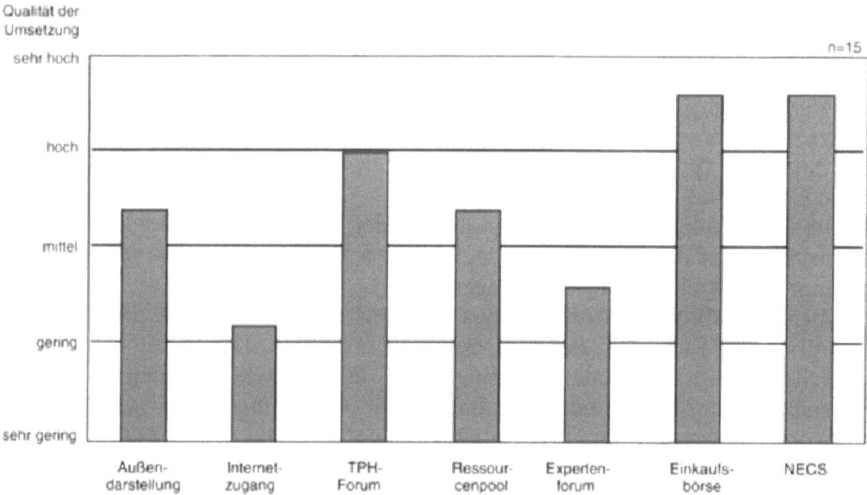

Abb. 6.1.20 Beurteilung der umgesetzten Dienstleistungen

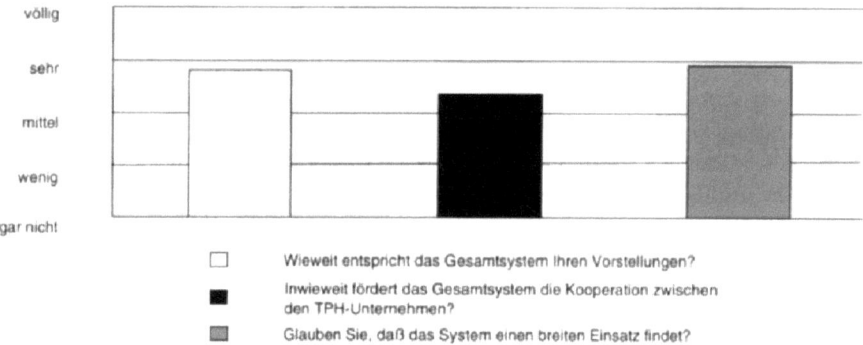

Abb. 6.1.21 Beurteilung des Gesamtsystems

Die Auswertung der Fragebögen ergab, daß die Unternehmen die Umsetzung der meisten Dienstleistungen als überdurchschnittlich hoch ansahen. Lediglich das Expertenforum und der Internet-Zugang wurden in der Qualität als gering bis mittel eingestuft. Besonders gut schnitten hingegen das TPH-Forum mit seinen Newsgroups sowie die Einkaufsgemeinschaft mit den Komponenten NECS und Einkaufsbörse ab(Abb. 6.1.20).

Die Ergebnisse der Fragebögen in Hinblick auf das Gesamtsystem ergaben eine große Zufriedenheit der Unternehmen mit der Umsetzung, welches in hohem Maße ihren Vorstellungen entspricht (Abb. 6.1.21). Dies spiegeln auch die steigenden Besucherzahlen des TPH-Internets und Intranets wider (Abb. 6.1.22).

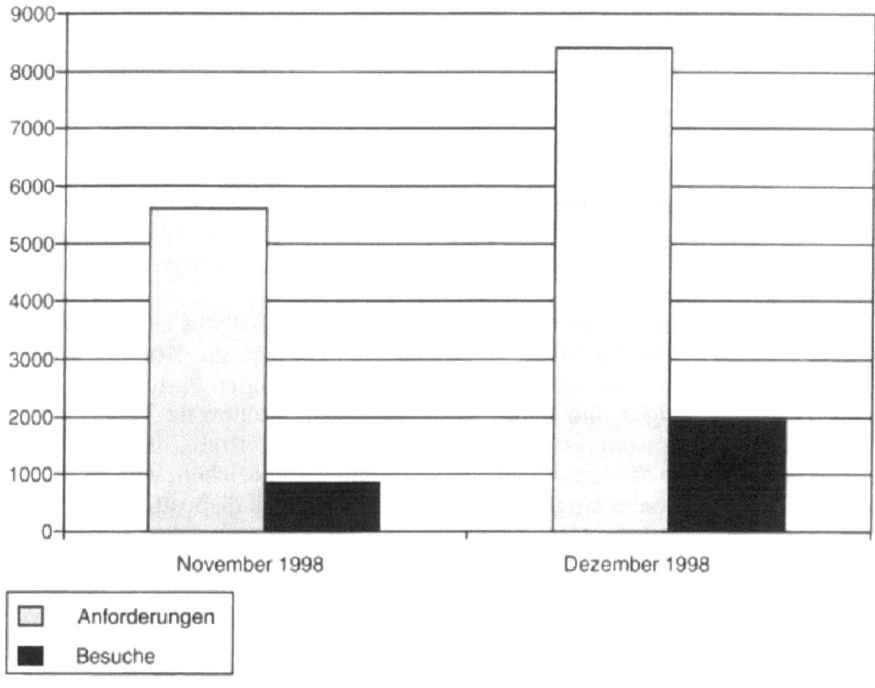

Abb. 6.1.22 Website-Besuche von www.tph.de

6.2
Fallstudie 2: Einführung eines Groupware-Konzepts im Tiefbau zur Förderung der Kooperation und Kommunikation im Bau am Beispiel der Huthmann GmbH

6.2.1
Problemstellung

Der Einsatz von Groupware-Technologien kann dazu beitragen, die Kommunikation und Kooperation, insbesondere bei mobilen, teambasierten Prozessen, deutlich zu verbessern. Vor dem Hintergrund eines sich verschärfenden internationalen Wettbewerbs in der Bauindustrie müssen gerade in dieser Branche sämtliche Verbesserungspotentiale genutzt werden, um den Standort Deutschland wettbewerbsfähig zu halten und damit Arbeitsplätze zu sichern. Deutlich wird dies durch die Entwicklung der Zahl der Mitarbeiter im Bauhauptgewerbe, welche nach Angaben des statistischen Landesamtes Baden-Württemberg im Jahr 1998 den niedrigsten Stand seit Mitte der fünfziger Jahre erreicht hat.

Obwohl gerade die Bauindustrie aufgrund der unstrukturierten und überwiegend asynchronen Kommunikation, der hohen Mobilitätsanforderungen und der zahlreichen Kooperationsbeziehungen besonders geeignet für den Einsatz von Groupware erscheint, ist die DV-Infrastruktur dort wenig verbreitet. Ursache könnte die mangelnde Erfahrung der Mitarbeiter im Umgang mit der DV-Technik und der hohe Wettbewerbsdruck sein, da insbesondere kleine und mittelständische Unternehmen, wie sie z. B. im Tiefbau überwiegend anzutreffen sind, den Einsatz individuell programmierter Insellösungen oder für ihre Anforderungen überdimensionierte Komplett-Software-Lösungen aus Kostengründen scheuen.

Ziel des nachfolgend beschriebenen Anwendungsvorhabens ist es, in einem partizipativen Ansatz mit Mitarbeitern auf allen Ebenen, die Kommunikation und Kooperation aller an einem Tiefbau-Projekt beteiligten Partner durch den Einsatz marktgängiger und damit kostengünstiger Groupware-Technologien signifikant zu verbessern. Dabei wird insbesondere angestrebt, die Mitarbeiter auf der Baustelle in das Groupware-Konzept miteinzubeziehen, was die Tätigkeiten auf der Baustelle attraktiver macht, da z. B. auch dispositive und koordinierende Arbeitsinhalte wahrgenommen werden können.

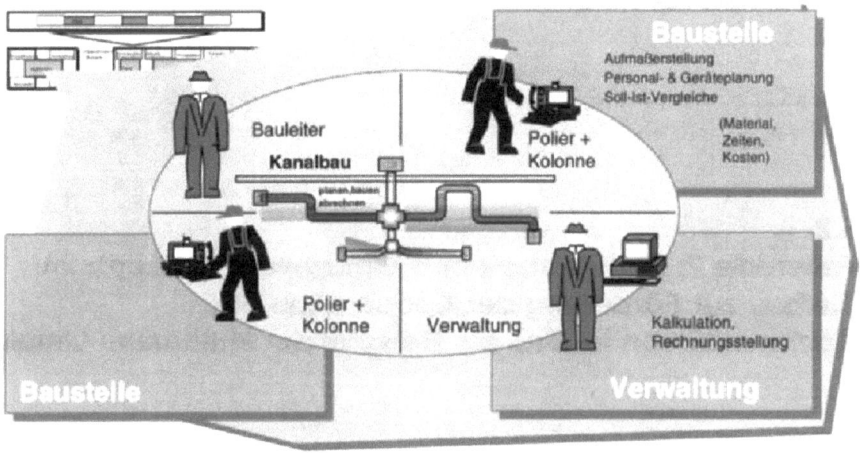

Abb. 6.2.1 Kooperationspartner im Tiefbau

Bei dem hier beschriebenen Anwendungsvorhaben handelt es sich um die Firma „Huthmann Bauunternehmung GmbH", welche mit etwa 100 Mitarbeitern und ca. 9 Mio. Euro Umsatz vor allem im Bereich des Kanalbaus, der Kanalsanierung und des Baus von Abwasserleitungen tätig ist. Durch die räumliche Trennung von Baustellen und Verwaltung müssen die Mitarbeiter auf der Baustelle die Kanalbaumaßnahmen in hoher Eigenverantwortung planen, steuern und durchführen. Häufig sind jedoch benötigte Informationen auf der Baustelle nicht vorhanden, weshalb es zu Rückfragen, Informationsverlusten und damit zu Verzögerungen kommt. Durch eine DV-technische Anbindung mittels geeigneter Groupware-Lösungen soll eine schnelle und effiziente Kommunikation und Kooperation zwischen Verwaltung, Baustellen und Bauleiter erreicht werden. Von hoher Mobilität ist besonders die Tätigkeit des Bauleiters gekennzeichnet, da dieser mehrere Baustellen betreuen muß (Abb. 6.2.1).

6.2.2
Vorgehensweise zur Lösung

6.2.2.1
Projektorganisation

Ziel der Projektorganisation war es, möglichst alle an einem Tiefbauprojekt beteiligten Mitarbeiter und ausgewählte Kooperationspartner in das Projekt einzubinden. Dazu wurde ein interdisziplinäres Projektteam eingerichtet, in dem Poliere, Bauleiter, Mitarbeiter aus der Verwaltung, Führungskräfte und bei Bedarf Vertreter eines kooperierenden Ingenieurbüros sowie eines Branchen-Software-Herstellers vertreten waren. Durch die umfassende Einbindung der Mitarbeiter auf allen Ebenen wurde die konstruktive Mitarbeit gefördert und der Informationsfluß – sowohl in bezug auf Ergebnisse als auch auf Rückmeldungen zugleich – auf informellem Wege gesichert. Zusätzlich konnte dadurch das Wissen und das Erfahrungspotential der Mitarbeiter genutzt und gleichzeitig das Verständnis und der Konsens hinsichtlich der neu zu erarbeitenden Lösungen zwischen allen Beteiligten gefördert werden. Die Einbindung externer Kooperationspartner ermöglichte es, zusätzliches Erfahrungs- und Spezialwissen in die Projektarbeit einfließen zu lassen.

6.2.2.2
Analysephase mit Kommunikations- und Kooperationsanalyse

Um die Einsatzmöglichkeiten von Groupware-Diensten identifizieren zu können, wurden zunächst mittels einer partizipativen Analyse (vgl. Abschn. 4.2.1) in Workshops die Kommunikations-, Kooperations- und Prozeßabläufe untersucht. Dabei wurde die im Rahmen des Leitprojekts SPICE entwickelte K³-Modellierungssprache eingesetzt, welche durch die einfache Handhabung wesentlich dazu beitrug, daß alle Beteiligten in kurzer Zeit eingearbeitet waren und aktiv – zunächst am Analyseprozeß, dann auch an der anschließenden Gestaltungsphase – mitwirken konnten.

Um einen Überblick über die vielfältigen Kommunikations- und Kooperationsbeziehungen zu erhalten, wurde im Rahmen dieser Analyse ein Kommunikationsmodell erstellt, das die umfangreichen Beziehungen zwischen firmeninternen und externen Organisationseinheiten während eines Tiefbau-Projekts veranschaulicht (Abb. 6.2.2).

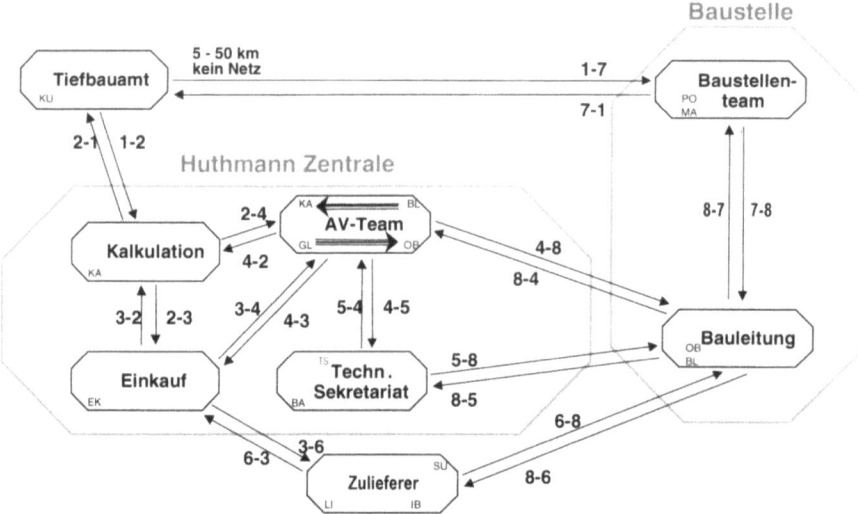

Abb. 6.2.2 Kommunikationsmodell

In der weiteren Analyse wurde untersucht, welche Informationen zwischen den Aufgabenbereichen ausgetauscht und welche davon in elektronischer Form in ein Groupware-Konzept eingebunden werden können. Dazu wurde gemeinsam mit den Mitarbeitern ein statisches Prozeßmodell erstellt, das einen Überblick über die Informationen liefert (Abb. 6.2.3).

Als Ergebnis konnte festgehalten werden, daß eine große Zahl papierbasierter Informationen aus technischer Sicht in elektronischer Form ausgetauscht werden können.

Abbildung 6.2.3 macht deutlich, daß eine Vielzahl von Informationen in unstrukturierter Weise bei den unterschiedlichen Tätigkeiten ausgetauscht werden. Als Beispiele hierfür sollen genannt werden:

- Materialbestellung von Baustelle an Einkauf,
- Materialabruf von Baustelle zu Lieferant,
- Rückfrage von Polier an Bauleiter (z. B. Aufmaß),
- Rückfrage von Polier an Einkauf über Bauleiter (z. B. verbaute Materialien),
- Kalkulator an Bauleiter (z. B. bei Kalkulation),
- Tagesberichte von Baustelle zu Bauleitung und
- Nachträge über Bauleitung zu Rechnungsstellung.

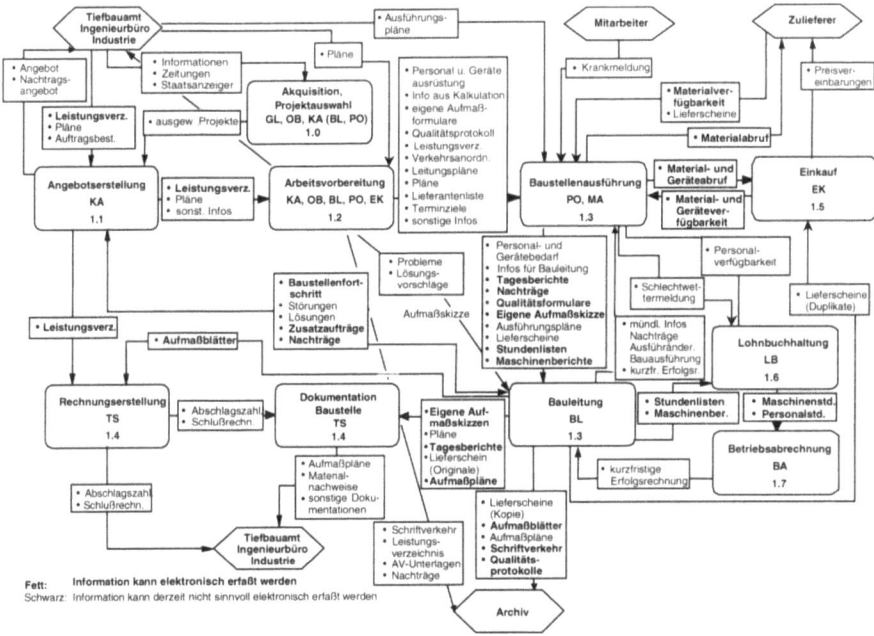

Abb. 6.2.3 Statisches Prozeßmodell

Abschließend erfolgte in ausgewählten Bereichen unter Berücksichtigung der Mobilitätsanforderungen und der räumlichen Trennung zwischen den Organisationseinheiten eine dynamische Prozeßanalyse. Dadurch konnten zum einen diejenigen Informationen identifiziert werden, welche sowohl aus technischer als auch aus Anwendersicht in das Groupware-Konzept eingebunden werden sollten. Darüber hinaus wurden durch die funktionsübergreifende Betrachtung Schwachstellen aufgedeckt und die Mitglieder der Projektgruppe für eine ganzheitliche Sichtweise sensibilisiert.

Abbildung 6.2.4 zeigt den Prozeßablauf bei der Aufmaßerstellung und verdeutlicht den durch die papierbasierte Erfassung der Daten erhöhten Arbeitsaufwand. Das Beispiel zeigt, daß bedingt durch Medienbrüche und Defizite in der Kommunikationsstruktur eine mehrfache Nacherfassung derselben Daten erfolgt, was die Anzahl der beteiligten Personen am Prozeß und damit die Komplexität sowie die Anforderungen an die Kommunikation erhöht.

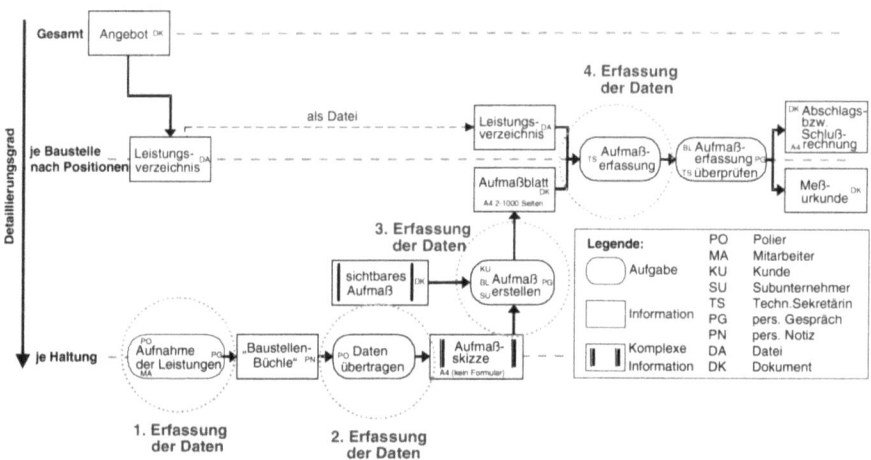

Abb. 6.2.4 Aufmaßerstellung (Prozeßsicht)

Alle Darstellungen verdeutlichen, daß die K³-Modellierung ein umfassendes methodisches Repertoire zur Verfügung stellt, um – je nach Problemstellung – durch die Wahl einer geeigneten Modellierungssicht einen Sachverhalt oder eine komplexe Problemstellung zu visualisieren. Dadurch wurde bereits in der Analysephase entscheidend dazu beigetragen, daß sich zwischen den Projektteammitgliedern, welche unterschiedlichen Funktionsbereichen und Hierarchieebenen angehörten, ein Konsens über die konkrete Problemstellung bildete. Dieses funktionsübergreifende Verständnis war eine wichtige Grundlage für eine umfassende Optimierung des Gesamtprozesses. Zugleich trug diese ganzheitliche Perspektive auch entscheidend zur Lösungsfindung bei, da die Projektteammitglieder bereits während der Analysephase wertvolle Ideen zur Verbesserung einbrachten. Diese Einzelideen bildeten in ihrer Gesamtheit die Grundlage für die der Analysephase folgende Gestaltungsphase mit der Entwicklung des unternehmensspezifischen Lösungskonzeptes.

6.2.2.3
Entwicklung eines Groupware-Konzepts

Bei der Entwicklung des Groupware-Konzepts stand die Frage im Mittelpunkt, welche Groupware-Dienste in einem von hoher Mobilität und räumlicher Trennung geprägten Arbeitsumfeld den Kommunikations- und Kooperationsprozeß am wirkungsvollsten unterstützen können. Dazu wurden Arbeitsgruppen gebildet, welche die organisatorischen Voraussetzungen erarbeiteten, die für die Einführung der Groupware-Technologie notwendig waren. Ziel war es, mit Hilfe von Groupware-Diensten die Kommunikationsdefizite, die durch Mobilität und räumliche Trennung hervorgerufen werden, zu minimieren.

Als besonders geeignet wurden dabei die Groupware-Dienste „Messaging", „Shared Workspace" und „Newsgroups" identifiziert.

„Messaging" unterstützt insbesondere asynchrone Kommunikationsabläufe bei räumlicher Trennung. So kann z. B. der Bauleiter seine Tagesberichte bequem per E-Mail an die Zentrale versenden, bzw. Anweisungen und in begrenztem Umfang auch Zeichnungen an die Baustelle senden.

„Shared Workspace" trägt dazu bei, Informationen allen Mitarbeitern zentral zur Verfügung zu stellen und damit eine gemeinsame Informations- und Arbeitsplattform zu schaffen. So können sämtliche baustellenspezifischen Informationen zentral gespeichert werden, obwohl auch von den mobilen Einsatzorten aus Daten neu erstellt oder geändert werden können. Zugleich wird auf diese Weise eine ständige Verfügbarkeit der notwendigen Informationen sichergestellt.

„Newsgroups" können durch die themenzentrierte Ablage von Informationen und den allgemeinen Zugriff darauf die informelle Kommunikation im Unternehmen verbessern helfen und dazu beitragen, Mitarbeiterwissen auszutauschen und zu verbreiten.

Um die Anbindung von mobilen oder von der Zentrale räumlich getrennt agierenden Mitarbeitern, wie z. B. den Bauleitern, den Baustellenkolonnen und externen Kooperationspartnern, an das Groupware-Konzept zu ermöglichen, müssen diese über PC und Telefon bzw. Laptop und GSM-Mobiltelefone angebunden werden (Abb. 6.2.5).

Für die Auswahl der technischen Plattform wurde eine Studie zwischen marktgängigen Groupware-Lösungen durchgeführt, wobei sich „MS Exchange" als besonders geeignet für die konkrete Problemstellung und die Anbindung an die bestehende Hard- und Software herausstellte.

In dieser Phase wurde jedoch auch deutlich, daß die gegenwärtig vorhandene Branchen-Software direkt keine Anbindung an ein Groupware-System unterstützt und sich als proprietäres System darstellt. So ist der Zugriff auf einzelne Datensätze der Datenbank, z. B. auf Bauabschnitte, nicht oder nur schwer möglich. Um die vorhandene Branchen-Software und das Groupware-Konzept miteinander kombinieren zu können, wurden die folgenden Punkte als relevant ermittelt:

1. offene Standards, d. h. direkter Datenzugriff ohne Konvertierung,
2. einfache Aggregation und Dekomposition der Daten muß möglich sein,
3. benutzerfreundliche Datenstruktur z. B. Ordnerstruktur für eine Baustelle,
4. Datenzugriff auf alle Datenebenen und
5. Zugriffs- und Änderungsmanagement (Zugriffsberechtigungen, Nachvollziehbarkeit von Änderungen auf Dateiebene).

Nach Aussagen von Branchen-Software-Herstellern sind viele dieser Ziele bereits in den kommenden Entwicklungen berücksichtigt und sollen in neuen Software-Versionen realisiert werden.

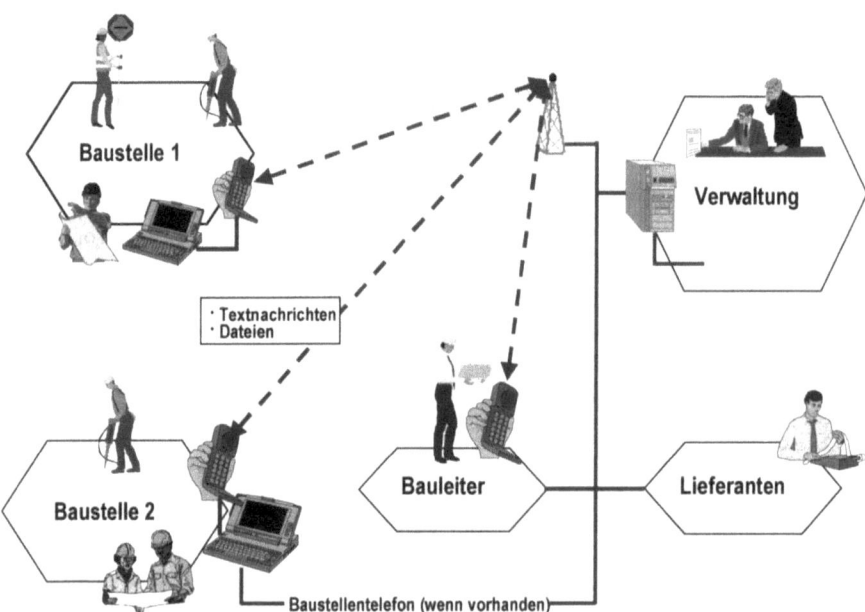

Abb. 6.2.5 Einbindung der Kooperationspartner in das Groupware-Konzept

6.2.2.4
Einführung des Groupware-Konzepts

In dem hier vorgestellten Anwendungsvorhaben waren bei den Führungskräften und Mitarbeitern – von einzelnen Ausnahmen abgesehen – nur geringe Kenntnisse in der Anwendung von Groupware-Produkten vorhanden. Zugleich wurde anfänglich neuen technologischen Lösungen eine gewisse Skepsis in bezug auf die entstehenden Nutzenpotentiale entgegengebracht. Für die Erschließung dieser Nutzenpotentiale und der Schaffung von Akzeptanz ist es entscheidend, daß die von der Groupware-Lösung unterstützten Standardfunktionalitäten konkret den betriebsspezifischen Einsatzfeldern zugeordnet

werden. Hierzu leisten die Ergebnisse der Analysephase einen wichtigen Beitrag, indem nun konkret aufgezeigt werden kann, wie z. B. der Informations-
und Kommunikationsfluß verändert wird und welche Verbesserungen sich
daraus ergeben.
Bei der Einführung der einzelnen Groupware-Funktionalitäten wurde differenziert vorgegangen, da auf unterschiedlichen Voraussetzungen aufgebaut wurde:

Messaging

Da die Bedienung eines E-Mail-Systems verhältnismäßig unkompliziert ist,
erfolgte die Einführung über zwei Pilotanwender nach dem „Train the Trai-
ner"-Modell. Diese wurden in mehreren Workshops im Umgang mit der E-
Mail-Software weitergebildet und werden die Schulung der weiteren Mitarbeiter übernehmen. Anschließend stehen diese Mitarbeiter dauerhaft als Ansprechpartner zur Verfügung.

Shared Workspace

Die Entwicklung und Nutzung eines „Shared Workspace" kann nur in enger
Zusammenarbeit mit den Anwendern erfolgen. In dem hier beschriebenen
Anwendungsvorhaben wurde eine Adreßdatenbank und die elektronische
Umsetzung des Baustellenordners eingeführt. Der Baustellenordner enthält
alle für die Baustelle relevanten Informationen und Dokumente in Form von
elektronischen Formularen, die von räumlich verteilt zusammenarbeitenden
Mitarbeitern benötigt werden. Abbildung 6.2.6 gibt die gewählte Ordner-
struktur innerhalb des Baustellenordners wieder.

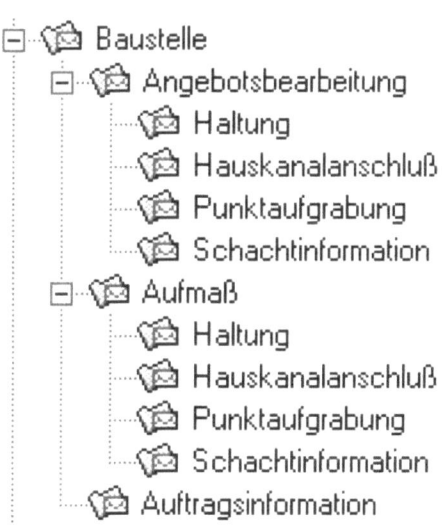

Abb. 6.2.6 Elektronische Ordnerstruktur

Um die Akzeptanz bei der Einführung der elektronischen Formulare bei den Mitarbeitern ohne DV-Erfahrung zu erhöhen, wurde ein zweistufiger Einführungsprozeß gewählt. In der ersten Phase wurden die für einen Groupware-Einsatz geeigneten Dokumente nach Nutzenpotential für eine gemeinsame Anwendung bewertet und ausgewählt. Für diese Dokumente wurde mit allen Nutzern ein standardisiertes Dokument erarbeitet und zunächst im Sinne eines „Rapid Prototyping" in Papierform in der Praxis erprobt. Dadurch konnten die Mitarbeiter an die spätere Groupware-Anwendung herangeführt werden, da sich das papierbasierte Dokument nur unwesentlich von der späteren elektronischen Ausführung unterschied. Nach erfolgreicher Einführung der standardisierten Papierdokumente erfolgte in der anschließenden zweiten Phase die elektronische Umsetzung im Groupware-Konzept.

Am Beispiel der Aufmaßerfassung soll im folgenden diese Vorgehensweise verdeutlicht werden.

Abbildung 6.2.7 zeigt den Zustand vor Projektbeginn, wo eine unstrukturierte Erfassung der Leistungen in Form eines handgeschriebenen Aufmaßes erfolgte. Die standardisierte Darstellung gibt Abb. 6.2.8 wieder. Es wird deutlich, daß die elektronische Umsetzung (Abb. 6.2.9) eine hohe Ähnlichkeit mit der papierbasierten Version aufweist. Für die Anwender ergibt sich der Vorteil, daß sie sich mit den neuen Prozessen und Dokumenten vertraut machen können, ohne zugleich die neue DV-Umgebung beherrschen zu müssen.

Darüber hinaus wird deutlich, wie das Formularblatt mit weiteren Standard-Software-Komponenten wie z. B. MS-Excel gekoppelt werden kann. In dem hier dargestellten Anwendungsfall können in der dazugehörigen Excel-Datei zusätzliche Informationen über die Haltung gespeichert werden.

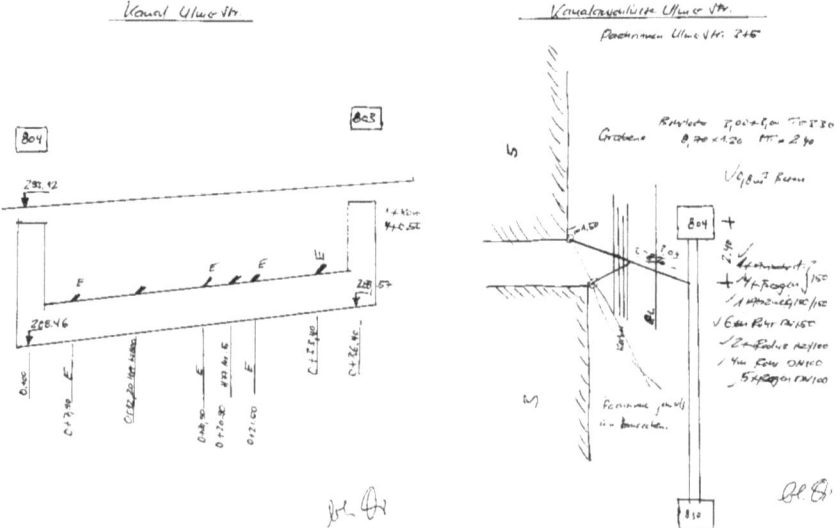

Abb. 6.2.7 Unstandardisiertes Aufmaßblatt

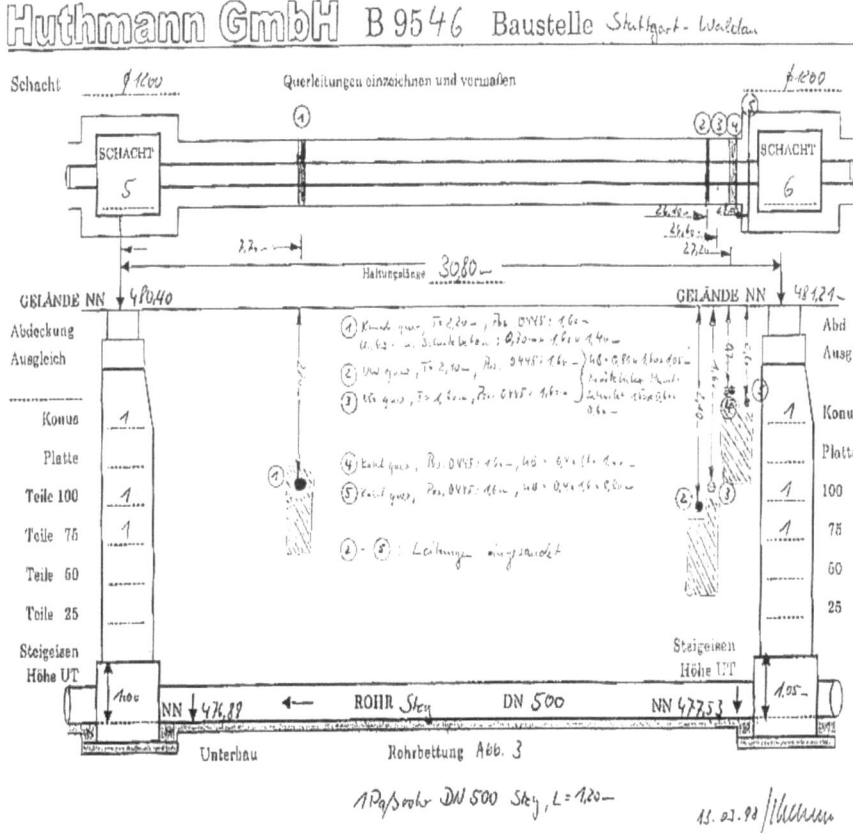

Abb. 6.2.8 Standardisiertes Aufmaßblatt

Newsgroups

Die Einführung des Groupware-Konzepts ermöglicht mit der Einrichtung von Newsgroups einen inhaltlich neuen Dienst, der vor der Einführung nicht möglich war. Mit allen Groupware-Anwendern wurden Themenschwerpunkte identifiziert, die eine unstrukturierte Ablage von baufachlichen Informationen und Fragestellungen ermöglichen. Dazu gehört z. B. ein Ordner „Baufahrzeuge und -geräte", in dem die Nutzer Informationen einstellen, Fragen stellen und Antworten erhalten können. Im Anschluß können die Nutzer selbst Themen aufgreifen und neue Newsgroups eröffnen, so daß sich ein hochdynamisches Informations- und Kommunikationsnetz entwickeln kann.

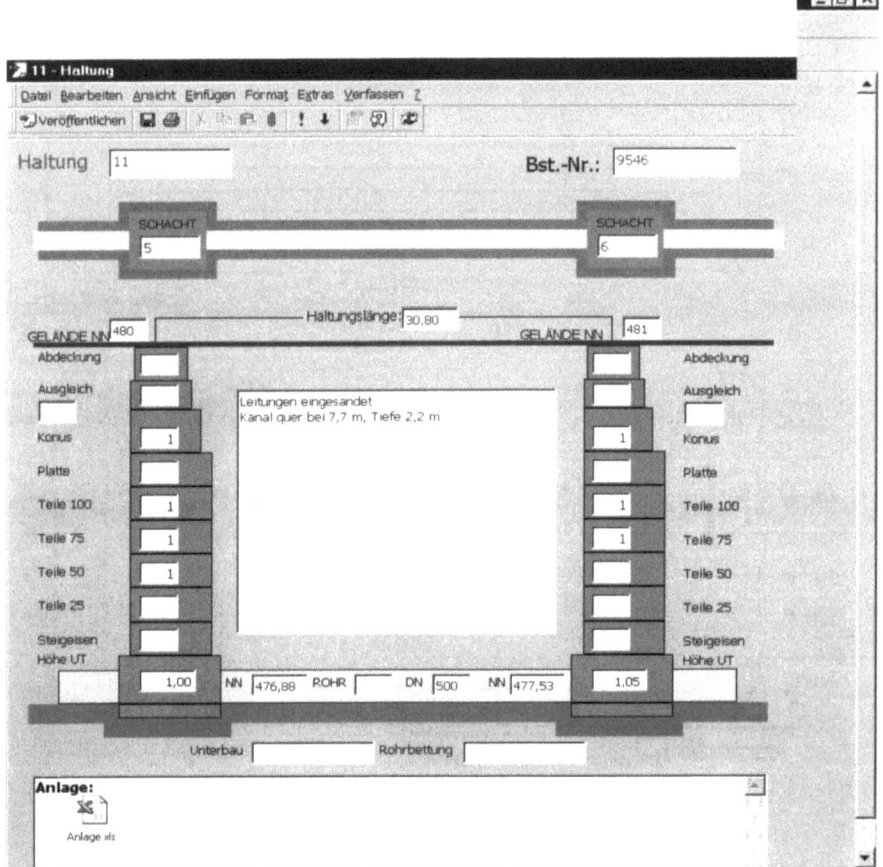

Abb. 6.2.9 Elektronisches Aufmaßblatt

6.2.3
Ergebnisse

6.2.3.1
Evaluation

Um eine Evaluation nach Einführung des Groupware-Konzepts vornehmen zu können, wurde für den Ist-Zustand vor der Einführung der DV-Unterstützung, für den gegenwärtigen Zustand nach der Einführung und für ein Zukunftsszenario eine Nutzenanalyse durchgeführt. Das Zukunftsszenario unterscheidet sich vom Ist-Zustand durch die folgenden Entwicklungen:

- Die DV-technische Vernetzung in der Bauindustrie schreitet fort, so daß immer mehr Auftragnehmer, Lieferanten, aber auch Städte und Kommunen in einen elektronischen Datenaustausch einbezogen werden können.
- Im Bereich der Branchen-Software werden offene Schnittstellen zu Groupware-Anwendungen unterstützt, die einen verbesserten Datenaustausch auch im Hinblick auf einen mobilen Einsatz ermöglichen.

Von diesen drei Zuständen ausgehend, wurde von den Mitarbeitern des Projektteams mit Hilfe der Arbeitssystemwertanalyse ein Nutzwert bestimmt. (Bullinger 1995). Die Arbeitssystemwertanalyse bietet sich zur Bewertung von Alternativen oder Zuständen an, deren Nutzengesichtspunkte nicht oder nur schwer monetär quantifizierbar sind. Die Arbeitssystemwertanalyse erfolgt in vier Schritten:

1. Schritt: Auswahl und Formulierung der Erfolgsfaktoren
2. Schritt: Ermittlung von Erfüllungsgraden pro Erfolgsfaktor und Zustand
3. Schritt: Gewichtung der Erfolgsfaktoren
4. Schritt: Arbeitssystemwertberechnung

Im ersten Schritt wurden von Mitarbeitern des Projektteams die für die Bewertung relevanten Faktoren bestimmt und spezifiziert. Wichtig dabei ist, daß alle maßgeblichen Erfolgsfaktoren erfaßt und diese möglichst unabhängig voneinander formuliert werden.

Im nächsten Schritt wurden die Erfüllungsgrade je Erfolgsfaktor und Zustand bestimmt. Der Erfüllungsgrad ist ein Zahlenwert, der die Erfüllung eines Bewertungskriterums durch einen Zustand angibt. Im vorliegenden Fall wurde eine Skala von null bis zehn verwendet, wobei der Erfüllungsgrad der Erfolgsfaktoren des Zustandes „vor Projektbeginn" jeweils mit fünf als Vergleichsmaßstab vorgegeben wurde. Die graphische Darstellung der Erfüllungsgrade im Profildiagramm zeigt deutlich die Stärken und Schwächen der einzelnen Zustände im Hinblick auf die einzelnen Erfolgsfaktoren.

Um der unterschiedlichen Bedeutung der einzelnen Erfolgsfaktoren Rechnung zu tragen, wurden diese durch paarweisen Vergleich gewichtet (Bullinger 1995.) Dabei wird jeder einzelne Erfolgsfaktor hinsichtlich seiner Wichtigkeit mit jedem anderen Erfolgsfaktor verglichen und das Ergebnis in eine Matrix eingetragen. Die besser bewertete Alternative erhält zwei Punkte, die schlechter bewertete keinen. Bei gleicher Wichtigkeit erhalten beide Faktoren jeweils einen Punkt. So ist z. B. der Erfolgsfaktor „Mitarbeiterzufriedenheit" wichtiger als der Erfolgsfaktor „interne Kommunikation", jedoch gleich wichtig wie der Erfolgsfaktor „externe Kommunikation". Die je Erfolgsfaktor vergebenen Punkte werden zeilenweise addiert und ergeben den Gewichtungsfaktor des jeweiligen Erfolgsfaktors. Anschließend werden diese Gewichtungsfaktoren auf die Basis 100 normiert, um eine prozentuale Gewichtung zu erhalten. In dem hier dargestellten Beispiel wurde der Erfolgsfaktor „Mitarbeiterzufriedenheit" am höchsten gewichtet, es folgen die Erfolgsfaktoren „Nutzung des Erfahrungswissens" und „externe Kommunikation" (Tabelle 6.2.1).

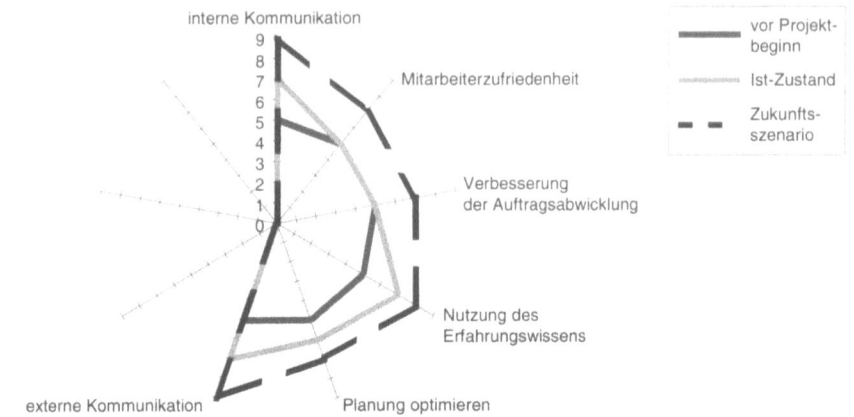

Abb. 6.2.10 Profildarstellung Erfüllungsgrad

Tabelle 6.2.1 Gewichtung durch paarweisen Vergleich

		Erfolgsfaktor 2. Kriterium							
	Erfolgsfaktor 1. Kriterium	EF 1	EF 2	EF 3	EF 4	EF 5	EF 6	aG	NG
EF 1	Interne Kommunikation		0	2	1	2	1	6	20,00
EF 2	Mitarbeiter-zufriedenheit	2		2	1	2	1	8	26,67
EF 3	Verbesserung der Auftragsabwicklung	0	0		0	1	0	1	3.33
EF 4	Nutzung des Erfahrungswissen	1	1	2		2	1	7	23,33
EF 5	Planung optimieren	0	0	1	0		0	1	3,33
EF 6	Externe Kommunikation	1	1	2	1	2		7	23,33
								30	100,00

**Legende: aG = absoluter Gewichtungsfaktor, nG = normierter Gewichtungsfaktor
Punkteverteilung: 2:0 = 1. Kriterium wichtiger als 2., 1:1 = 1. Kriterium gleich wichtig
wie 2., 0:2 = 1. Kriterium weniger wichtig als 2.**

Nach der Bestimmung der Erfüllungsgrade und der Gewichtung der Erfolgsfaktoren kann die Arbeitssystemwertberechnung durchgeführt werden. Zunächst wird für jeden Erfolgsfaktor ein Arbeitssystemteilwert durch Multipli-
kation des Erfüllungsgrades mit der jeweiligen Gewichtung berechnet. Danach
wird die Summe dieser Arbeitssystemteilwerte gebildet, die dann den Arbeitssystemwert für den jeweiligen Zustand ergibt. Der Zustand mit dem höchsten

Arbeitssystemwert ist dann der Zustand, welcher am besten geeignet ist, den Erfolgsfaktoren gerecht zu werden.

Tabelle 6.2.2 Arbeitssystemwertberechnung

E = Erfüllungsfaktor G = Gewichtungsfaktor		vor Projektbeginn			Ist-Zustand		Zukunfts-szenario	
		G	E	ExG	E	ExG	E	ExG
EF 1	Interne Kommunikation	20,00	5	100,00	7	140,00	9	180,00
EF 2	Mitarbeiter-zufriedenheit	26,67	5	133,33	5	133,33	7	186,67
EF 3	Verbesserung der Auftragsabwicklung	3,33	5	16,67	5	16,67	7	23,33
EF 4	Nutzung des Erfahrungswissen	23,33	5	116,67	7	163,33	8	186,67
EF 5	Planung optimieren	3,33	5	16,67	6	20,00	7	23,33
EF 6	Externe Kommunikation	23,33	5	116,67	7	163,33	9	210,00
Arbeitssystemwert				*Summe 500,00*		*Summe 636,67*		*Summe 810,00*

Im Ergebnis ist zu sehen, daß der gegenwärtige Zustand nach der Einführung des Groupware-Konzepts von den Mitarbeitern im Vergleich zum Ausgangszustand wesentlich besser beurteilt wurde. Als Gründe für das bessere Abschneiden des Ist-Zustandes wurden vor allem die durch die Einführung des Groupware-Konzepts verbesserten Möglichkeiten zur internen und externen Kommunikation sowie zur Nutzung des Erfahrungswissens genannt. Im Zukunftsszenario wird aufgrund der angenommenen weiteren Verbreitung elektronischer Kommunikationsformen und -medien der Nutzen des eingeführten Groupware-Konzepts nochmals höher bewertet.

6.2.3.2
Fazit

Das vorliegende Beispiel macht deutlich, daß sich auch im Mittelstand eine an den Anforderungen der Benutzer ausgerichtete DV-Unterstützung Kommunikations-, Kooperations- und Koordinationsprozesse erheblich verbessern kann. Eine solche Unterstützung kann in einer ersten Phase auch parallel zu Branchen-Software-Lösungen erfolgen. Mittel- und langfristig sollte jedoch unbedingt ein verbesserter Datenaustausch auf Grundlage standardisierter Schnittstellen angestrebt werden. Zugleich machen die Erfahrungen deutlich, daß eine marktgängige Standard-Software die Grundlage für die Erschließung von hohen Erfolgspotentialen bietet. Begleitet werden diese Effekte von einem, im Vergleich zu Branchen-Software, günstigen Nutzen/Kosten-Verhältnis. Dieses ermöglicht sowohl bei den Anschaffungs- als auch bei den Betriebskosten kleineren und mittleren Unternehmen einen preisgünstigen Einstieg in diese neue Technologie.

Neben diesen betriebswirtschaftlichen Aspekten konnten auch im arbeitswissenschaftlichen Bereich Verbesserungen erzielt werden, da Tätigkeiten auf der Baustelle durch koordinierende und dispositive Inhalte angereichert wurden. Damit wird die Arbeit auf der Baustelle „vor Ort" einfacher, interessanter und zugleich auch motivierender, wie auch die obige Arbeitssystemwertberechnung bestätigt. Zugleich zeigt die Erfahrung, daß neben einer asynchronen Kommunikation eine direkte Kommunikation nach wie vor sehr wichtig ist und einen wesentlichen Erfolgsfaktor für eine erfolgreiche Zusammenarbeit darstellt. Ein erfolgreicher Einsatz von Groupware-Werkzeugen baut damit stark auf eine effiziente Wechselwirkung zwischen asynchroner und synchroner Kommunikation, die neben der reinen Informationsvermittlung auch Beziehungsaspekte, Appellaspekte und Selbstoffenbarungsaspekte aufgreift (Schulz von Thun 1994).

Die positiven Erfahrungen bei der Einführung des gewählten Groupware-Konzeptes machen deutlich, daß neben den technischen Fragestellungen die organisatorische Einführung einen erfolgskritischen Faktor darstellt. Häufig müssen zuerst organisatorische Rahmenbedingungen im Hinblick auf optimierte Prozeßabläufe, Zuständig- und Verantwortlichkeiten geschaffen werden, wenn eine möglichst reibungslose Einführung erfolgen soll. Besonders bei mittelständischen Unternehmen spielt auch die Akzeptanzproblematik eine große Rolle. Der in diesem Vorhaben gewählte Ansatz der „partizipativen Analyse und Gestaltung in Workshops" zeichnet sich durch einen anwendergetriebenen Dialog in einer sehr frühen Phase des Projekts aus. Die technischen Möglichkeiten und die konkreten Anforderungen und Interessen der Nutzer können so bereits vor und während der Systemgestaltung in Einklang gebracht werden, wodurch sich auch die Akzeptanz während der Einführung wesentlich erhöht.

Insgesamt zeichnet sich in der Baubranche ein Trend hin zu einem verstärkten DV-Einsatz ab, der durch die neuen Möglichkeiten im Einsatz von Groupware begünstigt wird. Wie das hier vorgestellte Anwendungsvorhaben zeigt, können auch mobile Außenstellen – in diesem Fall die Baustelle und der Bauleiter – in ein unternehmensweites Groupware-Konzept sinnvoll eingebunden werden. Damit verändern sich jedoch zugleich auch die qualifikatorischen Anforderungen dahingehend, daß einerseits Tätigkeitsinhalte „vor Ort" bearbeitet werden müssen, andererseits die Bedienung der DV-Software an sich beherrscht werden muß. Oftmals sind keine oder nur geringe Kenntnisse bei der Anwendung von Groupware-Produkten vorhanden, was einen nennenswerten Aufwand zur Schulung notwendig macht. Diesem Aufwand stehen – wie die zuvor ausgeführten Nutzenbetrachtungen verdeutlichen – jedoch hohe Erfolgspotentiale gegenüber, die über eine kurzfristige Perspektive hinausgehend auch unter mittel- und langfristigen Gesichtspunkten einen wichtigen Beitrag zur Erhaltung und Verbesserung der Wettbewerbsfähigkeit bieten können.

6.3
Fallstudie 3: Flexible Kooperationsstrukturen in der Produktneuentwicklung für wenig/schwach strukturierte Prozesse bei der Festo Tooltechnic GmbH & Co.

6.3.1
Problemstellung

Die Festo Tooltechnic GmbH & Co. entwickelt, produziert und vertreibt hochwertige Elektro- und Druckluftwerkzeuge für den professionellen Anwender. Das Unternehmen beschäftigt ca. 400 Mitarbeiter, davon 40 in der Konstruktion, ca. 70 als qualifizierte Fachberater im Vertrieb und ca. 190 in der Produktion.

Das Unternehmen ist über mehrere Standorte verteilt: Entwicklung, Verwaltung und Vertrieb befinden sich in Esslingen, Produktion und Service in Neidlingen, das Auslieferungslager in Esslingen-Zell und die Dienstleistungsfunktionen in Esslingen-Berkheim. Die hergestellten Produkte sind gekennzeichnet durch eine geringe Fertigungstiefe bei hoher Entwicklungstiefe. Ein hoher Wettbewerbsdruck bei geringem Marktwachstum prägt den Absatzmarkt. Zudem unterliegt der Absatz starken saisonalen Schwankungen, die u. a. durch die Einführungszeitpunkte für neue Produkte auf Messen bedingt sind. Der Vertrieb an den speziellen Kundenkreis der professionellen Handwerker findet fast ausschließlich über den Fachhandel statt. Die Beschaffung von Komponenten zur Entwicklung und Fertigung erfolgt global und in geringen Stückzahlen. Teilweise herrscht eine starke Abhängigkeit von Lieferanten vor.

Innovative Produkte sichern die Existenz der im globalen Wettbewerb stehenden Firmen. Die Produktneuentwicklung und -weiterentwicklung spielt hierbei eine wesentliche Rolle. Um den Entwicklungsprozeß effektiv ausgestalten zu können, müssen die Prozeßeigenheiten möglichst optimal unterstützt werden. Zu den wesentlichen Eigenschaften des Entwicklungsprozesses gehört der unstrukturierte Charakter mit geringer Wiederholhäufigkeit und somit nur niedrigem Standardisierungspotential. Lediglich verschiedene Meilensteine/Entwicklungsphasen (Produktidee, Grundkonzept, Produktionskonzept, Vorserie, Pilotserie, Nullserie) geben eine zeitliche und organisatorische Struktur vor. Für diese Phasen sind generelle Abläufe vorhanden, die im Detail – bedingt durch den kreativen Prozeß der Entwicklung – jedoch nur schwer zu strukturieren sind. Die Projektteams werden aus verschiedenen Fachbereichen (z. B. Konstruktion, Versuch, Wertanalyse und Marketing) zusammengestellt und arbeiten an verschiedenen Orten. Dies führt zu einem erhöhten Abstimmungsbedarf aller Beteiligten und erfordert spezielle Unterstützung der Kommunikation, Koordination und Kooperation.

Die Produktneuentwicklung

Im Anwendungsvorhaben der Festo Tooltechnic wird der Prozeß „Produktneuentwicklung" betrachtet. Entwicklungsvorhaben werden als Projekte organisiert. Abbildung 6.3.1 zeigt den üblichen Aufbau eines Teams.

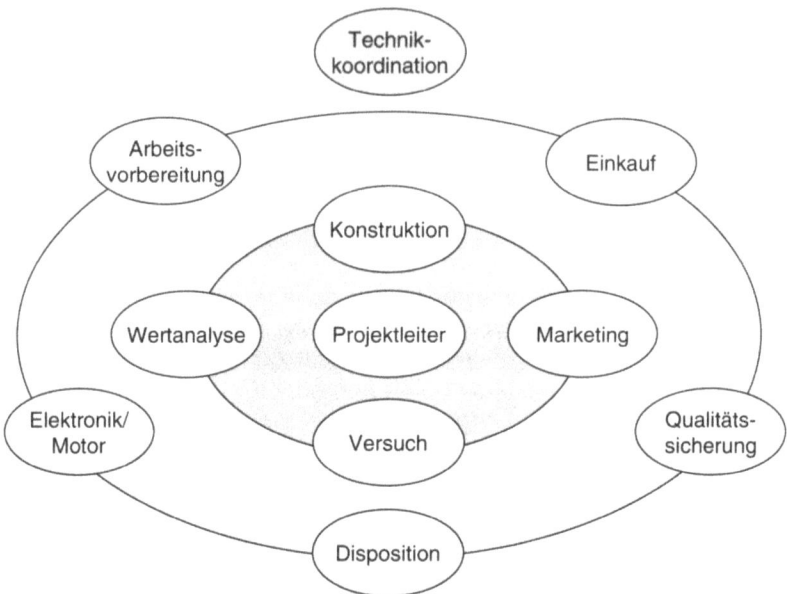

Abb. 6.3.1 Teamaufbau in der Produktneuentwicklung

In einem Kernteam von vier bis sechs Personen wird besonders intensiv zusammengearbeitet. Das gesamte Team trifft sich in zeitlichen Abständen zum Informationsaustausch. Im Alltag werden in hohem Maße unstrukturierte Informationen zwischen Personen und Abteilungen ausgetauscht. Hierarchisch über dem Team ist ein Lenkungsausschuß angeordnet (Technikkoordination, TKO), der die einzelnen Entwicklungsphasen freigibt, und dem das Team Rechenschaft ablegen muß.

Mitarbeiter sind parallel in mehreren Projekten Teammitglied und erfüllen zusätzlich abteilungsinterne Aufgaben.

Während des Entwicklungsablaufs von der Produktidee bis zur Nullserie steigt die Anzahl der Teammitglieder und der beteiligten Abteilungen. Im gleichen Maße erhöht sich der Kommunikationsbedarf. Dabei treten vermehrt Kommunikationsstörungen auf.

Zentrale Fragestellungen des Betriebsprojektes waren: Wie lassen sich solche Teamstrukturen effizient koordinieren? Wie erreicht man, daß allen Mitarbeitern die Information in der gleichen Aktualität vorliegt? Auf welche Art lassen sich solche Projektteams managen? Wie koordiniert man die Vielzahl von komplexen Ad-hoc-Vorgängen, die wiederum weitere Aktivitäten auslösen können?

Im Schwerpunkt des Anwendungsvorhabens sollten die schwach strukturierten Arbeitsprozesse durch ganzheitlich optimierte auf das Unternehmen zugeschnittene Lösungen mit CSCW-Technologien unterstützt werden. Dabei sollte das zur Unterstützung eingesetzte DV-Informationssystem die wesentlichen Entwicklungsdaten und -aktivitäten für alle am Prozeß Beteiligten transparent machen und damit eine bessere Steuerung des Prozesses ermöglichen. Die eingesetzte DV-Technik sollte dabei nicht die betrieblichen Abläufe determinieren, sondern den Entwicklungsteams den nötigen Spielraum gewähren, um flexibel und eigenverantwortlich handeln zu können.

6.3.2
Vorgehensweise zur Lösung

Die Vorgehensweise innerhalb des Projektes unterteilte sich in fünf Phasen (Analysephase, Konzeptphase, Umsetzungsphase, Testphase und produktiver Einsatz). In der Analysephase wurden die im Kap. 3 beschriebene K³-Modellierungswerkzeuge eingesetzt.

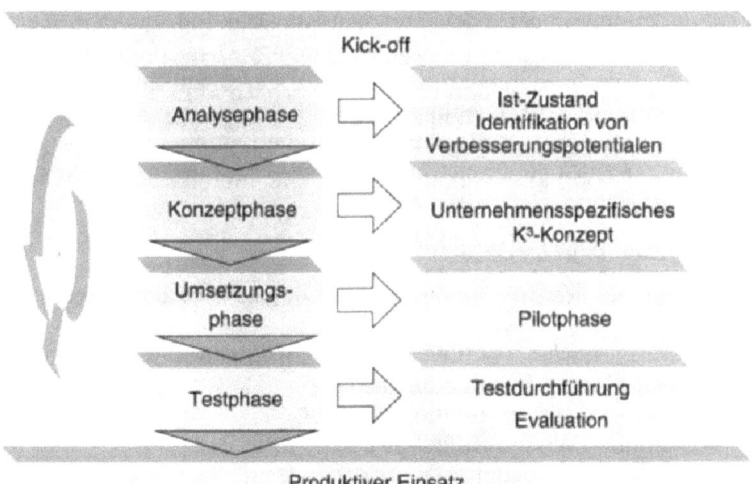

Abb. 6.3.2 Vorgehensweise des Anwendungsvorhabens

Istanalyse, Identifikation von Verbesserungspotentialen
Zu Beginn der Untersuchungen wurden die wesentlichen Eigenschaften des Entwicklungsprozesses aufgenommen. Kreativität und Innovation sind zwin-

gende Voraussetzungen für ein Entwicklungsprojekt, jedoch noch keine Garanten für eine erfolgreiche Produktneuentwicklung. Vielmehr müssen auf organisatorischer und technischer Ebene Voraussetzungen für eine erfolgreiche Produktentwicklung geschaffen werden.

Der Prozeß der Produktneuentwicklung beinhaltet komplex ineinander verzahnte Geschäftsprozesse mit nebenläufigen und iterativen Strukturen. Die hochflexiblen Abläufe stellen entsprechende Anforderungen an das Prozeßmanagement, dazu gehören unvorhersehbare Änderungen im Entwicklungsablauf und damit erhöhter Koordinationsaufwand. Schnelle Reaktionszeiten führen z. T. zu spontanen Vorgehensweisen bei Problemen und vermindern gleichzeitig die Transparenz der Lösung für andere Projektmitglieder. Die Kommunikation der Projektmitglieder mit außenstehenden Projektpartnern kann von mehreren Personen gleichzeitig wahrgenommen werden (z. B. Kontakte zu Lieferanten durch mehrere Personen), das in der Folge wieder zu erhöhtem internen Koordinierungsbedarf führt.

Um ein besseres Verständnis für die Anforderung an die Kommunikation und die Kommunikationsstrukturen zu bekommen, wurde in der Ist-Analysephase eine umfassende Kommunikationsanalyse durchgeführt. Diese Untersuchung beinhaltete eine Befragung über Kommunikationswege und Kommunikationsmöglichkeiten, Informationsverwaltung, Menge der anfallenden Informationen, Austausch der Informationen und Defizite in der Informationsbeschaffung sowie bisher eingesetzte IuK-Technologien. Dazu wurde eine Anwenderbefragung in den Fachbereichen Konstruktion, Einkauf, Versuch, Marketing, Produktmangement, Montageplanung, Disposition, Wertanalyse und Qualitätssicherung durchgeführt und 16 Personen mit Hilfe eines Interviewleitfadens befragt. Die anschließende Analyse der Interviewbögen zeigte sowohl organisatorische als auch technische Optimierungspotentiale zur Unterstützung der Kooperationstrukturen. Diese sind im folgenden stichwortartig zusammengefaßt:

1. Organisatorische Aspekte

- Zeitmangel der Beteiligten, Information an andere Projektmitglieder weiterzugeben,
- fehlendes Bewußtsein für Wert einer Information (Relevanzbeurteilung),
- Unkenntnis über Informationsbedarf,
- Unkenntnis über Informationsangebot,
- Einstellung „Wissen ist Macht",
- fehlende Anreizsysteme, Informationen aufzubereiten,
- fehlende Transparenz,
- Mitarbeiterspezialisierung,
- kein organisierter Informationsaustausch,
- keine fördernde Unternehmenskultur,
- hierarchische Strukturen,
- Konkurrenz der Organisationseinheiten,
- „Holschuld" bei der Informationsbeschaffung.

2. Personelle Aspekte

- Mitarbeiterfluktuation,
- unterschiedliche Qualifikation.

3. Technische Aspekte

- unterschiedlicher Einsatz von DV-Systemen,
- langsame Zugriffsgeschwindigkeiten,
- Medienbrüche,
- unzulängliche Zugangsmechanismen,
- fehlende Informationstopographien,
- unzureichende Metastrukturen, z. B. Ablage und Dokumentation der Information.

In der anschließenden Konzeptphase wurde auf der Basis der Analyseergebnisse ein ganzheitliches Lösungsszenario entwickelt.

Zentrale Zielsetzung war die Entwicklung eines DV-gestützten Informationssystems, das die wesentlichen Entwicklungsdaten und -aktivitäten für alle am Prozeß Beteiligten transparent macht und damit eine bessere Steuerung des Prozesses ermöglicht. Im einzelnen wurden folgende Anforderungen an eine Lösung gestellt:

1. Organisatorische Anforderungen

- stärkere Ausrichtung der Company Mission auf Informationsverteilung,
- Schaffung von organisierten Austauschmöglichkeiten,
- Schaffung einer Wissensdatenbank, um aus abgeschlossenen Projekten zu lernen (Schlüsseldokumente, z. B. Pflichtenheft),
- „Vereinheitlichung" des übergeordneten Arbeitsstils in allen Großprojekten,
- Prozesse zur Pflege der Wissensdatenbank (Rollenprofile).

2. Personelle Anforderungen

- Qualifikation und Schulung der Mitarbeiter für neue Medien.

3. Technische Anforderungen

- vereinfachter Zugriff auf technische, wirtschaftliche und dispositive Daten,
- für alle gleicher Aktualisierungsgrad von Daten durch eine gemeinsame Datenbasis,
- Reduzierung der Informationsbeschaffungszeiten,
- Vereinfachung der Projektdokumentation,
- die DV-Lösung sollte in die bestehenden Prozesse einpaßbar sein und nicht die Technik den Entwickler determinieren,
- der Spielraum des Entwicklungsteams für flexibles und eigenverantwortliches Handeln soll nicht eingeschränkt, sondern eher erweitert werden,
- möglichst geringe Verteilzeiten für Informationen,
- keine redundante Datenhaltung auf unterschiedlichem Stand,

- Controlling-System für den Entwicklungsprozeß (permanenter, automatisierter Vergleich von Soll- und Ist-Daten),
- Transparenz von Entscheidungen innerhalb des Entwicklungsteams,
- zentrale Dokumentation von wesentlichen Informationen,
- einfachere Suche und besseres Wiederfinden von Information,
- Zugriff auf wesentliche technische und kommerzielle Informationen in einem System,
- eine einheitliche Arbeitsoberfläche unabhängig von darunterliegenden Datenbanken,
- Überblick über Einzelaktivitäten schaffen,
- Synchronisation der Arbeiten in den einzelnen Fachabteilungen.

Ein Einsatz eines neuen DV-technisch basierten Systems führt nur dann zum unternehmerischen Erfolg, wenn dieses auch durch alle Personen gemeinsam angewendet wird. Um die erforderliche Benutzerakzeptanz bei möglichst allen Anwendern der Zielgruppe zu erreichen, müssen die folgenden Anforderungen an ein System unter Kosten-Nutzen-Aspekten gegeneinander abgewogen werden:

1. Organisatorische Kriterien

- Personalisierung von Information ist wichtig und hilfreich.
- Die Nutzung elektronisch vorhandenen Wissens setzt Vertrauen in das Medium voraus.

2. Anwenderbezogene Kriterien

- Akzeptanz: harmonische Integration in das Arbeitsumfeld, Verständnis für den persönlichen Vorteil, Statuserhalt,
- Motivation: Kosten-Nutzen-Verständnis, technische Begeisterungsfähigkeit,
- Qualifikation: Systemkenntnis, Verständnis für den Anwendungsfall, kooperatives Denken,
- dokumentierte Informationen ist zugriffsfreundlich bereitzustellen,
- einfache Handhabung,
- aktuelle Information und Daten,
- keine redundante Datenerfassung,
- Vermeidung von Medienbrüchen,
- Öffentlichmachen von Informationen,
- fein granuliertes Sicherheitskonzept,
- Stabilität der Anwendungen (keine unerwarteten Abstürze),
- geringer Papierbedarf.

3. Technische Kriterien

- Ergonomie: Bedienungskomfort, Systemflexibilität, persönliche Konfiguration der Rechnerumgebung, Bild- und Tonqualität, Sicht von Teamaktivitäten,
- Kompatibilität: Unterstützung von Standards, Interoperabilität, internationale Verfügbarkeit,

- Funktionalität: Anbindung an gängige Software, synchrone/asynchrone Kommunikation, Video-/Datenkonferenz,
- Stabilität: Robustheit, Zuverlässigkeit,
- Sicherheit: Datenschutz und Datensicherheit, Privatsphäre, Teamarbeit,
- Performance: Kompressionsalgorithmen, Netzwerkbandbreite,
- Infrastruktur: Nutzung bestehender Hardwarekomponenten.

6.3.3
Ergebnisse

Aus den oben beschriebenen Anforderungen wurde eine Architektur für ein kooperationsunterstützendes System zur Unterstützung schwach strukturierter Prozesse definiert (Prototyp CUBUS „Cooperative Support System for Knowledge Intensive Business Processes"). Als Basisplattform für die zu konzipierende Anwendung wurde ein Groupware-System ausgewählt. Ein Groupware-System liefert die Plattform für die Erstellung von Groupware-Anwendungen. Abbildung 6.3.3 zeigt die verschiedenen Ebenen, auf denen die Dienste einer Groupware-Plattform operieren. Bei der Konzeption der Lösung wurde eine Entscheidung für Lotus Notes getroffen, da diese Plattform zum Zeitpunkt des Betriebsvorhabens am besten die gestellten Anforderungen an eine Groupware-Lösung erfüllte.

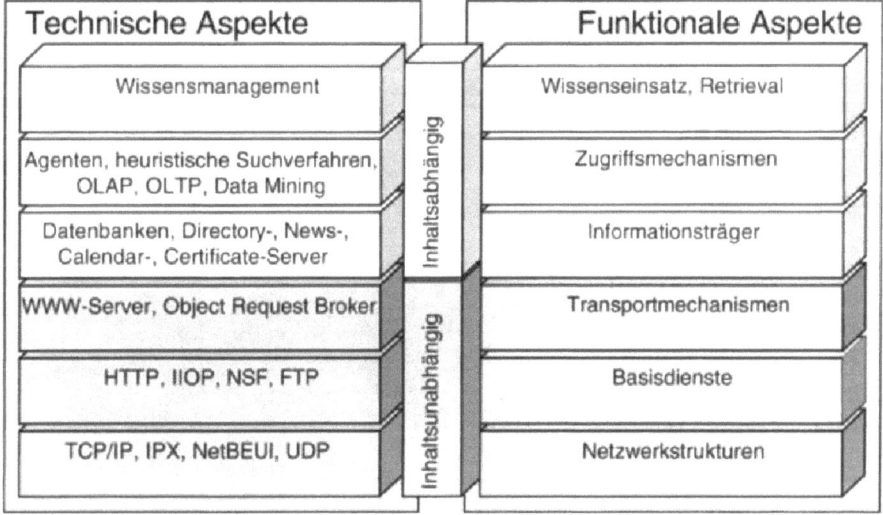

Abb. 6.3.3 Ebenen der Dienste

Der konzipierte Prototyp besteht aus verschiedenen Modulen (Modul „Aktivitätenmanagement", Modul „Projektzentrale", Modul „Projektdatenbank",

Modul „Materialstamm"), die ineinander verzahnt arbeiten (Abb. 6.3.4). Das Modul „Projektzentrale" enthält allgemeine Projektinformation über Projektleiter, Mitglieder des Projektteams, Budget, zeitlichen Rahmen und Entwicklungsphase des Projektes. In den Modulen „Projektdatenbank" werden projektspezifische Informationen abgelegt. Dazu gehören alle Dokumente (z. B. Pflichtenhefte, Kalkulationen, Abnahmen etc.), die im Rahmen des Entwicklungsprojektes entstanden sind. Ebenso werden alle Meilensteine und relevanten Termine des Entwicklungsprojektes zentral verwaltet. Zudem sind alle für das Projekt relevanten Teile mit Information über technische Daten, Lieferanten, Bestellungen, Wareneingang/Abmusterung, Wertanalyse und Fertigung/Montage enthalten. Die Projektdatenbank dient gleichzeitig als digitales Archiv und wird als Unternehmensgedächtnis (Corporate Memory) betrieben. Das Modul „Aktivitätenmanagement" verwaltet alle im Prozeß vorhandenen Aktivitäten und dient der Koordination der Tätigkeiten. Speziell Ad-hoc-Workflows lassen sich mit diesem Modul unterstützen. Vielseitige Filter- und Sortiermöglichkeiten gewähren den Mitarbeitern die Möglichkeit, einen schnellen Überblick über alle im Projekt laufenden Aktivitäten zu gewinnen.

Das Modul „Materialstamm" definiert eine Schnittstelle im betriebswirtschaftlichen Warenwirtschaftssystem SAP R/3. Sie importiert alle für das Projekt relevanten Materialdaten aus SAP R/3 und hält sie für Projekte und Aktivitäten bereit.

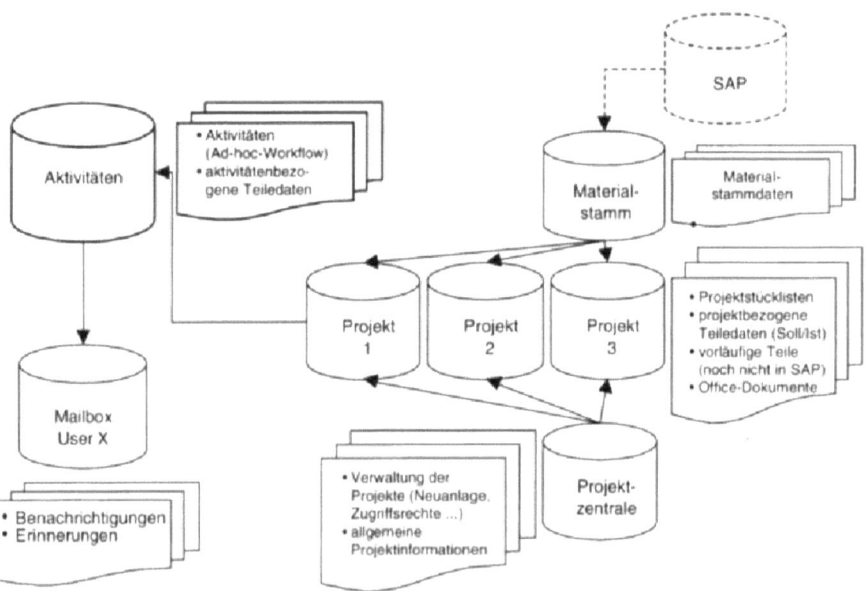

Abb. 6.3.4 Architektur des Software-Prototypen CUBUS

6.3.3.1
Die Projektzentrale

Die Projektzentrale beinhaltet allgemeine Projektinformationen (z. B. Projektname, Laufzeit, aktuelle Phase). Zudem werden alle relevanten Informationen über die Projektmitarbeiter entsprechend ihrer Rollen (Projektleiter, stellvertretender Projektleiter, Projektmitarbeiter, EDV-Betreuer oder sonstige Person) verwaltet. Die Zugriffsrechte auf die Projektdatenbank werden entsprechend der Rollen für die auf dem Projektdokument eingetragenen Personen automatisch eingerichtet.

Verschiedene Ansichten (Views) listen die Projektdokumente auf, sortiert nach Projektname oder -phase oder kategorisiert nach Projektmitarbeiter. Nur Projektleiter können Projektdokumente editieren. Alle anderen Mitarbeiter der Produktneuentwicklung können die Projektzentrale als Informationspool nutzen (Projektbeschreibungen, Rollen von Mitarbeitern und Zugehörigkeit zu Projekten).

Das modulare Konzept von CUBUS erfordert je Projekt eine eigene Datenbank. Die Neuanlage und Administration von Projektdatenbanken fällt aus organisatorischer Sicht in den Bereich der Projektleiter. Diese haben jedoch nicht das technische Wissen, unter Lotus Notes neue Datenbanken anzulegen und dann zu verwalten. Vor diesem Hintergrund wurde die Datenbank „Projektzentrale" entworfen. Sie vereinfacht das Erstellen neuer Projektdatenbanken und die Vergabe der Zugriffsrechte.

Der Zugriff auf die Projektzentrale wird über Gruppen des öffentlichen Adreßbuchs (Public Address Book) gesteuert. Das öffentliche Adreßbuch wird von Lotus Notes-Administratoren der EDV-Abteilung gepflegt.

Die EDV-Abteilung und die Projektleitung teilen sich also die Administration von CUBUS. Der allgemeine Zugriff auf das System bleibt unter Kontrolle der EDV-Abteilung. Sie muß nur eingreifen, wenn Mitarbeiter neu eingestellt werden bzw. den Status Projektleiter erhalten. Da die Projektleiter ihre Projekte selbst administrieren, entstehen keine unnötigen Prozesse zwischen EDV-Abteilung und Projektleitung, wenn Veränderungen in den Projekten auftreten.

6.3.3.2
Die Projektdatenbank

Eine Projektdatenbank besteht aus den drei Komponenten Dokumentenordner, Teilestücklisten und Projektkalender.

1. Der Dokumentenordner ist ein Dokumentenmanagementsystem für Microsoft Office-Dokumente (Word, Excel, PowerPoint) oder beliebige andere OLE-Objekte (Object Linking and Embedding). Die im Projektverlauf anfallenden Dokumente aller Projektmitarbeiter werden hier abgelegt und für das Team zugänglich gemacht.
2. Die Teilestücklisten sollen die papierbasierten Teile- bzw. Werkzeugverfolgungslisten bei Festo Tooltechnic ablösen. Eine Anbindung der Tei-

lestücklisten an SAP R/3 umgeht das umständliche Abtippen von Daten. Die Teilestücklisten ergänzen den Funktionsumfang von SAP R/3 speziell für den Prozeß Produktneuentwicklung durch eine projektorientierte Datenhaltung und geben die Möglichkeit, Teile anzulegen, die unter SAP R/3 noch nicht existieren („vorläufige Teile").

3. Im Projektkalender können relevante Termine (Meilensteine, Messen etc.) öffentlich gemacht werden. Der Kalender erinnert die Anwender ggf. an Termine.

Die Komponenten werden im folgenden genauer beschrieben:

Die Komponente Dokumentenordner

Der Dokumentenordner dient als elektronischer Aktenschrank und Medienarchiv für alle projektrelevanten Dokumente mit unstrukturiertem oder strukturiertem Inhalt. Dokumente sind strukturiert, wenn deren Form so fixiert ist, daß die Inhalte auch durch ein Computersystem ausgelesen und verarbeitet werden könnten (z. B. Reisekostenabrechnungen). 85% der Informationen eines Unternehmens liegen allerdings in unstrukturierter Form vor. Beispiele hierfür sind Sitzungsprotokolle, Versuchsberichte, Pflichtenhefte oder ausformulierte Ideen.

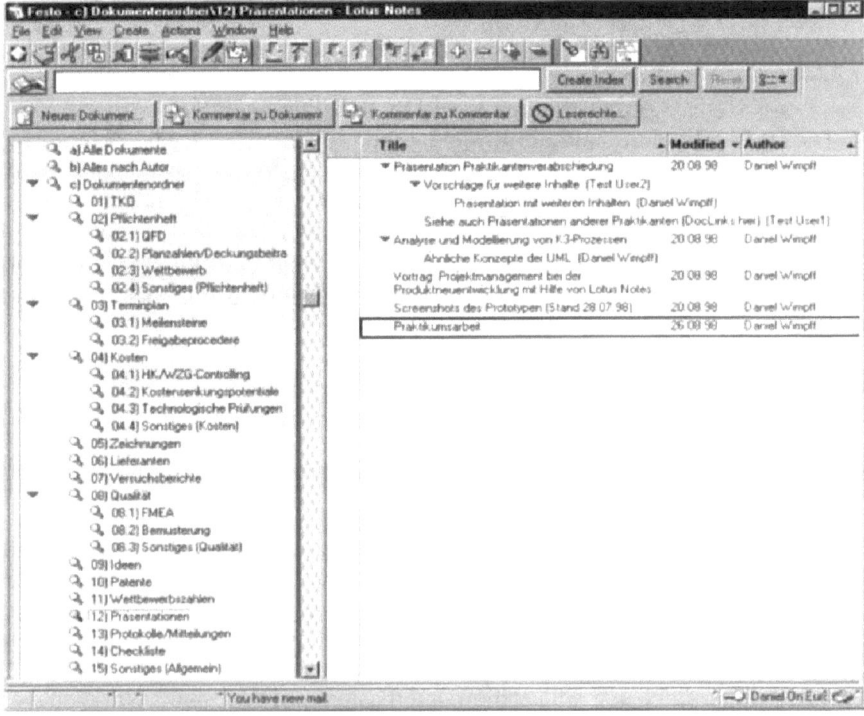

Abb. 6.3.5 Struktur des Dokumentenordners

In den Dokumentenordner wurden Aspekte des Wissensmanagements integriert, so daß der Dokumentenordner als Knowledge Center oder Corporate Memory dienen kann. Für die Pflege und Erstellung der Dokumente werden die zyklischen Phasen des Wissensmanagements durchlaufen:

- Wissensgenerierung: Dazu zählt das Identifizieren und Erzeugen von Wissen während der Projektarbeit sowie das Erfassen von Wissen und das Sammeln im Dokumentenordner.
- Wissensorganisation: Das gesammelte Wissen muß strukturiert und indiziert werden. Dazu bedarf es eines Kategoriensystems zur Klassifikation von Einträgen. Der Dokumentenordner arbeitet deshalb mit einer Taxonomie, die in einem Workshop mit Mitarbeitern der Festo Tooltechnic erarbeitet wurde. Wichtig ist, daß sich jeder Mitarbeiter in diesen Kategorien auf Anhieb zurechtfindet. Deshalb wird in allen Projekten die gleiche Taxonomie verwendet. Der linke Teil in Abb. 6.3.5 (Navigator) zeigt die Struktur des Dokumentenordners, der rechte Teil (View) listet die in die Kategorie „Präsentationen" eingestellten Dokumente auf. Dokumente lassen sich beliebig vielen Kategorien zuweisen.
  Die Volltextindizierung der Notes-Dokumente und der darin eingebetteten OLE-Objekte wird durch einen Dienst des Domino-Servers vorgenommen.
- Wissensaufbereitung: Dazu zählt das Verfeinern, Verdichten, Erweitern und Aktualisieren von Wissen z. B. mit Hilfe eines Redaktionssystems. Inhalte können beispielsweise moderiert (zentrale Abnahme der Inhalte), sachgebietmoderiert (verteilte Abnahme) oder durch ein Redaktionskomitee freigegeben werden. Die Entscheidung fiel für den Prototyp „individuelle Redaktion" ohne Überprüfung der Inhalte. Nur der Projektleiter kann bei Bedarf beliebige Dokumente editieren oder löschen. Das eingestellte Wissen kann durch den Forencharakter des Dokumentenordners erweitert werden. An Dokumente lassen sich, ähnlich wie in Newsgroups, weitere Dokumente (Kommentare, Ergänzungen ...) anfügen, an die wiederum Dokumente angefügt werden können usw. Hierdurch entstehen Diskussionen, deren Beiträge mit Vater-Kind-Beziehungen angezeigt werden können. Für die Aktualität der Dokumente ist der jeweilige Autor verantwortlich, der entweder immer wieder das Original aktualisiert oder neue Versionen als Kinddokumente einstellt.
- Wissensdistribution: Zur Distribution gehören die Suche bzw. das Explorieren (Browsen) und das Verteilen (Push) bzw. die Notifikation. Der Prototyp ermöglicht Volltextsuche oder feldbezogene Suche (z. B. nach Autor, Erstellungsdatum ...) über ein oder mehrere Projekte und unterstützt das Browsen durch die hierarchischen Strukturen des Dokumentenordners.
  Die Distribution von Dokumenten erfolgt über einen Wiedervorlagezyklus (Review Cycle) mit dem parallele und serielle Arbeitsabläufe möglich sind. Zusätzlich existiert eine Versionskontrolle. Die Versionen werden in Vater-Kind-Beziehungen dargestellt.

- Wissensnutzung: Darunter wird das Interpretieren, Anwenden und Bewerten von Wissen verstanden. Der Prototyp unterstützt keine Anwendungen, die im Sinne der künstlichen Intelligenz ablaufen. Um den Anforderungen eines Dokumentenmanagementsystems zu genügen, müssen eine Vielzahl an Daten und Metadaten in einem Dokument gespeichert werden. Abbildung 6.3.6 klassifiziert diese Daten speziell für dokumentenorientierte Mehrbenutzersysteme.

Der Benutzer wird keine Informationen einstellen, wenn:

- zu viele Zusatzaktionen zur eigentlichen Aufgabe nötig sind,
- zu viel zusätzliche Inhaltsgenerierung erforderlich ist,
- die Kategorisierung zu komplex ist,
- die Struktur der Ablage unklar ist oder Beziehungen nicht transparent sind,
- der persönliche „Return of Investment (ROI)" nicht erkennbar oder zu langfristig angelegt ist,
- die Auswirkung der Wissensabgabe für die eigene Rolle oder den eigenen Arbeitsplatz unklar ist.

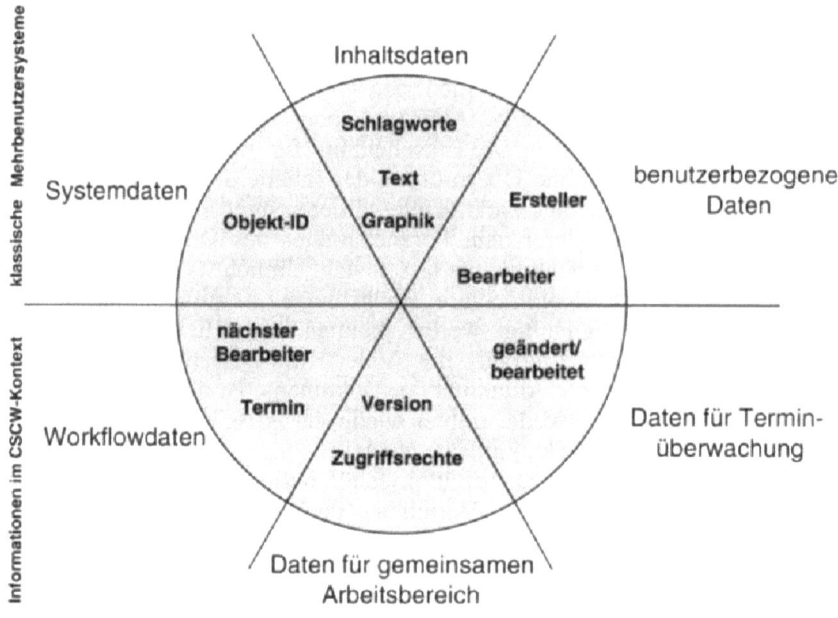

Abb. 6.3.6 Daten und Metadaten

Der Benutzer wird keine Informationen suchen, wenn

- Suchmechanismen schwer handhabbar sind,

- der Benutzer sich nicht über die verfügbaren Inhalte bewußt ist,
- der erwartete Nachteil für die Aufgabe kleiner ist als der vermutete Suchaufwand,
- die eigentliche Aufgabe nicht motivierend ist,
- kein kooperatives Klima herrscht.

Für den Dokumentenordner bedeutet dies, eine möglichst nahtlose MS Office-Integration anzustreben. Der zusätzliche Aufwand beim Einsatz des Dokumentenordners gegenüber der isolierten Nutzung von MS-Office reduziert sich auf:

- das Öffnen der Projektdatenbank unter Notes (es kann davon ausgegangen werden, daß der Notes-Client selbst permanent geöffnet ist),
- die Angabe der Kategorien, in denen das Dokument im Dokumentenordner angezeigt werden soll und
- ggf. die Angabe eines speziellen Leser- und Editorenkreises für ein Dokument durch den Autor.

Dem Mehraufwand steht folgender Nutzen gegenüber:

- der Zugriff auf Dokumente erfolgt orts- und zeitunabhängig,
- die zentrale Dokumentation gesamter Projekte ermöglicht ein Project Reviewing vor allem aus Schlüsseldokumenten,
- aus abgeschlossenen Projekten können Erkenntnisse für neue Projekte gewonnen werden,
- Volltextsuche und feldbezogene Suche über alle Dokumente eines oder mehrerer Projekte gestatten Recherchen in großen Datenbeständen,
- ein einheitliches Ablagesystem ermöglicht den Zugriff auf das Domänenwissen Abwesender (Urlaub, Krankheit, Unternehmensaustritt),
- der integrierte Wiedervorlagezyklus vereinfacht und beschleunigt die Distribution von Informationen,
- da alle Informationen digital vorliegen, können sie auch von anderen Anwendungen genutzt werden (z. B. von Datawarehouses zum Aufbau eines Unternehmensgedächtnisses) und
- Informationen können durch Diskussionen ergänzt und durch Links verknüpft werden.

Die Komponente Teilestückliste

Bei der Festo Tooltechnic existieren eine Reihe nicht standardisierter Formulare. Das am häufigsten eingesetzte ist die Teileverfolgungsliste bzw. die Werkzeugliste. Die Listen sind ein Planungs- und Kontrollinstrumentarium für Termine und Material- oder Werkzeugeigenschaften. Lange Lieferzeiten für Spezialanfertigungen in kleinen Stückzahlen, die von der Qualitätssicherung oft zurückgewiesen werden, führen leicht zu Verzögerungen in einem Projekt.

Inhaltlich bestehen diese Datenblätter aus einer tabellarischen Auflistung aller in einem Projekt verwendeten Teile bzw. Werkzeuge mit Informationen, die für die jeweiligen Aufgaben der Person, die die Liste führt, eine Rolle spielen. Dazu gehören Teileattribute (Gewicht, Durchmesser ...), Angebots-

und Bestelldaten, Daten für Wareneingang, Abmusterung, Wertanalyse, Fertigung und Montage.

Datenquellen sind neben einem SAP R/3-System zur Materialwirtschaft Telefongespräche mit Lieferanten, Versuchsberichte, Besprechungen etc.

Datenträger sind entweder Excelsheets oder papierbasierte Dokumente (nicht in elektronischer Form vorhanden).

Der Anspruch an die Flexibilität der Listen ist groß, so daß jeder Mitarbeiter für jedes Projekt seine eigenen Listen entwirft und diese selbst pflegt. Die Übernahme der Daten, auch der SAP R/3-Daten, erfolgt meist durch Wiedereingabe. Da in einem Projekt durchaus 100 und mehr Teile zum Einsatz kommen können, ergibt sich für die Listen ein enormer Pflegeaufwand. Erschwerend kommt hinzu, daß die SAP R/3-Oberfläche (SAP-GUI) unhandlich ist. Um benötigte Informationen zu erhalten, muß sich der Anwender durch eine Vielzahl von Fenstern „klicken", wobei er komplexe, nicht intuitive Beziehungen kennen muß, um an die richtigen Stellen des Systems zu navigieren.

In der anfangs durchgeführten Anwenderbefragung wurde ein hoher Überdeckungsgrad bei den Inhalten der Teile-/Werkzeuglisten festgestellt, die zu einer mehrfachen Datenerfassung und damit zu redundanter Datenhaltung führen. Die Art der Pflege und Informationsweitergabe ist sehr anfällig für Inkonsistenzen und kann zu mehrwöchigen Informationslöchern oder Arbeit mit falschen Daten führen.

Das betriebswirtschaftliche Programm SAP R/3 ist derzeit nicht für die Belange der Produktneuentwicklung, insbesondere der Arbeit eines Konstrukteurs ausgelegt. Als ein sehr großer Nachteil für die Produktneuentwicklung gilt, daß unter SAP R/3 keine „vorläufigen" Teile angelegt werden können. Gerade diese Teile sind elementar für den Entwicklungsprozeß. SAP R/3 bietet bisher auch keine Felder für Soll-Ist-Datenvergleiche im Bereich der Materialstammdaten.

Aus diesem Grunde wurden über eine Schnittstelle Teile-/Werkzeugdaten aus SAP R/3 in die Projektdatenbanken importiert. Die Teiledaten werden in Dokumenten gespeichert. In den Teiledokumenten existieren neben den Feldern für Daten aus SAP R/3 noch ergänzende Felder für Daten, die unter SAP R/3 nicht existieren. Hierzu zählen beispielsweise Soll-Werte für Teileattribute und Liefertermine. Die Implementierung solcher Ergänzungen wäre im SAP R/3-System aufgrund der verzahnten Datenstrukturen sehr aufwendig. Zur Aktualisierung der entsprechenden Datenbestände auf Seiten von SAP R/3 und den Projektdatenbanken werden die Datenbanken in festgelegten Intervallen synchronisiert.

Der Prototyp bietet den Mitarbeitern einen zentralen, aktuellen, konsistenten Datenbestand. Auf einem Teiledokument in der Projektdatenbank sind alle benötigten Informationen verfügbar. Die Ansichten geben eine konsolidierte Sicht auf die Daten.

Einen deutlichen Mehrwert bringt die Personalisierung der Oberflächen auf Abteilungs- und Personenebene. Auf Abteilungsebene werden für jeden Bereich eigene Ansichten (Stücklisten) angelegt, die unterschiedliche Sichten auf dieselben Dokumente erlauben. Über diesen Mechanismus können Benutzer eigene Stücklisten gestalten. Auf Personenebene werden personalisierte Oberflächen über sog. User-Profile realisiert. Jedem Benutzer stehen dazu eine begrenzte Anzahl von Profilen zur Verfügung, die wie eine Schablone über ein Teiledokument gelegt werden. Nicht relevante Informationen werden ausgeblendet. Eine intuitive Oberfläche ermöglicht es auch Benutzern mit wenig Erfahrung, die Profile an die eigenen Bedürfnisse anzupassen.

Die Komponente Projektkalender

Jede Projektdatenbank hat einen eigenen Gruppenkalender, in den wichtige Termine (Meilensteine, kritische Liefertermine, Besprechungen, Urlaub ...) durch Projektmitarbeiter eingepflegt werden.

Spezielle Kalenderviews zeigen die Einträge wahlweise in einer Tages-, Wochen-, Monatsübersicht oder in chronologischer Sicht. Diese Listen ermöglichen es, einen schnellen Überblick über ein laufendes Projekt zu erhalten.

6.3.3.3
Aktivitätenmanagement

Die Aktivitätendatenbank dient der Koordination von Tätigkeiten. Es gilt die Tätigkeiten optimal zu organisieren, damit das Ziel auf möglichst effizientem Weg erreicht wird. Abhängig von der Priorität des Ziels, externen Einflußfaktoren und der Gültigkeitsdauer der Entscheidungen können drei Koordinationsformen unterschieden werden: die langfristige Koordination, die kurz- bis mittelfristige Koordination sowie Ad-hoc-Entscheidungen. Das implementierte Aktivitätenmanagementmodul sollte vor allem Ad-hoc-Entscheidungen unterstützen. Ein Koordinationszyklus wird durch ein Ereignis (z. B. Kommunikationsbedarf) ausgelöst, erfordert Aktionen (z. B. Änderung in Planungsdaten) und liefert ein Ergebnis (z. B. geänderte Planungsdaten).

Geeignete Koordinationsunterstützung

Eine Automatisierung der Koordination durch „Workflow-Computing" bietet sich bei festen Arbeitsabläufen an. Der Koordinationszyklus folgt hier vorgegebenen Strukturen und ist dauerhaft festgelegt (langfristige Koordination). Die Abläufe im Prozeß „Produktneuentwicklung" entstehen meist spontan und sind damit unplanbar. Die auslösenden Ereignisse und die erforderlichen Aktionen sind nicht im voraus bekannt. Ein vollständiges Automatisieren der Koordination ist nicht möglich. Der Anwender muß die Arbeitsabläufe unmittelbar und nach Bedarf definieren können.

Zur Unterstützung dieser flexiblen Arbeitsweise wurde ein Ad-hoc-Workflow in die Aktivitätendatenbank implementiert. Dieser basiert auf Aktivitätendokumenten, die verschiedene Zustände (z. B. „Aktivität ausgelöst", „– weiterdelegiert", „– in Bearbeitung" ...) durchlaufen. Je nach Zustand stehen dem Anwender bestimmte Aktionen auf einem Aktivitätendokument zur Verfügung. Mit Hilfe des Moduls Aktivitätenmanagement können alle laufenden Aktivitäten eines Projektes eingesehen werden. Zur Vermeidung einer

Überprüfbarkeit von geleisteten Arbeiten (gläserner Mitarbeiter) sind die Aktivitäten und deren Aufgabenbeschreibung nur dem Auslöser oder dem aktuellen Bearbeiter der Aktivität sichtbar.

Ziel einer Kooperation ist es, ein Objekt in einen Zielzustand zu überführen. Die durch ein Entwicklungsteam zu bearbeitenden Objekte sind meist Teile oder Werkzeuge bzw. Objekte, die mit Teilen/Werkzeugen in Verbindung stehen (Bestellungen, Kostenanalysen u. v. m.). Die Aktivitätendatenbank bietet dem Anwender ein prozeßorientiertes Informationsangebot, indem teilebezogene Aktivitäten automatisch mit Teiledaten aus der jeweiligen Projektdatenbank verknüpft werden können.

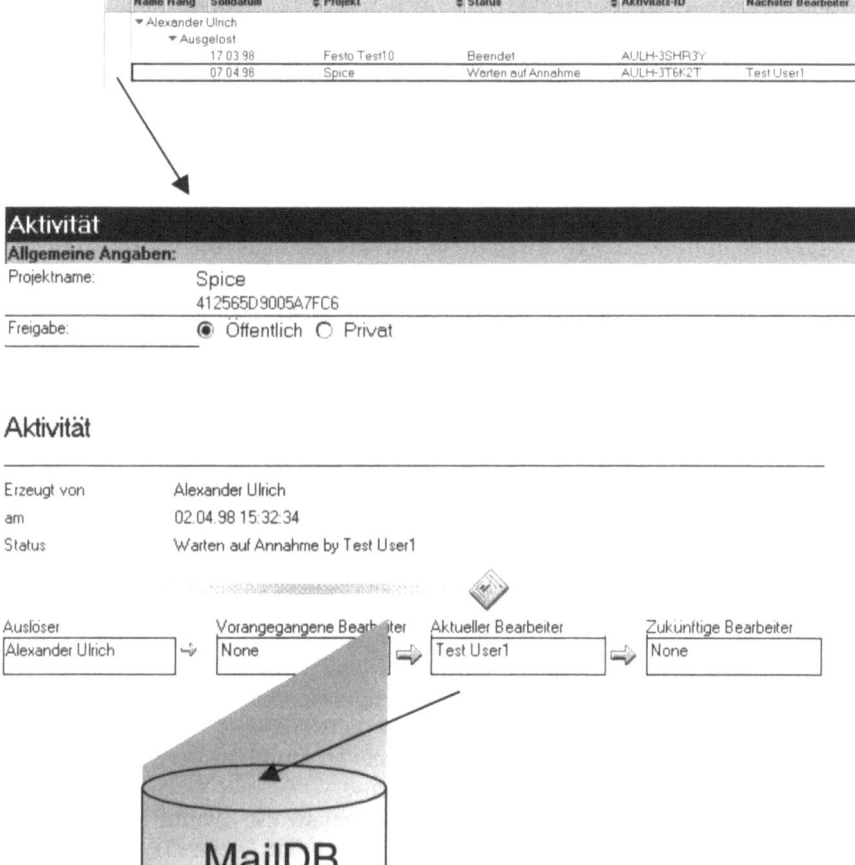

Abb. 6.3.7 Aktivitätsmanagement

Aktivitäten werden entweder direkt in der Aktivitätendatenbank oder aus einer Projektdatenbank heraus generiert. Je nachdem wo im Systems eine Aktivität ausgelöst wird, können Angaben zur Aktivität automatisch ausgefüllt werden. Ist eine Aktivität beispielsweise von einem Teiledokument einer Projektdatenbank ausgelöst, wird die Aktivität ohne weitere Interaktion des Anwenders dem Projekt zugewiesen und mit den entsprechenden Teiledaten ergänzt (navigationsbedingte Datenerfassung).

Übersicht über Aktivitäten

Da Personen in mehreren Projekten Teammitglied sein können, ist ein projektübergreifendes Aktivitätenmanagement erforderlich. Deshalb wurde das Aktivitätenmanagement nicht in den Projektdatenbanken, sondern in einer eigenständigen Datenbank realisiert.

In der Aktivitätendatenbank existieren eine Reihe von Ansichten (Views), die beliebiges Filtern und Sortieren der Aktivitätendokumente nach einem oder mehreren Feldern (z. B. nach Projekt, Person, Fälligkeitsdatum, Teilenummer ...) ermöglichen. Verschiedene Symbole in den Ansichten machen den Benutzer auf kritische Aktivitäten, etwa bei Überschreiten des Fälligkeitsdatums oder bei unterschiedlichen Soll-Ist-Werten von Teiledaten, die die Aktivität betreffen, aufmerksam. Der Benutzer kann zudem mit Suchmasken gezielt nach Aktivitäten recherchieren.

6.3.3.4
Datenschutz

Die Produktneuentwicklung ist datentechnisch ein besonders zu schützender Bereich. Die unerlaubte Weitergabe von Entwicklungsdokumenten und das Kopieren von Konstruktionszeichnungen sollen auf jeden Fall vermieden werden. Auf der anderen Seite existiert ein berechtigtes Interesse der Projektteammitglieder an allen relevanten Entwicklungsinformationen. Dieses Spannungsfeld zwischen hoher Sicherheit (sehr eingeschränkte Zugriffsmöglichkeiten – nur Dokumenteneigentümer haben Zugriff auf das entsprechende Dokument) und gegenseitigem Vertrauen (Dokumente sind grundsätzlich allen Mitarbeitern zugänglich) gilt es in einer befriedigenden Art zu lösen.

Aus diesem Grunde wird ein fein granuliertes Rollenkonzept (Projektleiter, stellvertretender Projektleiter, Mitarbeiter, sonstige Mitarbeiter, Administratoren) entwickelt. Diese Rollen legen Regeln fest, mit denen die Entwicklungsteams auf die Projektinformation zugreifen können (z. B. kann ein Projektleiter sehr genau die Zugriffsrechte für eine Projektdatenbank festlegen). Für eingestellte Dokumente in der Projektdatenbank können weiterhin individuelle Lese- und Schreibrechte definiert werden.

Eine feinere Granularität der Zugriffskontrolle im Prototypen ist technisch möglich, führt jedoch zu erhöhtem Administrationsaufwand. Bei einer Gegenüberstellung von zusätzlich erhöhter Sicherheit durch restriktivere Rechtevergaben und Nutzen wurde festgestellt, daß Benutzer, die bereit sind, ihre Informationen und ihr Wissen in das System einzustellen, nach vier bis zehn Zugriffsproblemen aufgeben werden.

6.3.3.5
Graphische Benutzeroberfläche

Ziel ist es, eine einheitliche sowie benutzer- und aufgabengerechte Benutzungsschnittstelle für den Prototyp zu erstellen. Einheitlich bedeutet, daß der Benutzer mit allen bisher implementierten und zukünftigen Modulen auf die gleiche Art arbeitet und diese sich ihm immer soweit wie möglich gleich präsentieren. Ergonomisch bedeutet in diesem Zusammenhang, daß die Interaktion mit dem Rechner leicht zu erlernen ist und sich auch ungeübte Benutzer schnell zurechtfinden und nicht mit Streß und Frustration belastet werden. Der Anwender soll sich auf seine eigentliche Aufgabe konzentrieren können und vom System möglichst wenig abgelenkt werden. Dies ist aber nur möglich, wenn die Benutzungsschnittstelle an den Aufgaben und der Arbeitsweise ihrer Benutzer ausgerichtet, also menschengerecht gestaltet ist. Um überhaupt mit einem Software-Produkt arbeiten zu können, braucht der Benutzer eine Vorstellung von der Arbeitsweise des Systems. Dieses gedankliche Modell erlangt er durch Schulung, Benutzerdokumentation und Beobachtung des Systemverhaltens. Es ermöglicht ihm, sich das Verhalten des Systems zu erklären, Vorhersagen über das Systemverhalten zu treffen und seine Arbeitsschritte zu planen. Anwendungen müssen deshalb so gestaltet sein, daß sie dem Benutzer ein gedankliches Modell nahelegen, das auch der Arbeitsweise des Systems entspricht. Das System muß in vergleichbaren Situationen auch gleich reagieren. Innerhalb einer Anwendung sowie zwischen Anwendungen muß also Konsistenz herrschen. Eine einheitliche und ergonomische Benutzungsschnittstelle für alle Anwendungen

* reduziert die Einarbeitungszeit,
* verringert Schulungskosten,
* steigert die Akzeptanz,
* führt zu effizienter Nutzung des Produkts,
* erhöht die Wirtschaftlichkeit jedes Software-Produkts,
* erleichtert die Arbeit des Anwendungsentwicklers, da er sich nicht bei jeder neuen Anwendung Gedanken über die Oberfläche machen muß, sondern auf ein vorhandenes Konzept zurückgreifen kann.

Die Entwicklung des Designs der graphischen Oberflächen ist durch programmiertechnische Vorgaben der Groupware-Plattform Lotus Notes determiniert. Dennoch wurden verschiedene Designrichtlinien verwendet, um die Bedienung des erstellten Prototypen möglichst zu vereinfachen.

Die Navigationsstrukturen sollten dem Standarddesign entsprechen, deshalb wurde auf die Einführung graphisch gestalteter Navigationsstrukturen verzichtet. Die Anzahl der Buttons je Taskleiste wurde auf fünf beschränkt. Als Designrichtlinie diente der Best Practice Guide von Lotus.

Die Seitengestaltung sollte mit Hilfe einheitlich formatierter Tabellen erfolgen. Die nachfolgende Übersicht gibt Auskunft über die zu verwendende Schrift (Font, Größe, Style, Farbe) und den zu verwendenden Hintergrund.

Tabelle 6.3.1 Übersicht über die Seitengestaltung

Feld	Schrift			Hintergrundfarbe
	Größe	Style	Farbe	
Formularüberschrift im Kopf	12	fett	weiß	Dunkelblau
Unterüberschriften	8	fett	dunkelblau	hellgrau
Literate der restlichen Zeilen	8	normal	dunkelblau	weiß
Inhaltsfelder	10	normal	schwarz	weiß

6.3.3.6
Evaluation

Für die Evaluation des eingeführten Prototypen wird das bereits im Betriebsvorhaben der Huthmann Bauunternehmung (Abschn. 6.2) beschriebene Verfahren der Arbeitssystemwertanalyse verwendet.

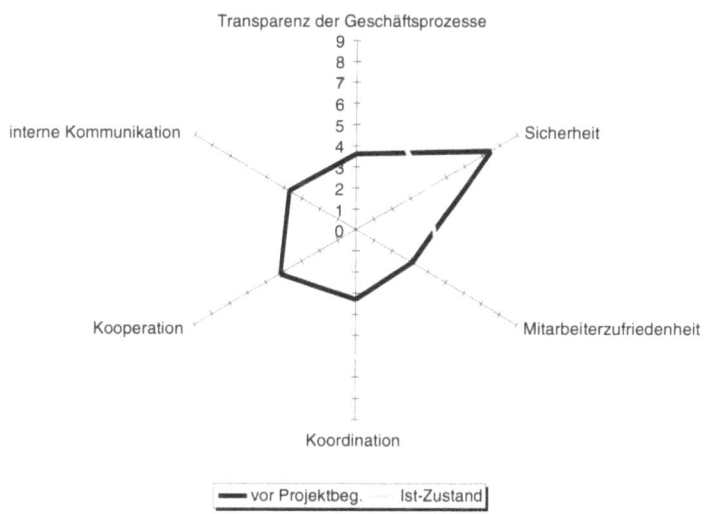

Abb. 6.3.8 Evaluation des eingeführten Prototypen

Das Verfahren wurde jedoch leicht modifiziert. Für die Analyse wurden sieben Erfolgsfaktoren (Transparenz der Geschäftsprozesse, Sicherheit, Mitarbeiterzufriedenheit, Koordination, Kooperation, interne Kommunikation und Technik) betrachtet. Diese Erfolgsfaktoren gliederten sich in weitere Unterkriterien (Abb. 6.3.8). Für die Unterkriterien wurde eine dreiwertige Gewichtung (1 sehr wichtig, 2 wichtig, 3 weniger wichtig) durchgeführt, um der Wichtigkeit verschiedener Einzelkriterien gerecht zu werden. Aus den Unterkriterien wurde ein gewichteter Mittelwert für die jeweiligen Erfolgsfaktoren berechnet. Im Zwischenergebnis (keine Gewichtung der Hauptkriterien durch paarweisen Vergleich) zeigte sich, daß in sechs von sieben untersuchten Kriterien eine Verbesserung erzielt werden konnte. Die Verschlechterung im Bereich Sicherheit ist damit zu begründen, daß durch das Bündeln und Sammeln von Informationen in einem Zentralsystem die Informationen leichter zugänglich sind und somit für betriebsfremde Zwecke (z. B. Mitnahme von Entwicklungsdaten) mißbraucht werden können.

Die beschriebenen Hauptkriterien besitzen eine unterschiedliche Wertigkeit für die Arbeiten im Bereich der Produktneuentwicklung. Deshalb wurden die Kriterien durch paarweisen Vergleich bewertet. Hier zeigte sich, daß Technik und Sicherheit eine geringere Wertigkeit haben als z. B. Transparenz der Geschäftsprozesse.

Tabelle 6.3.2: Gewichtung durch paarweisen Vergleich

Erfolgsfaktor 1. Kriterium		EF 1	EF 2	EF 3	EF 4	EF 5	EF 6	EF 7	aG	nG
	Erfolgsfaktor 2. Kriterium									
EF 1	Transparenz der Geschäftsprozesse	╳	2	2	1	2	2	2	11	26,19
EF 2	Sicherheit	0	╳	0	0	0	0	1	1	2,38
EF 3	Mitarbeiterzufriedenheit	0	2	╳	0	1	1	2	6	14,29
EF 4	Koordination	1	2	2	╳	2	2	2	11	26,19
EF 5	Kooperation	0	2	1	0	╳	1	2	6	14,29
EF 6	interne Kommunikation	0	2	1	0	1	╳	2	6	14,29
EF 7	Technik	0	1	0	0	0	0	╳	1	2,38
									42	100,00

Legende: aG: absoluter Gewichtungsfaktor
            nG: normierter Gewichtungsfaktor

Punkteverteilung: 2 : 0 1. Kriterium wichtiger als 2. Kriterium
                  1 : 1 1. Kriterium gleich wichtig wie 2. Kriterium
                  0 : 2 1. Kriterium weniger wichtig als 2. Kriterium

In der anschließenden Arbeitssystemwertberechnung auf Basis der Erfüllungsgrade und Gewichtungen kann ein Vergleich des Arbeitssystemwerts vor Projektbeginn und nach Beendigung des Projektes durchgeführt werden. Es zeigte sich, daß die Mitarbeiter den gegenwärtigen Zustand nach Einführung des Groupware-basierten Prototypen erheblich besser einschätzen als vor Projektbeginn. Als Gründe sind hier die bessere Kommunikation, Koordination, Kooperation und die Möglichkeit der Unterstützung von Prozessen durch das Aktivitätenmanagement zu sehen. Ebenso wurde die Wiederverwendung von Erfahrungswissen aus abgeschlossenen Projekten positiv bewertet.

Tabelle 6.3.3 Arbeitssystemwert

E = Erfüllungsfaktor			Projektbeginn		Ist-Zustand	
G = Gewichtungsfaktor		G	E	ExG	E	ExG
EF 1	Transparenz der Geschäftsprozesse	26,19	3,6	94,29	7,8	204,29
EF 2	Sicherheit	2,38	7,5	17,86	4,0	9,52
EF 3	Mitarbeiterzufriedenheit	14,29	3,1	44,29	4,7	67,14
EF 4	Koordination	26,19	3,3	86,43	6,1	159,76
EF 5	Kooperation	14,29	4,2	60,00	6,4	91,43
EF 6	interne Kommunikation	14,29	3,7	52,86	6,0	85,71
EF 7	Technik	2,38	3,5	8,33	4,8	11,43
Arbeitssystemwert			Σ	364,05	Σ	629,29

6.3.3.7
Zusammenfassung

Das durchgeführte Projekt zeigt deutlich, daß ein an den Anforderungen der Benutzer ausgerichtetes Groupware-basiertes DV-System erhebliche, meßbare Erfolgspotentiale beinhaltet. Das in diesem Projekt entwickelte Groupware-System dient als wissensorientiertes System zur Unterstützung wissensintensiver Aufgaben im Prozeß der Produktneuentwicklung. Besonderes Merkmal ist die Unterstützung asynchroner, dislokierter Kooperation mit informellen Prozessen.

Das entwickelte System enthält verschiedene Module, die aufeinander abgestimmt in den Prototypen integriert wurden.

Das Modul „Aktivitätenmanagement" koordiniert hochflexible Arbeitsabläufe mit spontanen Vorgehensweisen. Es gibt einen Überblick über alle Einzelaktivitäten und sorgt damit für Transparenz von Entscheidungen innerhalb eines Entwicklungsteams. Durch die Integration des betriebswirtschaftlichen Systems SAP R/3 in das Aktivitätenmanagement erfolgt eine an den Arbeitsabläufen ausgerichtete Aufbereitung wesentlicher technischer und wirtschaftlicher Informationen.

Produktneuentwicklungen werden bei der Festo Tooltechnic in Projekten organisiert. Das in den Projekten generierte Wissen wird in dem Modul „Projektdatenbank" gesammelt. Dazu ist die Büroanwendung MS-Office in den Prototypen integriert, so daß Wissen direkt bei seiner Entstehung in das Groupware-System ohne Mehraufwand für die Mitarbeiter einfließen kann. Die zentrale Dokumentation aller Informationen führt einerseits zu einem aktuellen und konsistenten Zustand der projektrelevanten Daten und vereinfacht andererseits die Suche nach und das Wiederauffinden von Informationen. Durch die digitale Speicherung werden die Informationsbeschaffungszeiten stark reduziert. Die dauerhafte Speicherung aller Dokumente ermöglicht nach Projektabschluß ein Project Reviewing. Durch das Archivieren aller Projekte wird ein breit gefächertes Unternehmensgedächtnis aufgebaut. Betriebswirtschaftliche Informationen aus SAP R/3 werden in die Projektdatenbanken integriert. Der Prototyp ergänzt SAP R/3 aus Sicht eines Entwicklungsteams. Der dokumentenorientierte Ansatz der Projektdatenbanken erlaubt einen flexiblen Umgang mit SAP-Daten, den das hochstrukturierte und stark verzahnte SAP-System nicht gestattet.

Das Modul „Projektzentrale" ermöglicht es den Projektleitern, die Projektdatenbanken selbst zu administrieren. Damit ist das Entwicklungsteam weitgehend unabhängig von der EDV-Abteilung und kann flexibel und schnell auf Änderungen in der Projektorganisation reagieren.

Die erhebliche Steigerung des Arbeitssystemwertes belegt die Potentiale, die in der Einführung von teambasierten Systemen liegen. Vor der Einführung solcher Systeme sollte zuerst der Ist-Zustand, z. B. in Form von strukturierten Interviews, aufgenommen werden. Ebenso sollte eine Bewertung der vor Projektstart existierenden Prozesse durchgeführt werden. Aus den Interviews und den anschließenden Analysen ergeben sich verschiedene Erfolgspotentiale, die nach Wichtigkeit geordnet in einem Anforderungskatalog zusammengefaßt werden. Neben der rein technischen Realisierung der Groupware-Lösung auf Basis des Anforderungskatalogs werden gleichzeitig die organisatorischen Rahmenbedingungen, z. B. Verantwortlichkeiten, Zuständigkeiten und neue oder angepaßte Prozesse, festgelegt, die eine möglichst reibungslose Integration der Lösung in das Unternehmen ermöglichen soll. Bevor das System flächendeckend im Unternehmen eingeführt wird, ist es ratsam, in einem Pilotteam sowohl die organisatorischen Veränderungen, z. B. in Form von neuen Prozessen, als auch die technische Umgebung umfassend zu testen. Durch eine abschließende Evaluation, z. B. mit dem Arbeitssystemwert, können am Ende des Projektes meßbare Nutzenbetrachtungen durch Vergleiche der Situation vor Projektbeginn gewonnen werden.

6.4
Fallstudie 4: Flexible Kooperation durch Teamarbeit unterstützende Informations- und Kommunikationstechnologien bei der Sekurit Saint-Gobain Deutschland GmbH & Co. KG

6.4.1
Problemstellung

Die Sekurit Saint-Gobain Deutschland GmbH & Co. KG ist Europas größter Hersteller von Automobilglasscheiben. Das Unternehmen fertigt alle Arten von Scheiben für Automobile, Busse, LKW und Eisenbahnwaggons. Durch ständig optimierte Verfahrenstechnik ist die Sekurit Saint-Gobain dazu in der Lage, Sicherheitsgläser mit komplexen Scheibenformen und sehr guter Optik herzustellen. Die Produktpalette reicht dabei von Einscheibensicherheitsglas bis hin zu Verglasungen mit integrierten Antennenfunktionen, Regensensoren und Alarmschleifen.

Die Zentrale des deutschen Tochterunternehmens befindet sich in Aachen, die Produktionsstätten in Herzogenrath, Porz, Stolberg, Torgau und Würselen.

Bei der konventionellen Produktentwicklung erhält der Konstrukteur Anforderungen an das zu entwickelnde Produkt und führt den Konstruktionsprozeß in Anlehnung an die Arbeitsschritte des Planens und Konstruierens nach Pahl und Beitz (1997) durch (Abb. 6.4.1). Anforderungen, die sich durch die Weiterverarbeitung des Produktes ergeben, werden lediglich durch Konstruktionsrichtlinien, wie z. B. die fertigungs- und montagegerechte Konstruktion, erfüllt. Die Ergebnisse der Konstruktionsabteilung, im Normalfall Zeichnungen und CAD-Daten, werden an die Produktionsplanung weitergereicht. Eine Rückkopplung findet nur dann statt, wenn Probleme in den nachfolgenden Abteilungen auftreten.

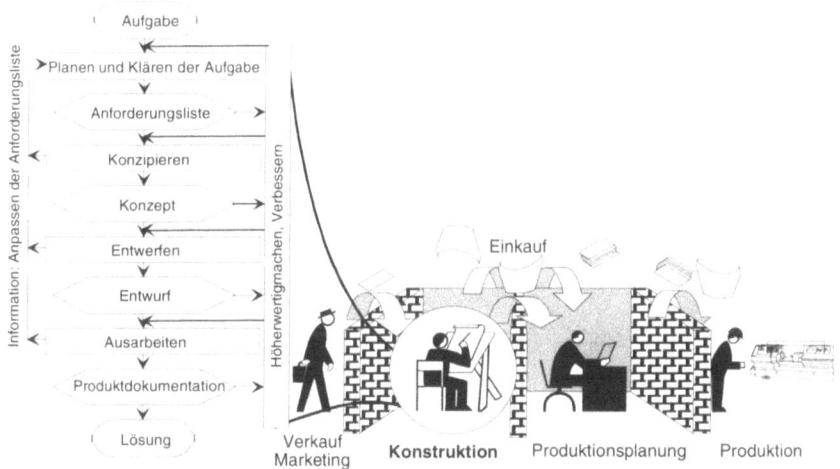

Abb. 6.4.1 Der Prozeß des Planens und Konstruierens in der konventionellen Produktentwicklung (nach Pahl und Beitz 1997)

Im Gegensatz dazu wird der Prozeß des Planens und Konstruierens in neueren Ansätzen vielmehr als integrierter und interdisziplinärer Produktentwicklungsprozeß verstanden, der nur unter früher und aktiver Beteiligung aller am Produktlebenszyklus beteiligten Mitarbeiter in einem Entwicklungsteam durchgeführt werden kann (Abb. 6.4.2). Der Konstrukteur als ein Teammitglied kooperiert in diesem Team mit den jeweiligen Mitarbeitern der einzelnen Abteilungen. Durch die Abstimmung über vorläufige Ergebnisse im Team werden Planungs- und Konstruktionsaufgaben in einem iterativen Prozeß gelöst. Dieser kooperative Konstruktionsprozeß erfordert effiziente und effektive

Koordinations-, Kommunikations- und Kooperationsprozesse (K³-Prozesse) innerhalb des Teams (Abb. 6.4.2) (Stahl et al. 1998).

Im Unternehmen Sekurit Saint-Gobain erfolgt die Produktentwicklung in kundenspezifischen Projektteams. Ein Kernteam besteht aus Mitarbeitern der Abteilungen Vertrieb, Konstruktion und Produktion sowie einem Kundenbetreuer. Je nach Inhalt und Umfang des durchzuführenden Projektes wird dieses Team um Mitarbeiter mit speziellen Kompetenzen – wie z. B. aus den Abteilungen Forschung und Entwicklung oder Marketing – erweitert. In diesen Projektteams wird nach den Vorgaben des Auftraggebers das jeweilige Produkt entwickelt, die Produktion vorbereitet und begleitet. Ein wesentlicher Schwerpunkt liegt dabei auf der Konzeption, Auswahl und Einplanung der an den unterschiedlichen Standorten vorhandenen verschiedenen Fertigungsanlagen und der auftragsspezifischen Werkzeuge. Die Produktion findet dabei zu einem großen Teil standortübergreifend statt, d. h. die Produktionsgüter müssen zwischen den Standorten transferiert werden. Weiterhin müssen von dem jeweiligen Projektteam zahlreiche Kundenanfragen technischer und organisatorischer Art beantwortet und Probleme gemeinsam mit dem Kunden gelöst werden.

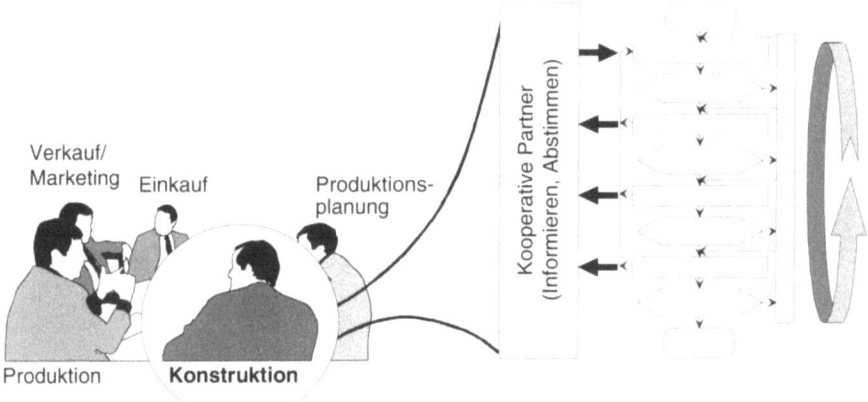

Abb. 6.4.2 Der Konstruktionsprozeß in kooperativen Projektteams

Die standortübergreifende Produktionsvorbereitung und Produktion kann nur von standortübergreifenden Projektteams koordiniert werden. Ein wesentlicher Aspekt ist in diesem Zusammenhang ein ungehinderter Informationsfluß sowie das Sicherstellen einer einfachen und störungsfreien Kommunikation. Vermehrte Fahrtätigkeiten der Mitarbeiter können die auftretenden Kooperations- und Kommunikationsprobleme nicht lösen und führen ihrerseits zu Problemen, z. B. mangelnde Erreichbarkeit des Mitarbeiters am anderen Standort, erhöhte Kosten, Demotivation des Mitarbeiters etc.

Gerade der Kommunikationsbedarf und die Intensität steigen jedoch, wenn Spezialisten standortübergreifend zusammenarbeiten. Der für eine standortübergreifende Kommunikation benötigte zusätzliche Zeitbedarf steht der Forderung nach Senkung der Auftragsabwicklungszeiten diametral gegenüber. Daher besteht ein großer Bedarf an technischer Unterstützung standortübergreifender teambasierter Kommunikation. Zum einen muß die Koordination der verteilten, immer komplexer werdenden Produktion unterstützt werden, zum anderen muß eine Unterstützung des schnellen Wissenstransfers erfolgen.

Ziel ist eine bessere Koordination, Kooperation und Kommunikation innerhalb der standortübergreifenden Projektteams und zwischen Projektteams während aller Projektphasen durch Informations- und Kommunikationstechnologien, insbesondere Groupware-Systeme.

Im folgenden sind die Ziele des Teilprojektes bei der Sekurit Saint-Gobain Deutschland GmbH & Co. KG aufgeführt:

- Verbesserung von Kommunikationsprozessen zwischen den Mitarbeitern in den Projektteams und anderen Unternehmensbereichen,
- Verbesserung der Geschäftsprozesse und Entwicklung neuer betriebsorganisatorischer Konzepte für die standortübergreifende Produktionsentwicklung,
- Realisierung kontinuierlicher Arbeitsprozesse für die beteiligten Mitarbeiter,
- Reduzierung der Belastung für die beteiligten Mitarbeiter sowie
- Verringerung des Änderungsaufwandes.

Entsprechend den Randbedingungen im Unternehmen müssen unternehmensspezifische Faktoren bei der Analyse der Daten und anschließenden Entwicklung des unternehmensspezifischen Konzeptes beachtet werden. Die Kooperation zwischen den Mitarbeitern des Unternehmens muß standortübergreifend möglich sein. Bei der Auswahl und Entwicklung von Unterstützungswerkzeugen muß darauf geachtet werden, daß die organisatorischen Randbedingungen abgebildet werden können.

Die organisatorischen, ergonomischen und vor allem ökonomischen Aspekte der Anwendung innovativer multimedialer und Groupware-basierter Systeme sollen mit diesem Anwendungsvorhaben analysiert und auf ihre Übertragbarkeit auf andere Einsatzgebiete (z. B. unternehmensübergreifende kooperative Produktentwicklung, Zusammenarbeit mit Systemzulieferern) überprüft werden.

6.4.2
Vorgehensweise zur Lösung

Zum Erreichen der genannten Ziele müssen in ausgewählten Bereichen der involvierten Unternehmensstandorte der Kommunikations- und Kooperationsbedarf für die Zusammenarbeit analysiert, organisatorisch strukturiert, adäquate technische Unterstützungssysteme konzipiert und die qualifikatorischen Voraussetzungen für die zu erarbeitende Systemkonzeption geschaffen werden. Insbesondere die folgenden Teilaspekte sind dabei zu beachten:

- Analyse und Dokumentation von Arbeits- und Kooperationsprozessen im Bereich der Produktionsnetzwerke zwischen verschiedenen Mitarbeitern innerhalb des Unternehmens,
- Analyse der Kommunikationsbeziehungen zu angrenzenden Bereichen,
- organisatorische Gestaltung der Kooperationsbeziehungen in den betroffenen Pilotbereichen,
- Konzeption technischer Unterstützungssysteme, die bereichs- und standortübergreifendes Zusammenarbeiten effektiv unterstützen,
- Ermittlung der qualifikatorischen Voraussetzungen für die Einführung und den Betrieb entsprechender organisatorisch-technischer Systemlösungen, Aufstellung und Konzeption geeigneter Qualifizierungsmaßnahmen.

Die prototypische Systemkonzeption muß auf die in den beteiligten Unternehmen vorhandene heterogene informations- und kommunikationstechnische Infrastruktur aufbauen. Die unterschiedlichen DV-Philosophien und verschiedenen Applikationsstandards (beispielsweise im Bereich der CAD-Software) werden während der Auswahl und Einführung der Systeme beachtet. Weiterhin wird geprüft, ob marktgängige Systeme im Bereich von EDMS (Engineering Data Management System), Workflow-Management bzw. Groupware, den aufgezeigten Kooperationsbedarf adäquat unterstützen können und in welchem Maße betriebs- und problemspezifische Anpassungen oder Weiterentwicklungen am Markt verfügbarer Systeme notwendig sind.

Die Vorgehensweise zur Durchführung des Teilprojektes kann in Anlehnung an das Konzept zur Einführung von Telekooperation (Luczak u. Eversheim 1999) in fünf verschiedene Phasen unterteilt werden (Abb. 6.4.3).

In der ersten Phase, dem Kick-off, werden die beteiligten Mitarbeiter des Unternehmens über das Forschungsprojekt und seine Ziele informiert. Zu diesem Zweck werden Workshops für die Führungs- und Sachbearbeiterebene veranstaltet.

Die im Unternehmen vorhandenen Kommunikations- und Kooperationsbeziehungen der einzelnen Mitarbeiter und Abteilungen werden in einer anschließenden Analysephase identifiziert. Diese Phase beinhaltet neben einer Kommunikations- und Kooperationsanalyse auch die Analyse der technischen Infrastruktur, um eine Einbindung der ausgewählten bzw. entwickelten Systeme in die heterogene EDV-Landschaft gewährleisten zu können.

Aufgrund der Ergebnisse der Analysen können Verbesserungspotentiale identifiziert und unternehmensspezifische Anforderungen an die K^3-Strukturen definiert werden. In Zusammenarbeit mit den Mitarbeitern des Unternehmens wird ein spezifisches K^3-Konzept entwickelt und schrittweise im Piloteinsatz umgesetzt. In dieser Umsetzungsphase wird das Konzept von den involvierten Mitarbeitern des Unternehmens unter realen Bedingungen eingesetzt und beurteilt. So können Anregungen aufgenommen und etwaige Änderungen vorgenommen werden, bevor der anschließende produktive Einsatz erfolgt.

Ein wesentliches Merkmal dieser fünfstufigen Vorgehensweise ist, daß der Ablauf der einzelnen Phasen nicht starr und einmalig ist, sondern je nach Bedarf in mehreren Iterationen durchlaufen wird.

In allen Phasen des Projektes wird großer Wert auf die Mitarbeiterbeteiligung gelegt. Durch die partizipative Vorgehensweise bei der Analyse, Konzeptionierung und Umsetzung der K^3-Prozesse und der geeigneten Werkzeuge zur Unterstützung können die Anforderungen und Wünsche der Mitarbeiter an ein neues System erhoben werden. Zu den einzelnen Teilprozessen werden immer die Experten für den jeweiligen Bereich einbezogen. Auf diese Weise wird die Akzeptanz der Mitarbeiter für neue Konzepte und deren Umsetzung erhöht.

Durchführung der Analysen

Die Analysephase besteht aus drei Teilanalysen, deren Ergebnisse sich ergänzen und aufeinander aufbauen. Die wichtigsten Schritte sind dabei die Kommunikations- und die Kooperationsanalyse, die im folgenden beschrieben werden.

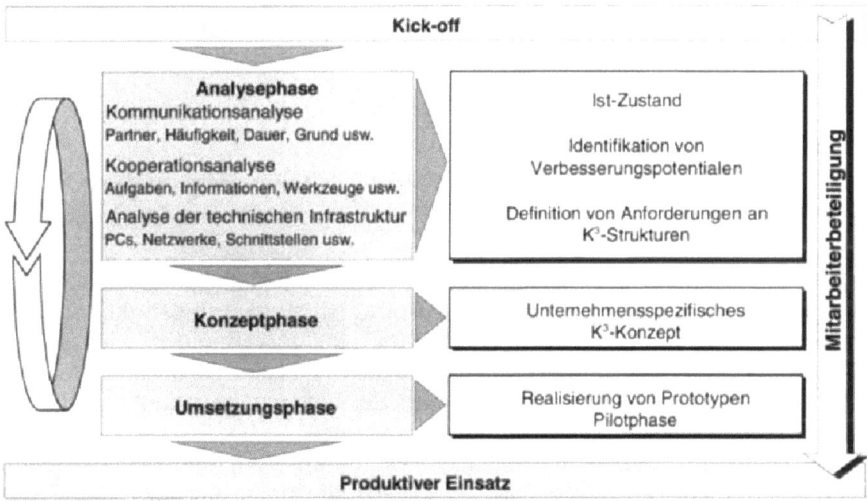

Abb. 6.4.3 Vorgehensweise im Betriebsvorhaben SPICE-Sekurit (nach Luczak u. Eversheim 1999)

Kommunikationsanalyse

Primäres Ziel der Kommunikationsanalyse ist die Erfassung und Untersuchung der art- und mengenmäßigen Kommunikationsbeziehungen zwischen Funktionsbereichen, Abteilungen, Arbeitsplätzen bzw. Personen.

Dokumente spielen als Informationsträger bei indirekter Kommunikation neben den Kommunikationsmedien „persönliches Gespräch" und „Telefonat" für die direkte Kommunikation eine besondere Rolle. Weiterhin werden, um

Schwachstellen aufzeigen zu können und die Betroffenen bei der Analyse aktiv einzubinden, Störfaktoren bezogen auf die Kommunikationsqualität sowie individuelle Verbesserungsvorschläge in die Analyse einbezogen. Zur Durchführung der Kommunikationsanalyse wird ein Fragebogen als Erhebungsinstrument eingesetzt.

Zur Erstellung des Fragebogens wird nach dem in der Abb 6.4.4 dargestellten Schema vorgegangen.

Dabei werden in der Anfangsphase der Fragebogenerstellung nach einer detaillierten Definition der Ziele von einem „Expertenteam" sog. Programmfragen entworfen. Das Expertenteam bestand bei der Erhebung im Rahmen des Sekurit Projektes aus Mitarbeitern des Instituts für Arbeitswissenschaft (IAW), die verschiedenen Fachdisziplinen, wie den Ingenieurwissenschaften, der Soziologie und der Psychologie, angehören. Dabei konnte auf umfassende Erfahrungen mit durchgeführten Kommunikationsanalysen zurückgegriffen werden. Anhand der Programmfragen können gezielt Items und ihre Ausprägungen formuliert und ein Item-Pool erstellt werden. Der auf diese Weise erstellte Gesamtfragebogen wird inhaltlich durch Mitarbeiter des Unternehmens überprüft und etwaige Verbesserungsvorschläge werden in den Fragebogen eingebaut.

Durch diese Vorgehensweise konnte ein Fragebogen erstellt werden, der insgesamt aus neun Modulen besteht (Tabelle 6.4.1). Die Inhalte der jeweiligen Module werden im folgenden kurz beschrieben.

Teil A: Angaben zur Person
In diesem Teil werden die Angaben zur Identifizierung des jeweiligen Mitarbeiters erhoben.

Teil B: Tätigkeitsfeld
Das Modul Tätigkeitsfeld bezieht sich im wesentlichen auf unternehmensspezifische Fragestellungen. Um in dieser Befragung Verzerrungen durch unterschiedliche Gewichtung abgeschlossener Projekte zu vermeiden, wird in dem gesamten Fragebogen nur der augenblickliche Zustand erhoben. Durch die Verknüpfung mehrerer „Standbilder" aktueller Fahrzeugprojekte kann auf den Gesamtverlauf eines Projektes geschlossen werden.

Des weiteren wird in dem behandelten Modul die Verteilung der Arbeitszeit nach der Art der Tätigkeit erfaßt, um die Erreichbarkeit und den Anteil von Kommunikation bestimmen zu können. Kommunikationspartner, ihre organisatorische Zugehörigkeit und der jeweilige Standort werden erfragt, um die Distanz (organisatorisch und räumlich) zu erfassen.

Teil C: Kommunikationsmöglichkeiten und –wege
Dieses Modul erfaßt die technischen und organisatorischen Zugänge zu Kommunikationsmedien, die tatsächlich genutzten Kommunikationswege und die Verbindung des Niveaus der Kommunikation mit den genutzten Medien. Das Niveau der Kommunikation ist dabei szenarienbasiert gestuft.

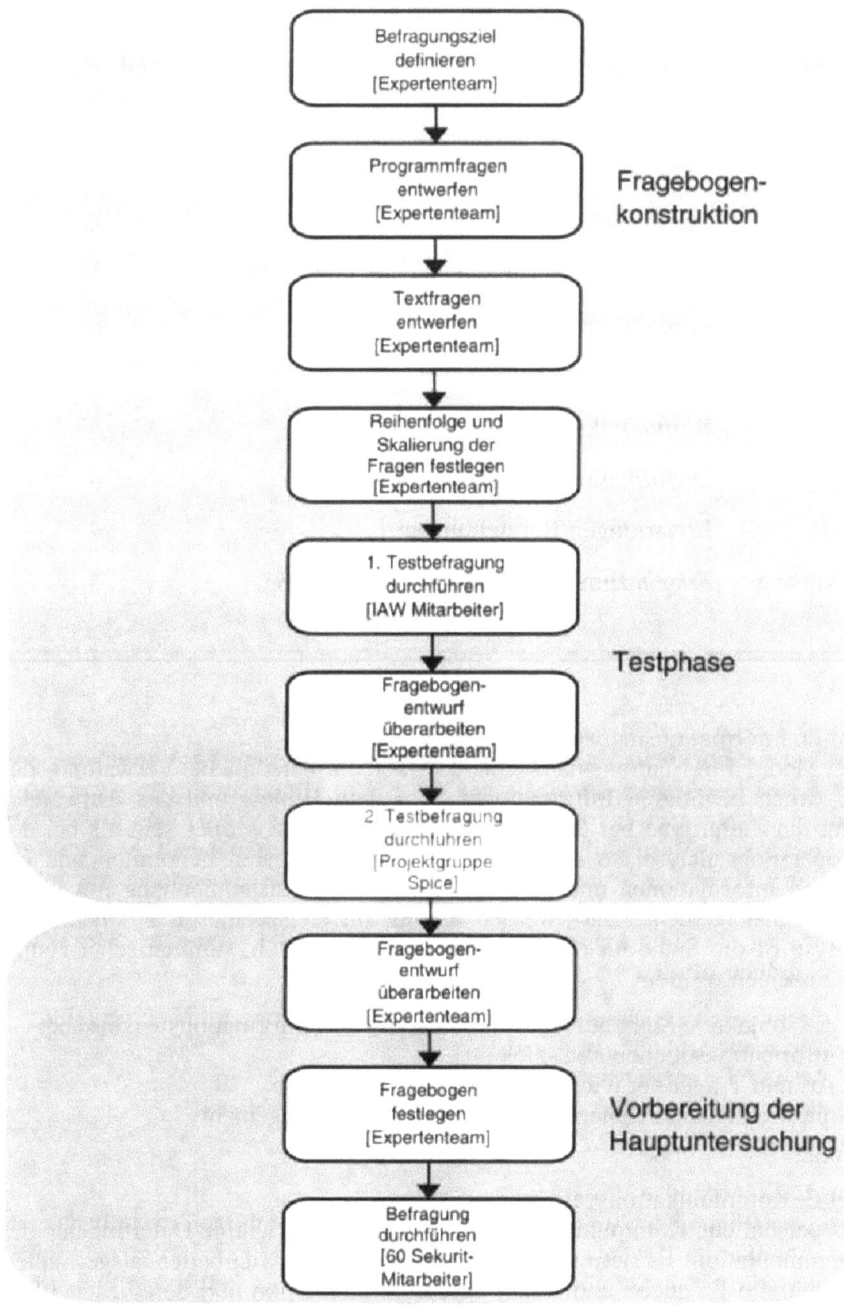

Abb. 6.4.4 Vorgehensweise zur Fragebogenerstellung

Tabelle 6.4.1: Struktur des Fragebogens und Anzahl der Fragen

Lfd. Teil	Kernbereich	Anzahl der Fragen
A	Angaben zur Person	7
B	Tätigkeitsfeld	4
C	Kommunikationsmöglichkeiten und -wege	6
D	Informationsmanagement	10
E	Kommunikationsverhalten	4
F	Kommunikationsstörungen	4
G	Qualifikation/Qualifizierung	4
H	Erwartungen/Befürchtungen	2
Anhang	Fragen zum Erhebungsbogen/Workshop	4
		Σ45

Teil D: Informationsmanagement
Das Modul Informationsmanagement erfaßt die persönliche Verwaltung der zur Arbeit benötigten Informationen. Vor dem Hintergrund des Aufwandes kann die Zielgruppe bei der Kommunikationsanalyse größer sein als bei der Kooperationsanalyse, so daß zumindest die wichtigsten benötigten und erzeugten Informationen und größten Probleme im Zusammenhang mit Informationsmanagement erfaßt werden sollten. Im Gegensatz zur Kooperationsanalyse ist die Sicht auf die Information globaler, d. h. summarischer Natur. Im einzelnen werden

- die subjektive Sicht auf Informationsstand und Informationsversorgung,
- Informationsquellen und -ziele,
- Art und Träger der wichtigsten Informationen und
- die wichtigsten Probleme beim Informationsmanagement

erfragt.

Teil E: Kommunikationsverhalten
Das persönliche Kommunikationsverhalten ist eine wichtige Determinante der Kommunikation. Es definiert die Art der von dem Mitarbeiter ausgewählten Medien, die Frequenz und Dauer von Kommunikation und deren Steuerung. Hier werden

- szenarienbasiert und -abhängig die persönlich bevorzugten Medien,

- medienabhängig persönliche Steuerungsmechanismen,
- persönliche und organisatorische Regeln sowie
- persönliche Präferenzen und Abneigungen der verschiedenen Medien

erfragt.

Teil F: Kommunikationsstörungen
Gegenstand dieses Moduls ist die Häufigkeit des Auftretens von Kommunikationsstörungen und der Umgang mit ihnen.

Teil G: Qualifikation/Qualifizierung
Innerhalb dieses Moduls wird medienabhängig der Nutzungsgrad und die Nutzungsmöglichkeiten, die persönlichen Kenntnisse im Umgang mit den Medien, die Art der erfahrenen Qualifizierungsmaßnahmen und die organisatorischen Kenntnisse in bezug auf den Zugang zu den Medien erfragt.

Teil H: Erwartungen/Befürchtungen
An dieser Stelle können die Mitarbeiter selbst und ohne Vorgaben ihre Erwartungen und Befürchtungen in bezug auf moderne IuK-Technologien formulieren.
Insgesamt nahmen an der Kommunikationsanalyse 42 Mitarbeiter aus zehn Abteilungen des Unternehmens teil.

Kooperationsanalyse

Die Analysemethode
Ziel der Kooperationsanalyse ist die Aufnahme, Visualisierung und Auswertung von Kommunikations- und Kooperationsprozessen sowie des Informationsflusses innerhalb des Unternehmens. Sie beinhaltet die Erhebung und Auswertung von Daten über die individuellen Prozesse und Tätigkeiten, die jeweilig benötigten und erzeugten Informationen der einzelnen Mitarbeiter, die benutzten Werkzeuge, die Kooperationspartner sowie Niveaus der synchronen Kooperation.

Die Methodik besteht aus mehreren vordefinierten Elementen, die mit einem Regelwerk in eine Struktur gebracht werden, um die Arbeitsprozesse und Kooperationsbeziehungen nachvollziehbar abbilden zu können.

Schwach strukturierte Prozeßabläufe, wie sie in der Produktentwicklung häufig anzutreffen sind, können mit bestehenden Ansätzen und Methoden zur Visualisierung oder Modellierung von Arbeitsabläufen nicht ausreichend abgebildet werden. Spezifische Anforderungen an eine Beschreibungssprache für schwach strukturierte Prozesse müssen aus diesem Grunde bei der Entwicklung eines neuen Ansatzes beachtet werden.

Gemäß den Anforderungen an die Beschreibungstechnik für schwach strukturierte Prozesse in Tabelle 6.4.2 werden basierend auf den RFA-Netzen von Oberquelle folgende Elemente abgebildet:

- Aufgabenelemente,
- Zustands- bzw. Ereigniselemente,
- Entscheidungselemente,
- Informationselemente,

- Kooperationselemente,
- Rollen, bzw. Schnittstellen zu anderen Rollen und
- Problemelemente.

Tabelle 6.4.2: Anforderungen an eine Beschreibungstechnik für schwach strukturierte Prozesse

erforderliche Darstellungsele-mente und -attribute	*Anforderungen an die Methode*
Arbeitsprozesse	Fähigkeit, schwach strukturierte Prozesse abzubilden
Entscheidungen	Niveau der Kooperation
Informationen	Kennzeichnen von Problemen
Art des Informationsaustauschs	verschiedene Detaillierungsniveaus
Ereignisse/Zustände	
Kooperationspartner	

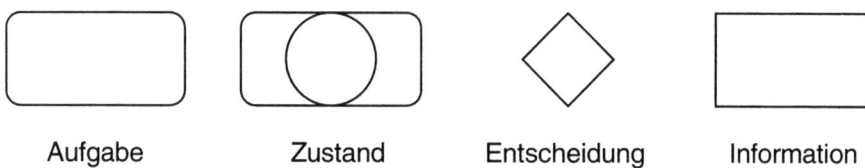

Aufgabe   Zustand   Entscheidung   Information

Abb. 6.4.5 Graphikobjekte zur Darstellung des Prozeßablaufs

Um auch die bei der Produktentwicklung häufig auftretenden kreativen Prozesse abbilden zu können, wurde auf die von Harel entwickelte Darstellung der Blobs zurückgegriffen (s. Harel 1987; Harel 1988). Bei dieser Art der Darstellung können hierarchische Beziehungen durch grafischen Einschluß in ein übergeordnetes Element dargestellt werden, ohne daß eine genau definierte zeitliche Abfolge spezifiziert werden muß (s. auch Abschn. 2.3).

Neben den Arbeitsprozessen des einzelnen Mitarbeiters ist auch der Austausch von Informationen, der zur Erfüllung der jeweiligen Aufgabe notwendig ist, von Bedeutung. Dieser Austausch wurde mittels Informationsattributen aufgenommen und abgebildet (Abb. 6.4.6).

Durch gerichtete Pfeile wird die Richtung des Informationsaustausches zwischen den jeweiligen Kommunikationspartnern dargestellt. Der Kommunikationspartner wird dabei lediglich als weitere Rolle, also als Schnittstelle betrachtet, und je nach Bedeutung und Häufigkeit des Informationsaustausches einer eigenen Analyse unterzogen, um ein repräsentatives Gesamtbild zu erstellen.

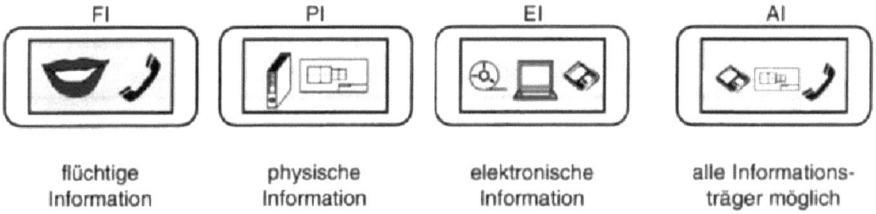

Abb. 6.4.6 Attribute zur Darstellung der Informationsträger

Erfolgt der Informationsaustausch synchron, also zeitgleich mit dem Kommunikationspartner, so wird dies zusätzlich durch Kooperationsattribute ausgedrückt (Abb. 6.4.7). Die Darstellung dieser synchronen Kommunikation wurde auf verschiedenen Kooperationsniveaus durchgeführt. Auf diese Weise kann bestimmt werden, welche Werkzeuge zur Unterstützung der Kooperation eingesetzt werden können.

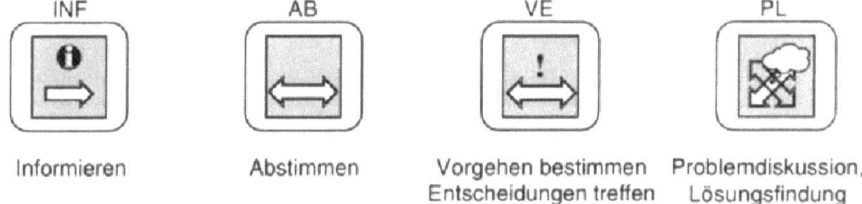

Abb. 6.4.7 Attribute zur Darstellung der Kooperationsniveaus

Die Vorgehensweise erfolgt analog zur in Abschn. 4.2.2 beschriebenen Strukturlegetechnik. Der dazugehörige Interview-Leitfaden ist in Tabelle 6.4.3 abgebildet.

Auswertung der Analysen

Die in der Kommunikationsanalyse erhobenen Daten werden quantitativ ausgewertet. Die erarbeiteten Tabellen und Diagramme ermöglichen eine Aussage über die Organisations- und Tätigkeitsstruktur, die Kommunikationsnetze innerhalb des Unternehmens, die vorhandenen technischen Systeme und Kommunikationsmedien, den Aufwand für Kommunikation zwischen den einzelnen Abteilungen/Mitarbeitern sowie die Inhalte und Probleme der Kommunikation. Durch eine Verknüpfung der einzelnen Statistiken können Kernaussagen bezogen auf die vorhandenen Defizite abgeleitet werden.

Die in der Kooperationsanalyse erhobenen Daten können nach verschiedenen Kriterien ausgewertet werden. Dabei ist bei umfangreichen Analysen die Erstellung eines Datenmodells zur Auswertung unumgänglich.

Tabelle 6.4.3: Leitfaden zur Durchführung des Interviews

Fragestellung des Interviews
• Welche Aufgabe führen Sie als nächstes durch?
• Besteht zwischen dieser und der vorherigen Tätigkeit eine zeitliche Abfolge?
• Welche Informationen benötigen Sie dafür?
• Wie erhalten Sie diese Informationen?
• Von wem erhalten Sie diese Informationen?
• Verläuft der Informationsaustausch synchron?
• Wenn ja, auf welchem Niveau?
• Welche Informationen leiten Sie weiter?
• Wie leiten Sie diese Informationen weiter?
• Wer erhält diese Informationen?
• Wenn ja, auf welchem Niveau?
• Gibt es bei der Aufgabe oder dem Informationsaustausch Probleme?

Mit der beschriebenen Methodik und der partizipativen Datenerhebung wird ein Abbild der Ist-Situation dargestellt. Die Daten können sowohl auf der Ebene jedes einzelnen Mitarbeiters betrachtet als auch, z. B. abteilungsintern, zusammengefaßt werden, um globalere Aussagen treffen zu können. In diesem Sinne ist auch die Aufgabenverteilung unter den einzelnen Mitarbeitern bzw. innerhalb einer Abteilung enthalten. Diese Aufgabenverteilung beinhaltet alle Aufgaben des Mitarbeiters, ist also nicht auf Fach- oder Koordinationsaufgaben beschränkt. Aufgabenverteilungen innerhalb einer Abteilung und auch abteilungsübergreifend können somit identifiziert und beurteilt werden. Bei der beschriebenen Kooperationsanalyse werden auf diese Weise Probleme sichtbar, die durch Analysemethoden, die die Soll-Situation darstellen, nicht identifiziert werden können (z. B. die Nichteinhaltung von Terminen).

Aufgrund der erhobenen Daten kann eine Aussage über die Kooperationsbeziehungen einzelner Mitarbeiter und verschiedener Abteilungen getroffen werden. Dabei ist sowohl die Art der Informationen als auch die Art des Austausches (Informationsträger, synchrone/asynchrone Kooperation, Niveau der synchronen Kooperation) von Bedeutung. Wenn Informationen auf einem anderen Informationsträger weitergeleitet werden, als der Mitarbeiter sie erhalten hat, liegt ein Medienbruch vor. Medienbrüche, die einen Übergang von einem höheren zu einem niedrigeren, d. h. einem elektronischen zu einem physischen oder einem physischen zu einem flüchtigen Informationsträger, darstellen, führen zu Problemen bei der Weitergabe dieser Informationen und dem Versionsmanagement. Dieser Medienbruch ist häufig zusätzlich mit einem Verlust an Informationen verbunden und muß somit vermieden werden. Des weiteren bedeutet jede Aufbereitung von Informationen für einen anderen Informationsträger Mehrarbeit für den einzelnen Mitarbeiter, die in vielen Fällen vermieden werden kann (Abb. 6.4.8).

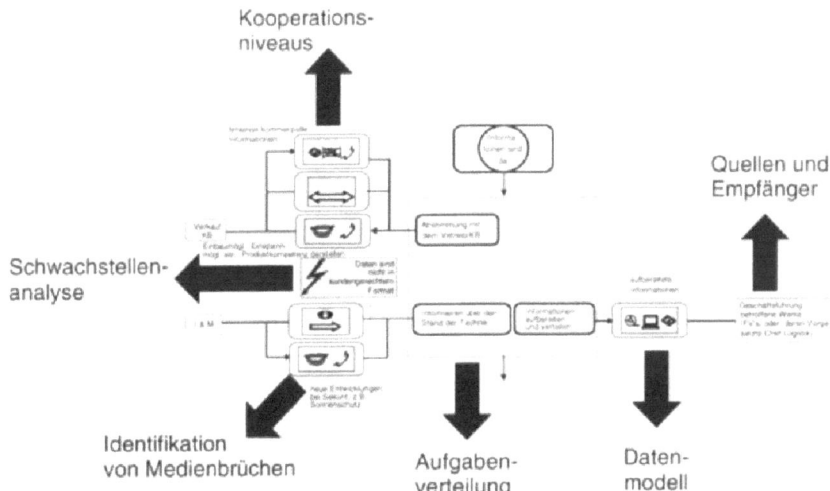

Abb. 6.4.8 Auswertung der Kooperationsanalyse

6.4.3
Ergebnisse

Anhand der erhobenen Daten und der in Kap. 6.4.2 beschrieben Auswertung der Kommunikations- und Kooperationsanalyse wurde ein Grobkonzept entwickelt, das die identifizierten Probleme beachtet und neue Ansätze zur Gestaltung der K³-Prozesse beinhaltet. Das Konzept wurde modular aufgebaut, so daß es eine schrittweise Umsetzung innerhalb des Unternehmens ermöglichte. Im folgenden werden einzelne Module des Gesamtkonzeptes in abstrahierter und abgewandelter Form dargestellt.

6.4.3.1
Koordinationsaufgaben in Projektteams

Die Aufgaben, die innerhalb eines Fahrzeugprojektes von den einzelnen Mitarbeitern wahrgenommen werden, lassen sich in Fach- und Koordinationsaufgaben untergliedern. Die Verteilung der einzelnen Fachaufgaben ist eng an die

Zugehörigkeit der Mitarbeiter zu einzelnen Abteilungen (Matrixorganisation) geknüpft. So ist der Mitarbeiter aus der Vertriebsabteilung immer für die spezifizierten Kosten innerhalb eines Angebotes verantwortlich, der Mitarbeiter aus der Konstruktionsabteilung arbeitet dagegen inhaltlich an konstruktiven Fragestellungen etc. Darüber hinaus müssen alle durchzuführenden Aktivitäten innerhalb des Teams koordiniert werden. Wichtiger Bestandteil dieser Koordinationsaufgaben sind Terminabsprachen und -kontrolle sowie etwaiges Eingreifen in laufende Prozesse. Prinzipiell können alle Teammitglieder sowie externe Personen diese Funktion als Koordinator wahrnehmen. Die Koordination ist nicht an abteilungsspezifische Kompetenzen innerhalb des Unternehmens gebunden. Trotzdem ist es wichtig, einen Abgleich zwischen Fach- und Koordinationsaufgaben durchzuführen. Die zeitliche Koordination des Projektes muß derjenige Mitarbeiter übernehmen, der auch den Endtermin eines Prozesses, z. B. dem Kunden gegenüber, zu verantworten hat. Dieser Mitarbeiter kann bei auftretenden Problemen die Konsequenz für das Projekt schnell abschätzen und dementsprechend eingreifen. Wenn es letztendlich zu Terminverschiebungen kommt, so muß er diese selbst gegenüber dem Kunden kommunizieren und verantworten.

6.4.3.2
Informationsfluß vor und in den frühen Phasen eines Fahrzeugprojektes

Vor und in den frühen Phasen eines Fahrzeugprojektes wird eine Vielzahl von Informationen vom Kunden über ein mögliches Fahrzeugprojekt in das Unternehmen getragen. Die Schnittstelle zum Kunden ist dabei nicht nur von Kunde zu Kunde verschieden, sondern variiert auch innerhalb eines möglichen Projektes, da gerade in diesen Phasen mehrere Abteilungen in Kontakt zu dem Automobilhersteller stehen. Zum einen sind sowohl Mitarbeiter aus den Abteilungen Marketing sowie Forschung und Entwicklung als auch Kundenberater beim Kunden präsent, um den Kontakt zu pflegen und Innovationen zu präsentieren. Zum anderen stehen aber auch Mitarbeiter des Vertriebs, der Konstruktion und z. T. auch der Arbeitsvorbereitung mit dem Kunden aufgrund laufender Projekte in Kontakt. Des weiteren ist die Struktur und die Detaillierung einer Information vom Kunden in dieser Phase nicht a priori festgelegt. Es kommen Informationen in das Unternehmen, die sich ganz konkret auf ein Fahrzeugprojekt beziehen und zusätzlich sehr detailliert die Anforderungen oder Wünsche des Kunden beschreiben. Es können allerdings auch Informationen so globaler Natur sein, daß sie sich auf mehrere Fahrzeugprojekte oder auch Fahrzeughersteller beziehen. Diese Informationen werden normalerweise im Laufe der Zeit durch die einzelnen Mitarbeiter, die in direktem Kontakt zum Kunden stehen, verfeinert, korrigiert oder widerlegt.

Der Prozeß des Zusammenstellens und Verbindens einzelner Informationen sowie das Überprüfen der Aktualität von Informationen nimmt für die einzelnen Mitarbeiter viel Zeit in Anspruch. Um die beschriebenen Aktivitäten zu unterstützen, also den Mitarbeiter zu entlasten und die Qualität des Informationsmanagements in diesen Phasen der Produktentstehung zu verbessern, wurde ein Konzept für ein Unterstützungswerkzeug entwickelt und prototypenhaft umgesetzt.

Tabelle 6.4.4: Anforderungen an die Realisierungsform

• Die Benutzerauthentifizierung soll betriebssystemübergreifend und -unabhängig erfolgen. • Zugriffsberechtigungen sollen in Abhängigkeit der Informationsattribute vergeben werden können. ➡ • Die Berechtigungsvergabe soll sowohl benutzer- als auch gruppenbezogen erfolgen können.	systemeigene Verwaltung der Zugangs- und Zugriffsberechtigungen Systemeigene Benutzer- und Gruppenverwaltung
• Standortübergreifende Zugriffsmöglichkeit • Nutzung der vorhandenen IT-Infrastruktur • Erweiterbarkeit für die weltweite Benutzung • keine Installation von spezieller Software auf den Client-Rechnern ➡ • Einsatz in heterogener Client-Rechnerumgebung (verschiedene Unix-Derivate, Windows 95, Windows NT) • Intuitive Bedienung/bekanntes Benutzerinterface	HTML-basierte Serverlösung Zugriff erfolgt per HTTP mit Standardbrowsern
• Schnittstellen zu anderen Software-Systemen und Datenbeständen • Erweiterbarkeit des Einsatz- und Unterstützungsbereichs ➡	datenbankbasiertes System

Das System SENSUS (**S**ystem zur **E**rfassung von **N**achrichten und **s**chwachen **U**mweltsignalen) dient zur Aufnahme, Bereitstellung und Weiterleitung von Informationen, die dementsprechend vorrangig in den Vorprojektphasen und in den frühen Phasen von Fahrzeugprojekten wichtig sind. Diese schwach strukturierten Informationen können nicht unbedingt als absolut gesichert angesehen werden, sind aber u. U. wichtige Vorabinformationen für ein späteres Projekt. Dies können z. B. „Gerüchte" sein, die Vertriebsmitarbeiter bei einem Fahrzeughersteller in bezug auf ein geplantes neues Fahrzeug erfahren haben. Ebenso kann es sich um wichtige Informationen zu Entwicklungen bei Mitbewerbern handeln. Gerade in den frühen Projektphasen ergeben sich solche Informationen z. T. sehr spontan und ad hoc aus bestimmten Situationen – wie z. B. Besprechungen beim Kunden oder Berichten aus der – heraus. Dabei kann die Information für den Informationsträger zunächst ohne Projektbezug und als nicht relevant für das eigene Unternehmen erscheinen. Nichtsdestoweniger kann die Information für andere Personen von hoher Wichtigkeit sein. In gleicher Weise können viele Informationen einzeln für sich betrachtet ohne erkennbaren Sinn und Bedeutung sein, aber in Kontext zueinander gebracht eine relevante Information ergeben.

Aufgrund der genannten Charakteristika der Informationsstruktur in den frühen Projektphasen ist mit SENSUS ein Software-Tool zur Unterstützung der Informationsaufnahme, -aufbereitung und -bereitstellung sowie der Verbesserung der Informationsflüsse entwickelt worden. In mehreren Workshops wurde mit einem zu diesem Zweck gebildeten Projektteam, das aus Mitarbeitern aller relevanten Unternehmensbereiche bestand, die Anforderungen an SENSUS formuliert und im Laufe der Realisierung schrittweise verfeinert. Die wichtigsten Ergebnisse und Anforderungen und die daraus resultierenden Realisierungsformen sind im folgenden wiedergegeben:

Für die Informationsobjekte wurde mit dem Projektteam iterativ die in Tabelle 6.4.5 dargestellte Struktur entwickelt.

Das System SENSUS besitzt die folgenden grundlegenden Funktionalitäten:

Verfassen und Diskussion von Informationen

Die Benutzer von SENSUS können entsprechend der beschriebenen Informationsstruktur neue Informationen in das System „einpflegen". Dabei ist der Strukturierungsgrad durch die Optionalität der verschiedenen Attribute variabel. So kann z. B. eine Information auf keinen, einen oder mehrere Hersteller, Fahrzeugprojekte oder Kategorien bezogen sein. Beim Verfassen einer Information können zusätzlich E-Mail-Adressaten angegeben werden, denen die Information unmittelbar per E-Mail zugeschickt wird.

Ein wesentlicher Aspekt von SENSUS ist die Möglichkeit zur Diskussion der enthaltenen Informationsobjekte durch das Verfassen von Kommentaren zu im System vorhandenen Informationen. Hierdurch entsteht ein Diskussionsbaum wie in Abb. 6.4.9 dargestellt, dessen Wurzel das ursprüngliche Informationsobjekt darstellt. Beim Verfassen eines Kommentars zu einer Information kann der Verfasser entsprechend seiner Berechtigung nur aus den Herstellern und Fahrzeugprojekten auswählen, auf die sich die Ursprungsinformation bezieht. Zum einen wird durch die Diskussionsmöglichkeit die Akkumulation des auf mehrere Informationsträger verteilten Wissens innerhalb des Diskussionsbaums erreicht, was zu einem detaillierteren und umfassenderen Wissen in bezug auf die entsprechende Thematik führt. Zum anderen wird durch die zeitliche Abfolge, der sog. Historie, die Entwicklung des Wissensstandes innerhalb der Organisation zu der Thematik dokumentiert, wodurch Optimierungspotential in bezug auf die Gestaltung der Informationsflüsse erkennbar wird.

Tabelle 6.4.5: Struktur der Informationsobjekte

Bezeichnung	Beschreibung	optional
ID	Jeder Information wird automatisch von SENSUS eine eindeutige ID zugewiesen. Diese kann vom Benutzer nicht verändert werden und hat folgende Gestalt: Hersteller, Projekt, fortlaufende Nr.	
Datum und Uhrzeit	Datum und Uhrzeit des Verfassens der Information werden automatisch gespeichert.	
Verfasser	Der Verfasser der Information wird automatisch gespeichert.	
Informationsquelle	Hier kann die Quelle der Information eingetragen werden.	X
weitere Ansprechpartner	Hier können weitere Ansprechpartner für die Information eingetragen werden.	X
Hersteller	Dem Verfasser der Information werden automatisch nur die Hersteller zur Auswahl zur Verfügung gestellt, für die er die Berechtigung zum Verfassen einer Information besitzt. Eine Mehrfachnennung ist möglich. Beim Verfassen eines Kommentars zu einer Information kann der Verfasser entsprechend seiner Berechtigung nur aus den Herstellern auswählen, auf die sich die Ursprungsinformation bezieht.	X
Fahrzeugprojekt	Hier wählt der Verfasser die Fahrzeugprojekte aus, auf die sich die Information bezieht. Dabei ist eine Mehrfachnennung von Fahrzeugprojekten möglich. Dem Verfasser der Information werden automatisch nur die Fahrzeugprojekte zur Auswahl zur Verfügung gestellt, die den ausgewählten Herstellern zugeordnet sind und bei denen der Benutzer die Berechtigung zum Verfassen von Informationen besitzt. Beim Verfassen eines Kommentars zu einer Information (Ursprungsinformation) kann der Benutzer entsprechend seinen Berechtigungen nur aus den Fahrzeugprojekten auswählen, auf die sich die Ursprungsinformation bezieht.	X
Kategorie	Hier hat der Verfasser die Möglichkeit, die Information verschiedenen nicht trennscharfen Kriterien zuzuordnen.	X
Titel	Hier trägt der Verfasser den Titel der Information (z. B. analog zu einer E-Mail) ein.	
Informationstext	Hierbei handelt es sich um den eigentlichen Informationstext.	
Dateianlage	Der Verfasser kann der Information eine oder mehrere Dateien beifügen (z. B. Word oder Excel Dokumente).	X

Suchen nach Information

Die Suchfunktion dient der Recherche im Informationsbestand von SENSUS. Durch die logische Verknüpfung der Elemente und Attribute der gesuchten Informationsobjekte kann die Suche entsprechend gezielt erfolgen. Im Suchergebnis werden in einer benutzerdefinierbaren Kurzansicht die den Suchkriterien entsprechenden Informationsobjekte in Form einer auf zwei Sortierebenen gegliederten und sortierten Liste dargestellt. Zum einen kann durch Anklicken des Informationstitels das entsprechende Informationsobjekt in einer aufbereiteten Leseansicht dargestellt werden. Zum anderen kann der Diskussionsbaum (entsprechend der Navigationsansicht), zu dem die Information gehört, durch Anklicken einer entsprechenden Schaltfläche in die Suchergebnisliste eingeblendet werden, wodurch der direkte Zugriff auf alle im Diskussionsbaum enthaltenen Informationen möglich ist.

Abonnieren von Information

Ein zentrales Element von SENSUS ist die Abonnierfunktion. Analog zur Suche nach Informationen kann jeder Benutzer Kriterien formulieren, die sog. Abonnierregeln. Nach diesen benutzerdefinierten Regeln schickt SENSUS dann alle neuen Informationen, die in das System eingegeben werden, an die eingetragenen Benutzer per E-Mail. Dabei kann beim Erstellen der Abonnierregeln ausgewählt werden, ob die komplette Information, eine benutzerdefinierbare Kurzfassung oder ein Hypertextlink zu der entsprechenden Information per E-Mail verschickt wird. So ist gewährleistet, daß die Benutzer, auch wenn sie nicht bei SENSUS angemeldet sind, nach ihrem selbstdefinierten Informationsbedarf über neue Informationen benachrichtigt werden. Zusätzlich zur Abonnierung entsprechend den Suchkriterien ist es möglich, alle Informationen, die einem bestimmten Diskussionsbaum hinzugefügt werden, zu abonnieren.

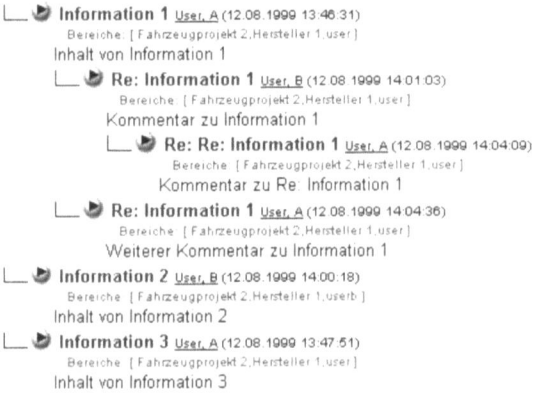

Abb. 6.4.9 Darstellung eines Diskussionsbaums

Navigation im Informationsbestand
Zusätzlich zu einer gezielten Suche nach Informationsbestand kann der Benutzer analog z. B. zu Internet-News durch den Informationsbestand navigieren. Die Darstellung der Informationen erfolgt dabei in Form eines strukturierten Baums, dem Navigationsbaum, wie in Abb. 6.4.10 dargestellt.

Die oberste Gliederungsebene wird dabei durch die Herstellerbezeichnung, die zweite durch die Fahrzeugprojektbezeichnung und die dritte durch den aus den Informationsobjekten bestehenden Diskussionsbaum gebildet. Ausgehend von der Darstellung aller Hersteller in Form einer Liste kann der Benutzer entsprechend der Benutzung von z. B. Internet-Newsreadern durch das Anklicken der entsprechenden „+"-Symbole neben den Bezeichnungen der Baumäste jeweils die nächsten, in der Hierarchie untergeordneten Baumäste aufklappen. Ebenso können die einzelnen Ebenen durch Anklicken einer „–"-Schaltfläche wieder „zugeklappt" werden. Neben der Bezeichnung der Äste wird die Gesamtzahl der unter diesen Ast fallenden Informationsobjekte und die Zahl der für den Benutzer neuen Informationsobjekte in Form eines Hypertextlinks dargestellt. Durch Anklicken dieser Links werden alle entsprechenden Diskussionsbäume vollständig dargestellt. Analog zur Suche kann durch Anklicken des Informationstitels das entsprechende Informationsobjekt in einer aufbereiteten Leseansicht direkt dargestellt werden.

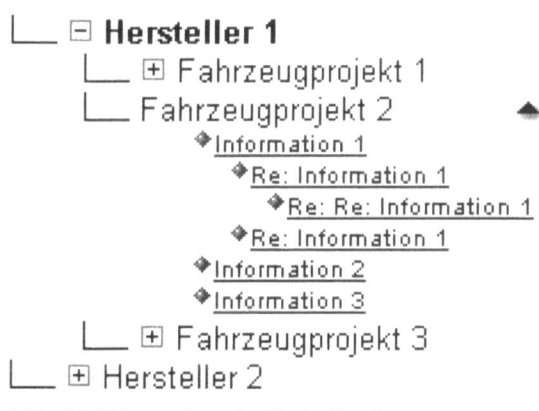

Abb. 6.4.10 Darstellung des Navigationsbaums

Benutzerdefinierte Systemeinstellungen
Jeder Benutzer kann SENSUS entsprechend seinen Bedürfnissen in weiten Grenzen konfigurieren. So kann er z. B. die in der Kurzdarstellung enthaltenen Informationselemente getrennt für die Such-, die Navigations- und Abonnierfunktion einstellen. Ebenso kann er die Form, in der er beim Abonnieren über neue Informationen benachrichtigt wird, auswählen.

Administration von SENSUS

Innerhalb von SENSUS können Systembenutzer eingerichtet werden. Zusätzlich können sog. Gruppen definiert werden. Dabei kann jeder Benutzer keiner, einer oder mehreren Gruppen zugeordnet werden.

Die Vergabe von Zugriffsrechten erfolgt anhand der Attribute der Informationsobjekte. So kann z. B. eine Zugriffsberechtigung auf alle Informationsobjekte zu einem bestimmten Hersteller oder Fahrzeugprojekt vergeben werden. In SENSUS sind die Berechtigungen Lesen, Verfassen, Ändern und Löschen von eigenen Informationsobjekten und Ändern und Löschen von fremden Informationsobjekten vorgesehen. Durch die Berechtigungsvergabe können z. B. auch für Gruppen spezielle Gruppenadministratoren mit Sonderberechtigungen definiert werden.

Die Vergabe von Berechtigungen kann sowohl benutzer- als auch gruppenbezogen erfolgen, dabei ist für den Benutzer die Gesamtmenge der Berechtigungen maßgebend. Wird ein neuer Benutzer zu einer existierenden Gruppe hinzugefügt, so erhält er automatisch die entsprechenden Gruppenberechtigungen. Für die Verwaltung der Attribute Hersteller, Fahrzeugprojekt und Kategorien stehen dem SENSUS-Administrator gesonderte Funktionen zur Verfügung, mit denen Attribute eingerichtet, verändert und für die Benutzung gesperrt werden können.

6.4.3.3
Unterstützung des Informationsmanagements bei der Angebotserstellung

Zur Erstellung eines Angebotes für einen Kunden müssen innerhalb des Unternehmens eine Vielzahl von Informationen angefordert, erarbeitet und zu einem bestimmten Termin zur Verfügung gestellt werden. Um die Mitarbeiter von den operativen Tätigkeiten zur Koordination dieser Prozesse zu entlasten, besteht bereits seit längerem ein Software-System. Das vorhandene System ist bereits vor der Einführung der Teamarbeit entwickelt worden. Anhand der in dem Projekt erhobenen und ausgewerteten Daten konnten die Defizite des vorhandenen Systems identifiziert und ein Konzept für ein neues System in Zusammenarbeit mit den Mitarbeitern des Unternehmens erarbeitet werden.

Das auf diese Weise erarbeitete Konzept OnTime (Open and network-based task information management system for rapidly changing environments) bedeutet eine Erweiterung der bereits im alten System abgebildeten Funktionalitäten. Die Umsetzung von OnTime kann weder ausschließlich durch eine vorhandene Software im Bereich des Workgroup-Computing noch des Workflow-Computing (im klassischen Sinne) durchgeführt werden. Eine Lösung beinhaltet vielmehr Komponenten aus beiden Ansätzen (Abb. 6.4.11).

Das System zur Unterstützung des Informationsmanagements während der Angebotserstellung muß die folgenden Funktionalitäten beinhalten:

- vom Benutzer erweiterbare, vordefinierte Prozeßabläufe, Prozeßbaukasten,
- flexible Verknüpfung von Teilnehmern/Bearbeitern und Prozessen,

- Überspringen einzelner Arbeitsprozesse,
- Wiederholen einzelner Arbeitsprozesse,
- Abbilden der Matrix-Organisation (Möglichkeit der Eingabe von Benutzern und Gruppen),
- Aufsplitten eines Gesamtarbeitsschrittes zu Einzelarbeitsschritten,
- Zuweisen unterschiedlicher verantwortlicher Personen für Einzelarbeitsschritte,
- unterschiedliche Terminverfolgung von Einzelarbeitsschritten,
- Zusammenfügen von Einzelarbeitsschritten zu einem Gesamtarbeitsschritt,
- allgemeine Anforderungen:
  - Schnittstellen zu vorhandenen Systemen, Einbinden in die Infrastruktur,
  - Erweiterbarkeit, Skalierbarkeit ...

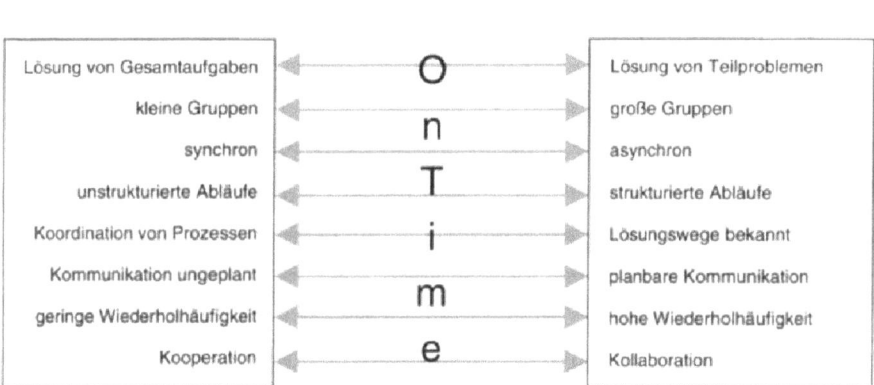

Abb. 6.4.11 Positionierung des Konzeptes OnTime

Durch die Verbindung dieser Funktionalitäten kann der Mitarbeiter flexibel bestimmen, welchen Umfang der zu unterstützende Vorgang hat. Aus einem Maximalkatalog zu unterstützender Prozeßabschnitte kann er die für den aktuellen Vorgang relevanten Abläufe auswählen und somit den „Workflow" an die spezifische Angebotssituation anpassen. Des weiteren können Termine, verantwortliche Personen etc. für jeden Prozeßabschnitt individuell eingegeben bzw. ausgewählt werden. So konnte der Anwendungsbereich von Software-technischen Unterstützungssystemen auf Anwendungsbereiche ausgedehnt werden, die nicht in ihrem Umfang und in der Ausprägung a priori exakt definiert sind.

6.5
Fallstudie 5: Eine Vorgehensweise für den Einsatz von Unterstützungssystemen für kooperatives Arbeiten bei der ett technotransfer GmbH

6.5.1
Problemstellung

Die Firma ett technotransfer GmbH, welche in den Geschäftsfeldern Produktionsunterstützung und Technologietransfer tätig ist, verfolgte in Zusammenarbeit mit einem Anwenderunternehmen aus dem Bereich Umformtechnik (UTE) die Zielsetzung, sowohl die innerbetriebliche wie auch die kundenbezogene Kommunikation bei der Entwicklung, Konstruktion, Fertigung und Inbetriebnahme komplexer Anlagen (Großraumtransferpressen) zu verbessern. Insbesondere die EDV-technische Kooperation aller Beteiligten (Stammhaus, Montagearbeiter, Zulieferer) sollte erleichtert werden. Durch Einbeziehung eines weiteren Anwendungsfeldes (Hotel-/Gastronomiebereich) wurden die Übertragbarkeit und die Wiederverwendbarkeit der entwickelten Methodik und der realisierten Anwendungen gesichert. Dieser zweite Bereich wurde mit dem Erfurter Gastro Berufsbildungswerk e.V. (ErGaB) durchgeführt.

Der industrielle Wandel im Maschinenbau ist geprägt von Begriffen wie „Lean Production", „Outsourcing", „Internationalisierung". Der Maschinen- und Anlagenbau in Deutschland wird zunehmend mit Kunden und Systemzulieferern arbeiten, die weltweit verteilt sind. Er muß für seine Produkte weltweiten Service mit kurzen Rufzeiten bieten, um marktfähig zu bleiben.

Ein Qualitätsmerkmal für diese Produkte wird zunehmend die „elektronische Kundennähe" sein. Der Maschinenbauer muß gewährleisten, daß die Produkte trotz zunehmender Komplexität bedienbar bleiben, auch in den Ländern Asiens, Afrikas und Südamerikas. Die Kostenbelastung muß im Servicebereich für Hersteller und im Instandhaltungsbereich für den Kunden kalkulierbar sein. Dafür ist ein Workflow-Prozeß, hier zum Beispiel Teleservice, geeignet.

Ein weiteres Merkmal für den industriellen Wandel ist der Prozeß der begleitenden Konstruktion. Aus Zeit- und Kapazitätsgründen wird es zukünftig nicht mehr möglich sein, ein Erzeugnis des Maschinen- und Anlagenbaus beim Hersteller fertig konstruiert in Betrieb zu nehmen und danach an den Kunden auszuliefern. Das Erzeugnis wird beim Hersteller mechanisch fertig und in der Elektrik/Elektronik in seinen Grundfunktionen fertig konstruiert sein und ausgeliefert werden. Die endgültige Inbetriebnahme beim Kunden wird durch Konstruktionsleistungen (z. B. SPS-Programmierung) begleitet. Hierzu braucht man Inbetriebnahme- und Konstruktionspersonal entweder beim Hersteller und Kunden oder durch moderne Kommunikation Konstruktionspersonal nur beim Hersteller.

Ein drittes Merkmal ist die Verbreitung von „intelligenten Betreiberkonzepten". Der Kunde möchte zunehmend komplexe Produkte aus einer Hand. Die Bestellung einer Maschine oder Anlage wird flankiert von dem Wunsch, diese in einer vom Maschinen- und Anlagenhersteller projektierten und gebauten Halle mit (nach Übergabe der Maschine) einem Jahr Betrieb durch das Herstellerpersonal zu bekommen. Damit setzt der Kunde das Risiko von z. B. Fundamentabsprachen bis zum Endtermin auf die Seite des Maschinen- und Anlagenbauers und muß sich anschließend noch nicht einmal um die Schulung seiner Arbeitskräfte kümmern, die ja in dem Betriebsjahr vom Herstellerpersonal geschult werden. Nach diesem Jahr übernimmt er mit qualifiziertem Personal eine Maschine oder Anlage, die eingefahren ist, und erreicht so seine geplante Produktivität.

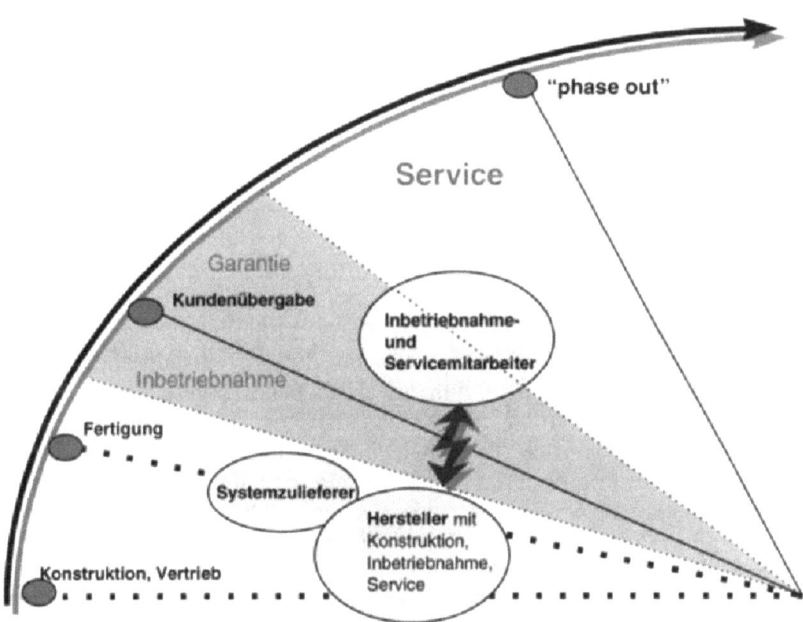

Abb. 6.5.1 Wirkungsbereich von CSCW im Maschinen- und Anlagenbau

Alle diese drei Merkmale bedingen computerunterstützte, komplexe Formen von Kommunikation, Kooperation und Koordination innerhalb verschiedener Arbeitsgruppen. Als konkreter Anwendungsfall für den Einsatz von CSCW-Funktionalitäten wurde im Rahmen dieses Projektes mit der ett technotransfer primär eine Konzeption zur Unterstützung von K³-Prozessen bei der Firma UTE erarbeitet. Die CSCW-Unterstützung stellt eine technische Dienstleistung für den Bereich Inbetriebnahme und Service beim Hersteller von Maschinenbauerzeugnissen, dem Kunden und dem Zulieferer von High-Tech-

Komponenten unter Nutzung telekommunikativer Netze (WWW, TCP/IP, ISDN, MODEM) dar.

6.5.2
Vorgehensweise

6.5.2.1
Partizipative Analyse

Ein wesentlicher Faktor für den erfolgreichen Einsatz von kooperationsunterstützenden Multimediasystemen ist deren aufgaben- und benutzergerechte Gestaltung. Die Benutzungsschnittstelle spielt dabei eine besondere Rolle: Informationen und Funktionen müssen so präsentiert und handhabbar sein, daß Benutzer Aufgaben effektiv und flexibel bearbeiten können und dabei auch ihre persönlichen Anforderungen erfüllt sehen.

In der bisherigen Praxis der Software-Entwicklung wird die technische Perspektive stark in den Vordergrund gestellt, während die benutzerorientierten Faktoren eher vernachlässigt oder nicht berücksichtigt werden. Die Fokussierung auf technische Aspekte bei der Systementwicklung birgt die Gefahr, daß an den Bedürfnissen des Anwenders vorbei entwickelt wird und das System nicht in der vorgesehenen Weise eingesetzt werden kann. Deshalb wird aus Software-ergonomischer und arbeitswissenschaftlicher Sicht die Forderung nach stärkerer Konzentration auf die Anforderungen und Bedürfnisse der Benutzer gestellt. Diese zielt darauf ab, daß organisatorische, soziale und technische Anforderungen bei der Software-Entwicklung berücksichtigt werden.

Software-Entwickler müssen sich mit den Arbeitsaufgaben der späteren Benutzer auseinandersetzen, um zu einer benutzergerechten Gestaltung zu kommen. Einerseits sollen die Arbeitsaufgaben angemessen unterstützt werden, andererseits werden die Arbeitsabläufe durch den Einsatz von Software unmittelbar beeinflußt. Dies kann als ein sich gegenseitig beeinflussender Anpassungsprozeß gesehen werden. Es liegt daher nahe, die Benutzer selbst – als Experten ihrer Arbeit – in den Entwicklungsprozeß mit einzubeziehen. Hierbei ist unter Partizipation im Rahmen der Software-Entwicklung die Beteiligung direkt betroffener Beschäftigter (Beteiligte) am Entwicklungsprozeß zu verstehen.

Der partizipative Software-Entwicklungsprozeß bietet eine Fülle von Nutzenpotentialen. Traditionelle Software-Entwicklungsprozesse bergen dagegen die Gefahr gravierender Barrieren.

Es lassen sich nach Rautenberg (1995) unterscheiden:

- die Spezifikationsbarriere, welche das Problem beschreibt, daß die exakte Spezifikation der Anforderung eine Qualifikation des Auftraggebers voraussetzt, die im allgemeinen nicht vorhanden ist;
- die Kommunikationsbarriere zwischen den unterschiedlichen Gruppen von Anwendern untereinander und zwischen Software-Entwicklern und Anwendern, vor allem, weil die nicht-technischen Fakten durch das begriffliche Raster der technischen Fachsprache fallen;

- die Optimierungsbarriere, da die auf rein technische Anteile des Soft-
  ware-Produktes abgestimmten Optimierungsverfahren bei anwen-
  dungsorientierter Software mit ihren zahlreich zu berücksichtigenden
  nicht-technischen Faktoren nicht genügend greifen.

Innerhalb des Projektes wurde das Arbeitssystem des Endanwenders analysiert
(Aufgaben- bzw. Tätigkeitsanalyse, Kommunikationsanalyse, Prozeßanalyse,
Datenanalyse) und das Software-Produkt mit dem Endanwender in einem
iterativen Entwicklungsprozeß entwickelt. Zur Entwicklung von Wunschsze-
narien wurden Workshops mit Beteiligten von ett (fachliche Konzeptionisten,
Didaktiker), IAO (Software-Ergonomen, Systemdesigner), UTE (Konstrukteu-
re, Servicetechniker) sowie zusätzlich noch – aus Gründen der Feststellung der
Übertragbarkeit der erzielten Ergebnisse – mit einem Anwender aus dem Ga-
stronomie-/Hotelbereich (ErGaB) und hierzu relevanten Benutzergruppen
(Wirten, Ausbildern etc.) durchgeführt. Zur Veranschaulichung der Konzeption wurde eine prototypische Umsetzung begleitend zu den Konzeptions-
workshops vorangetrieben und im Rahmen der Workshops evaluiert. Durch
die starke Benutzerbeteiligung war sichergestellt, daß nicht über die Köpfe
derjenigen, welche letztendlich mit der zu entwickelnden Software arbeiten
werden, „hinweg programmiert" wird.

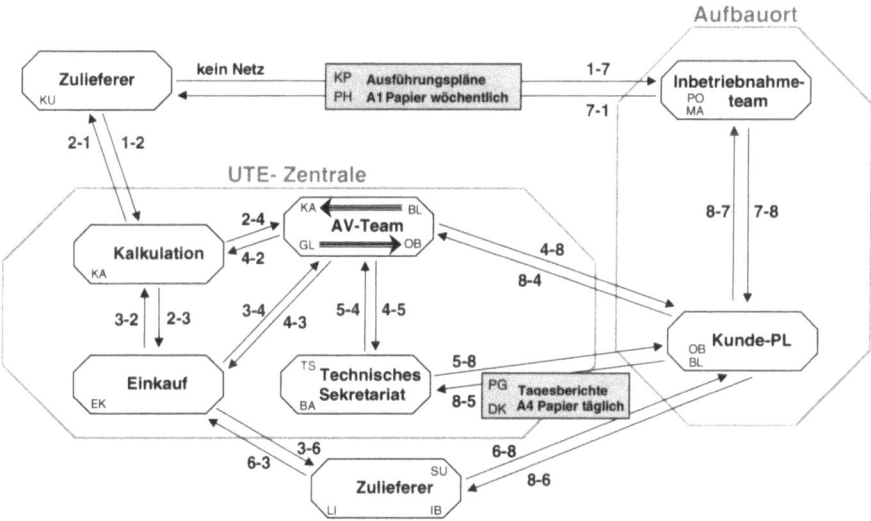

Abb. 6.5.2 K³-Modell der Kommunikationsbeziehungen

Exemplarisch für alle durchgeführten Analyseebenen zeigt Abb. 6.5.2 die K³-
Modellierung für die Kommunikationsanalyse.

6.5.2.2
Ermittlung organisatorischer Gestaltungspotentiale und Konzeption neuer Lösungen

Zunächst erfolgte die Konzeption einer allgemeinen Modularchitektur gemäß der im Leitprojekt entworfenen Modellierungsmethodik K³. Als Ergebnis resultierte die Definition von drei grundsätzlichen Bereichen (Abb. 6.5.3), in denen für effiziente K³-Prozesse im Maschinen- und Anlagenbau informationstechnische Unterstützung notwendig ist:

a)   Information: Ob Telelearning, Teleservice oder Telekooperation: Virtuelle Besprechungsräume helfen, über Entfernungen hinweg Wissen auszutauschen, konkrete Probleme zu lösen und gemeinsame Ergebnisse zu erarbeiten. Weiterhin gilt es die Arbeiten bei der Inbetriebnahme der Maschinen und Anlagen bzgl. der Subunternehmer zu koordinieren. Der Maschinenbauer ist durch den industriellen Wandel auf sein Kerngeschäftsfeld konzentriert und kauft mehr Leistungen von spezialisierten Subunternehmern zu. Diese müssen im Gesamtprozeß der Inbetriebnahme koordiniert und kontrolliert werden.

b)   Bildung: Um Mitarbeitern einen asynchronen und hypermedialen Zugriff auf Knowledgeware zu geben, müssen Kommunikationsformen entwickelt werden, die es ermöglichen, Wissensinhalte mit reduziertem Aufwand multimedial aufzubereiten, zu portionieren, in eine vorgegebene Navigationsstruktur zu bringen, mit Lernkontrollen anzureichern etc., um sie dann den Adressaten modulweise zur Verfügung zu stellen. Somit wird Selbstqualifikation, zeitlich entkoppelt und strukturiert, unterstützt.

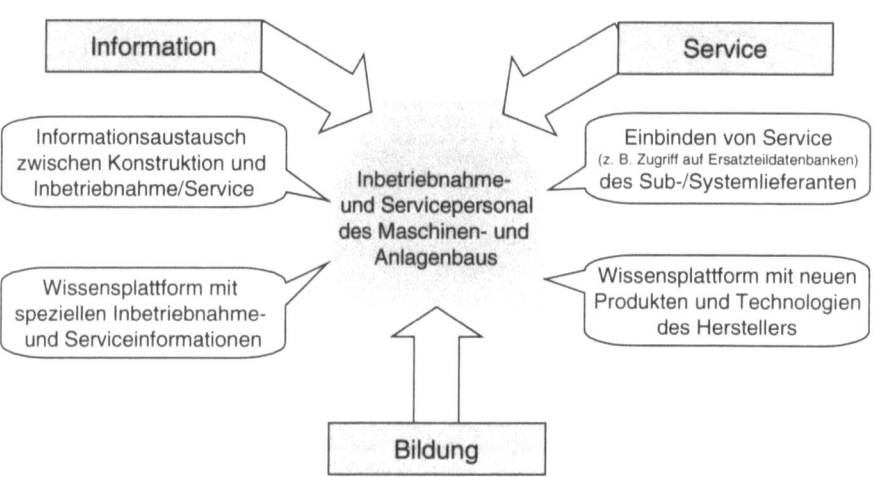

Abb. 6.5.3 CSCW-Bereiche für den Maschinenbau

c) Service: Der Aufbau eines virtuellen Dienstleisters bedingt für den Servicesektor auch eine eher nicht-formalisierte und nicht-standardisierte Austauschplattform, die es den Teilnehmern ermöglicht, kurzfristig auf gerade aktuelle Problemstellungen einzugehen und diesbezüglich Fragen stellen oder Antworten liefern zu können. Dynamische Kommunikationsstrukturen sind hier gefordert.

Die einzelnen Module wurden verfeinert und eine Prozeßgestaltung entworfen. Dies führte zur Auswahl von drei Pilotszenarien:

a) Information: Nutzung eines virtuellen Besprechungszimmers für Konferenzen zwischen zwei räumlich verteilten Inbetriebnahme-Teams (bei zwei verschiedenen Kunden) und den Konstrukteuren im Stammhaus – Modul „Virtuelles Besprechungszimmer"

b) Bildung: Schulung/Qualifizierung von Inbetriebnehmern (Beispielprozeß: Einfahren) sowie von Betriebspersonal (Beispielprozeß: Werkzeugwechsel) – Modul „Knowledge-Builder"

c) Service: Organisation einer Erfahrungsaustauschplattform (zur Sammlung von Erfahrungswissen bei der Inbetriebnahme der Anlagen), welche von den verschiedenen Inbetriebnahmeteams gepflegt und angereichert wird – Modul „Wissensdrehscheibe"

6.5.2.3
Technische Konzeption

Die einzelnen Stufen der technischen Konzeption sahen folgendermaßen aus:

- systemtechnischer Entwurf der Module (Fokus Internet-/Intranet-Technologie, Community-Technologie),
- Software-ergonomische Konzeption der Benutzungsoberfläche,
- Pilotrealisierungen der drei Module (inhaltsneutral): Wissensdrehscheibe, Knowledge-Builder, Virtuelles Konferenzzimmer,
- Pilotumsetzung der drei Module mit Anwender ErGaB,
- Pilotumsetzung der drei Module mit Anwender UTE.

6.5.2.4
Erprobung und Bewertung

- Entwicklung von Prototypen und Funktionsmustern für die zu entwickelnden Module,
- Schulung der Benutzergruppen,
- Beurteilung und Bewertung (durch Evaluierung innerhalb der Projektteams (ErGaB/UTE und Einsatz von Software-ergonomischen Checklisten/Verfahren).

Gemäß den ISO-Kritierien Aufgabenangemessenheit, Erwartungskonformität, Fehlerrobustheit, Individualisierbarkeit, Lernförderlichkeit, Steuerbarkeit und Selbstbeschreibungsfähigkeit (ISO 9241, Part 10) wurden Benutzertests konzipiert und durchgeführt. Um Designdefizite zu finden und die Effizienz zu ermitteln, wurden typische Benutzeraufgaben zusammengestellt und die Beschreibung in den passenden Alltagskontext eingebunden. Die Aufgabenbearbeitung in der Testsituation erfolgte nach der Methode „Lautes Denken", bei der der Benutzer aufgefordert wird, während der Aufgabenbearbeitung alles anzusprechen, was er denkt.

6.5.3
Ergebnisse

6.5.3.1
Bereich: Information

Virtuelles Besprechungszimmer - Wissen austauschen (synchron)
Das Modul virtuelles Besprechungszimmer weist folgende Eigenschaften auf:

- Audiokommunikation,
- Whiteboard-Funktionalität,
- Chat-Funktionalität: Austausch über Textzeilen,
- Application Sharing (beliebige Anwendungen für örtlich verteilte Personen/Gruppen zeitgleich verfügbar machen),
- Avatar-Technologie (Repräsentation von Benutzern durch sog. Avatare),
- Mehrpunktverbindung,
- vereinfachte Bedienbarkeit.

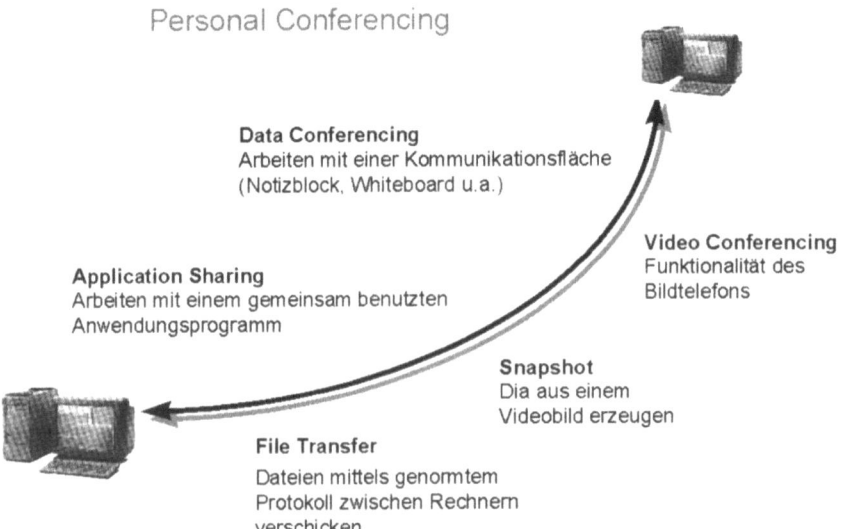

Abb. 6.5.4 Funktionalität des Personal Conferencing (Desktop-Conferencing-Systeme, Netmeeting u. a.)

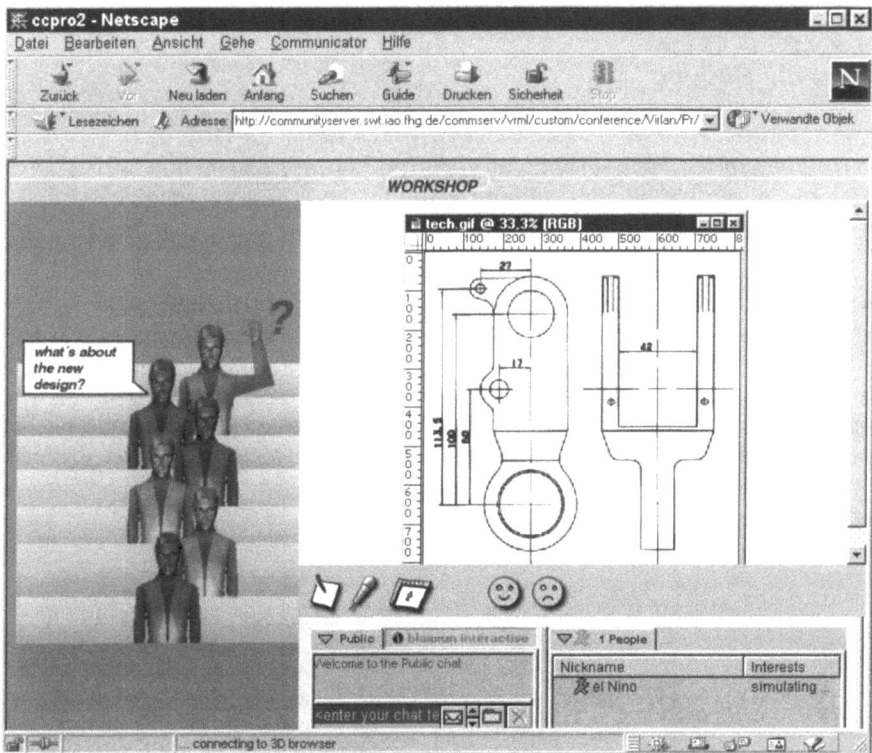

Abb. 6.5.5 3D-Konferenzraum kombiniert mit Internet-Telefonie und Whiteboard

Über zwei PC-Arbeitsplätze, die über ISDN oder analoges Modem verbunden sind, kann per Desktop-Conferencing unter Nutzung von Text, Audio und Graphik das Ingenieurwissen des Maschinenherstellers für kritische Situationen dem räumlich entfernt agierenden Inbetriebnahme- und Servicepersonal bereitgestellt werden (Abb. 6.5.4 und 6.5.5). Hier wird ein direkter Zugriff auf aktuelle technische Dokumentation wie Bedienungsanleitungen, Stromlaufpläne, Steuerketten, Verdrahtungspläne für das Inbetriebnahme- und Servicepersonal ermöglicht. Änderungen an technischen Dokumenten während der Inbetriebnahme können mit dem verantwortlichen Konstrukteur beim Hersteller besprochen und in die entsprechende Datenbasis eingepflegt werden. Der Konstrukteur bekommt damit Einblick in die Fehlerhistorie und das Logjournal der Maschine und kann optimale und schnelle Unterstützung im Störfall geben.

6.5.3.2
Bereich: Bildung

Knowledge-Builder – Wissen vermitteln (asynchron)
Das Modul für den Bereich Bildung erfüllt folgende Anforderungen:

- leichte und kostengünstige Generierung von multimedialen Wissensinhalten ohne Kenntnisse von multimedialen Autorentools,
- strukturierter, modularer Aufbau von Informationseinheiten,
- einfache Bedienbarkeit, Integration von dynamischen und statischen Medien,
- automatische Verlinkung zum hypermedialen Wissensarchiv und
- Distribution von Wissensmodulen, welche Kosten und Verfallszeit des Wissens berücksichtigen, durch geeignete Download- und Upload-Technik.

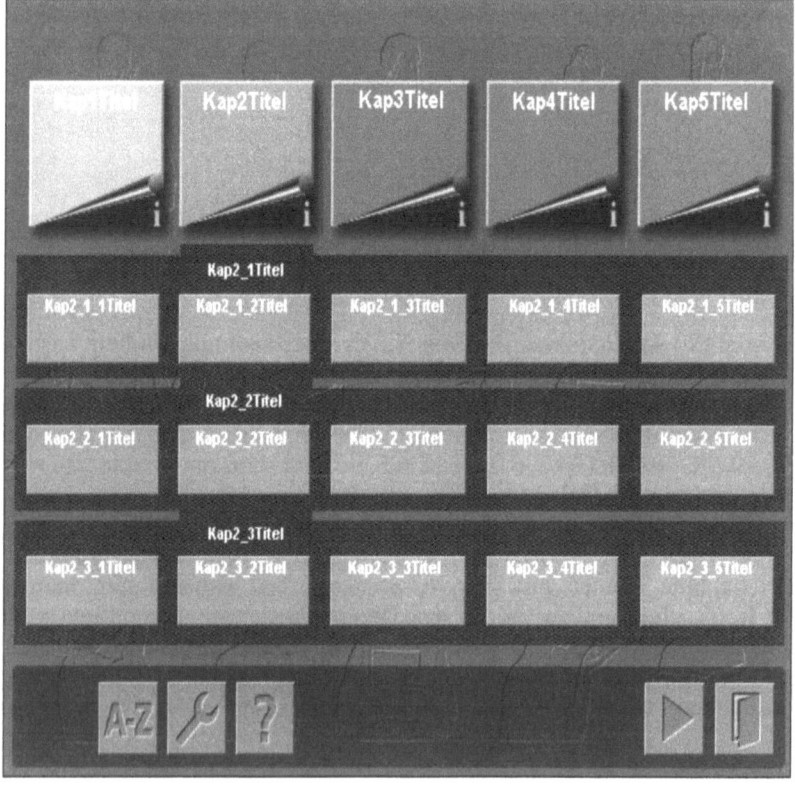

Abb. 6.5.6 Inhaltsübersicht eines Lernmoduls während der Erstellungsphase (Tool: Knowledge Builder)

Das Agieren der ett technotransfer im Unternehmensverbund ERFURT Bildungszentrum bietet den Vorteil der Verknüpfung von Technologietransfer mit Bildungsangeboten. Um Mitarbeitern einen asynchronen und hypermedialen Zugriff auf Knowledgeware zu geben, müssen Kommunikationsformen entwickelt werden, die es ermöglichen, Wissensinhalte mit reduziertem Aufwand multimedial aufzubereiten, zu portionieren, in eine vorgegebene Navigationsstruktur zu bringen (Abb. 6.5.6), mit Lernkontrollen anzureichern (Abb. 6.5.7) etc., um sie dann den Adressaten modulweise zur Verfügung zu stellen. Die durch den industriellen Wandel hervorgerufenen Veränderungen, wie z. B. die Beschränkung auf die Kernkompetenzen der Maschinen- und Anlagenbauer und das „Outsourcing" von Geschäftsfeldern, weisen der Bildung und der Personalentwicklung eine neue Rolle als nicht zu unterschätzenden Wettbewerbsfaktor zu. Wer es als Werkzeugmaschinenhersteller versteht, sein Inbetriebnahme- und Servicepersonal optimal auf die neuen Kundenanforderungen vorzubereiten und seinem Kunden eine optimale Unterstützung über den gesamten Lebenszyklus der Maschine gibt, wird auch den Nachfolgeauftrag vom Kunden bekommen.

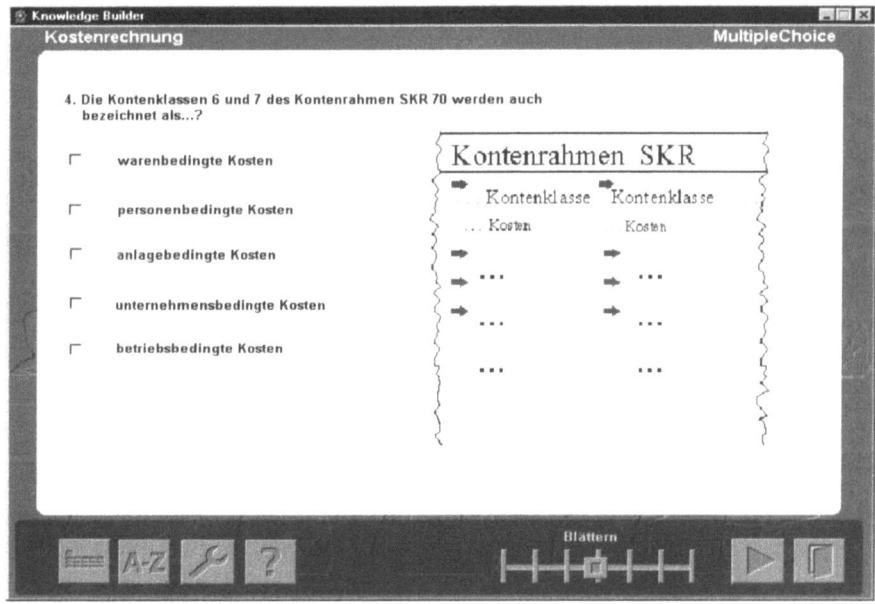

Abb. 6.5.7 Lernkontrolle durch Multiple-Choice-Test im Knowledge-Builder

Einsatzbereiche des Knowledge-Builders sind in erster Linie:

- Produktschulung: Über interaktiv bereitgestellte Wissensplattformen für komplizierte Inbetriebnahme- und Serviceabläufe können rationell Weiterbildungsprogramme zur Erhöhung der Fachkompetenz des Herstellerpersonals vor Ort realisiert werden. Der Zugriff auf die Wissensplattform geschieht über Internet-Technologie.

Ein Schwerpunkt liegt in der Schulung des Inbetriebnahme- und Servicepersonals des Herstellers, da diese Klientel durch ständige Reisetätigkeit sich den Produktschulungen im eigenen Hause entzieht und dadurch ein Wissensdefizit zu dem Personal im Stammwerk besteht.

- Technologieschulung: Komplizierte Technologieprozesse im Maschinen- und Anlagenbau können für den Inbetriebnehmer, aber auch für das Kundenpersonal mit Schulung besser visualisiert werden. Das betrifft Inbetriebnahmetechnologie wie auch Prozeßoptimierung.
- Bedienschulung: Bedienprozesse an komplexen Maschinen und Anlagen können durch Schulungselemente einer Wissensplattform unterstützt werden. Damit ist gewährleistet, daß eine stetige Personalqualifizierung des Bedienpersonals des Kunden vom Hersteller gesichert ist (Probleme des Kunden wie universeller Einsatz der Maschinenbediener und Fluktuation werden gemildert).

Abb. 6.5.8 Eingabefeld Diskussionsforum

6.5.3.3
Bereich: Service

Wissensdrehscheibe - Wissen austauschen/verteilen (asynchron)
Über das Modul Wissensdrehscheibe werden asynchrone Diskussionsforen für den Servicebereich etabliert. Zu fachspezifischen Themen können Fragen gestellt, Hinweise gegeben und Expertenmeinungen gehört werden. Dies ist die technische Basis, damit ein reger, den aktuellen Gegebenheiten angepaßter Austausch stattfinden kann und ein lebendiges und stetig wachsendes Wissenssystem entsteht.

6.5.3.4
Fazit

Die Evaluation der entwickelten CSCW-Komponenten erbrachte in beiden Anwendungsszenarien äußerst positive Resultate. So konnte klar festgestellt werden, daß schwach strukturierte, wenig planbare und kreative Tätigkeiten in beiden Bereichen eine erhebliche Unterstützung durch die auf Basis der K^3-Methode modellierten Prozeßmodule erfuhren. Der Aspekt der Übertragbarkeit konnte insofern als positiv bezeichnet werden, als die beiden Pilotapplikationen doch sehr unterschiedliche Anwendungsfälle darstellen, für beide jedoch die Struktur der erarbeiteten Module in gleichem Maße als adäquat angesehen werden konnte.

Als Ergebnis läßt sich zusammenfassend sagen, daß selbst am Computer unerfahrene Benutzer nach kurzer Einlernphase problemlos und effizient mit dem System arbeiten können. Die Anwendung kommt durch eine einheitliche und verständliche Gestaltung den Arbeitsabläufen und Gewohnheiten des Benutzers entgegen. Die Konsistenz des Systems bietet die Möglichkeit zum Erfahrungstransfer.

7 Zusammenfassung und Ausblick

Mit dem Ziel, die Arbeit der Zukunft durch flexible Kooperation besser zu unterstützen, wurden als Schlüssel zum Erfolg effektive und effiziente Koordinations-, Kommunikations- und Kooperationsprozesse (K^3) identifiziert. Die bestehenden Prozesse sollten mit Hilfe einer für schwach strukturierte Prozesse geeigneten Modellierungsmethodik analysiert und effektivere Soll-Prozesse geschaffen werden.

Die hierfür notwendigen Anforderungen wurden in Kap. 2 erörtert, ebenso wie die bisherigen Ansätze der Informations-, Aufgaben- und Kommunikationsmodellierung diskutiert und die Grundlagen der vorgestellten K^3-Modellierung und ihrer Modellierungsperspektiven aufgezeigt wurden.

Die einzelnen Aspekte der K^3-Modellierung wurden in Kap. 3 ausführlich vorgestellt, indem für die unterschiedlichen Sichten die Beschreibungsmethode und deren Einsatz erläutert sowie ein oder mehrere Beispiele für deren Anwendung gegeben wurden.

Kapitel 4 zeigte Vorgehensmodelle aus dem sog. „Requirements Engineering" auf und erläuterte deren partizipativen Ansatz mit den zukünftigen Benutzern des Systems.

Die Gestaltung kooperationsunterstützender Systeme wurde in Kap. 5 in Design und Klassifizierung von Groupware-Funktionen sowie Kosten- und Nutzenbetrachtung bei der Einführung untergliedert.

Die einzelnen Fallstudien in Kap. 6 gaben eine Übersicht über die in den Betriebsprojekten umgesetzten Lösungen zur Unterstützung flexibler Kooperation. Dabei wurden in sehr unterschiedlichen Gegenstandsbereichen die Wege von der Analyse der Arbeitsprozesse bis zur Einführung von Groupware-unterstützten Soll-Prozessen dargestellt.

Die positiven Erfahrungen, die im Projekt SPICE in den letzten Jahren gemacht wurden, werfen natürlich auch Fragen für zukünftige Arbeiten im Bereich der flexiblen Kooperation auf. Für einen Ausblick werden die zukünftigen Entwicklungen in Methoden, Technologien und Arbeit unterteilt:

Zukünftige Methodenentwicklung

Die ausgewählten Modellierungsperspektiven der K^3-Matrix ermöglichen es bisher dem Analysierenden, die Prozesse durch eine graphische Darstellung zu beschreiben. Hierfür wird für die wichtigsten Sichten eine Computerunterstützung zur graphischen Aufbereitung vorgeschlagen. Die Bewertung der Prozesse ist jedoch bis auf einige Anhaltspunkte, die der Analysierende als allgemeine Kriterien heranziehen kann (wie z. B. Medienbrüche), bislang eine noch unvollständig methodisch unterstützte Tätigkeit der K^3-Modellierung. Eine strukturierte Analyse kann dem Analysierenden helfen (z. B. anhand von

Kennzahlen), Merkmale von Prozessen zu bewerten und dadurch eine Hilfestellung bei der Beurteilung der Prozesse zu geben.

K³-Prozesse, die sich aus der Erfahrung als gut erwiesen haben, müssen in die Bewertung und Beurteilung einfließen und innerhalb eines Unterstützungswerkzeugs zur Analyse und Gestaltung von K³-Prozessen zur Verfügung stehen.

Als weitere Entwicklungsstufe kann eine Simulation in Form eines ausführbaren K³-Prozeßmodells erstellt werden, um mit deren Hilfe die Dynamik und Flexibilität der Sollprozesse zu untersuchen und zu optimieren.

Zukünftige Technologieentwicklung

Bei der Gestaltung von Kooperationen wird das heutige Wissensmanagement um virtuelle Ideen- und Diskussionsräume erweitert. Neben den klassischen Verknüpfungen elektronischer Informationen auf Basis der Dokumentenart, der Erstellung, des Namens etc. können in Zukunft semantische Themennetze aufgebaut und strukturiert werden. Die ersten Ansätze zur Verknüpfung elektronischer Informationen auf Basis von „Themenkarten" (Topic Maps) sind bereits vereinzelt in Wissensmanagementsystemen zu finden.

Ein weiterer Sprung in der Technologieentwicklung ist durch sog. „Augmented Reality"-Technologien (AR-Technologien) zu erwarten. Durch die visuelle Überlagerung realer Objekte mit rechnergenerierten virtuellen Objekten erlauben AR-Systeme im Sinne einer erweiterten Realität das situationsgerechte Agieren in realen Arbeitsumgebungen. Dies ist eine neue Form der Mensch-Technik-Interaktion. Dem Anwender werden beispielsweise über eine Datenbrille Informationen in sein Sichtfeld eingeblendet. Dies geschieht kontextabhängig, d. h. passend und abgeleitet vom betrachteten Objekt. Die technologische und wirtschaftliche Bedeutung ist jedoch noch nicht absehbar, da hier die Entwicklung noch am Anfang steht.

Arbeit der Zukunft

Das Ausmaß und die Bedeutung von K³-Prozessen wird durch Veränderungen der inner- und überbetrieblichen Zusammenarbeit positiv beeinflußt. Von Wissenschaftlern des Massachusetts Institute of Technology wurden in Zusammenarbeit mit Industrievertretern zwei gegensätzliche Szenarien für das Jahr 2015 entwickelt (siehe Kap. 1). Dabei ist zum einen der Trend zu virtuellen Teams, die miteinander kooperieren, in denen jedoch jedes Unternehmen rechtlich selbständig ist und autonom agiert, zu erkennen. Auf der anderen Seite zeichnet sich auch eine Entwicklung zu globalen Konglomeraten ab, die aus einer mächtigen Holding im Zentrum und einem mehr oder weniger permanenten Netz von kleineren Zulieferern in der Peripherie bestehen.

Weitere Anforderungen an die Zusammenarbeit werden durch die zukünftigen Arbeitsformen bestimmt. Ein maßgeblicher Faktor ist die Einführung von Telearbeit. Telearbeit wird in diesem Zusammenhang definiert als „Arbeit, die unter Nutzung der Informations- und Kommunikationstechnik verrichtet wird, um Beschränkungen im Hinblick auf Arbeitsort und Arbeitszeit aufzuheben. In den USA wird dies Telecommuting – ‚Tele-Pendeln' – genannt" (siehe Europäische Kommission, 1998). Diese Definition bezieht sich dabei auf die unterschiedlichsten Formen wie Teleheimarbeit, alternierende Telearbeit mit mehreren Einsatzorten usw. In einem Bericht der Europäischen Kommission wird für einen Zeitraum von 1997/98 bis 1998/99 ein prozentualer Anstieg der Telearbeit in Deutschland um 53% auf 1,8 Mio. Arbeitsplätze prognostiziert (für detaillierte Angaben siehe Status Report on European Telework, New Methods of Work 1999, August 1999). Die Erweiterung der bestehenden Methoden und Ansätze muß also auch auf die spezifischen Gegebenheiten der Telearbeit angepaßt werden und z. B. die informelle und nicht arbeitsbezogene Kommunikation zwischen Arbeitskollegen beinhalten.

Parallel zu den beschriebenen Trends der inner- und überbetrieblichen Zusammenarbeit gewinnt der Service als Dienstleistung in produzierenden Unternehmen immer mehr an Bedeutung. Der Wettbewerbsvorteil dieser Unternehmen, der früher durch ein ausgeprägtes Fertigungs-Know-How geprägt war, erweitert sich in Zukunft immer mehr um den Bereich des Services und der Dienstleistungen dem Kunden gegenüber. Um diese Wettbewerbsvorteile zu erlangen, wird es in Zukunft bei zunehmender Komplexität der Produkte und Prozesse von entscheidender Bedeutung sein, daß kontextbezogene Informationen und Wissensbestandteile dem Kunden zur Verfügung gestellt werden. Auf diese Weise ergeben sich völlig neue Interaktionsformen zwischen Kunden und Lieferanten im Netz, die den Unterschied zwischen Käufer und Verkäufer stark verwischen. Das heißt, daß ein interagierender Leistungsaustausch stattfindet, der überall und kontinuierlich wirtschaftliche und informatorische Werte schafft.

Alle drei genannten Aspekte bieten ein reiches Betätigungsfeld für Forschung und Praxis, die aufbauend auf den im Projekt erlangten Erkenntnissen und Erfahrungen dazu dienen sollen, eine nachhaltige Verbesserung der wirtschaftlichen, technischen und sozialen Bedingungen im Unternehmen der Zukunft zu erreichen.

8 Danksagung

Die Projektpartner möchten sich seitens der Forschung und der Unternehmen bei allen Personen und Institutionen bedanken, die es uns ermöglicht haben, das Projekt „Flexible Kooperation mit Informations- und Kommunikationstechnologien (SPICE)" zum Erfolg zu führen.

Das Projekt wurde vom Bundesministerium für Bildung und Forschung (BMB+F) unter den Nummern 01 HB 9617/5, 01 HB 9618/8, 01 HB 9619/0, 01 HB 9620/7, 01 HB 9621/0, 01 HB 9622/2, 01 HB 9623/5, 01 HB 9624/8, 01 HB 9626/3 und 01 HB 9627/6 gefördert. Hierbei gebührt Herrn Kasten vom Projektträger DLR des Programms „Arbeit und Technik" besonderer Dank für seine freundliche Unterstützung und fachliche Förderung der Forschungsarbeiten.

Ferner möchten wir uns herzlich bei den Beiräten aus Industrie und Forschung bedanken, die uns während der Laufzeit des Projekts beratend zur Seite standen.

9 Literaturverzeichnis

Allen, Thomas J.: Managing the Flow of Technology. Cambridge: MIT Press, 1984.

Angele, J.; Fensel, D.; Studer, R.: Vorgehensmodelle für die Entwicklung wissensbasierter Systeme. In: Kneuper, R.; Müller-Luschnat, G.; Oberweis, A.: Vorgehensmodelle für die betriebliche Anwendungsentwicklung. Stuttgart, Leipzig: Teubner-Verlag: (1998), S. 168-188.

Austin, J.: How to Do Things with Words. London, UK: Oxford University Press, 1962.

Baumgarten, B.: Petri-Netze - Grundlagen und Anwendungen. Heidelberg: Spektrum, Akademischer Verlag, 1996.

Berning, R.: Beschaffungsmarketing. Wiesbaden: 1996.

Boehm, B. W.: Software Engineering. In: IEEE Transactions on Computers 25 (1976), S. 1226-1241.

Boehm, B. W.: A Spiral Model of Software Development and Enhancement In: Computer 21. (1988), S. 61-72.

Booch, G.: Object Oriented Design with Applications. Redwood City Cal.: Benjamin/ Cummings, 1991.

Booch, G.: Object-Oriented Analysis and Design. Second Edition. Redwood City: Benjamin/ Cummings Publishing, 1994.

Booch, G.; Rumbaugh, J.; Jacobson, I.: The Unified Modeling Language Reference Manual. Reading: Addison Wesley, 1998.

Borghoff, U.; Schlichter, J.: Computergestützte Gruppenarbeit. Zweite Auflage. Berlin: Springer-Verlag, 1998.

Brauer, W. (Ed.): Net Theory and Applications. Proceedings of the Advanced Course on General Net Theory of Processes and Systems. Hamburg: Lecture Notes in Computer Science Vol. 84, 1979. Berlin: Springer-Verlag, 1980.

Brauer, W.; Reisig, W.; Rozenberg, G. (Eds): Petri Nets: Central Models and Their Properties. 1987.

Bravocco, R.R.; Yadav, S.B.: Requirements definition architecture – an overview, Computers in Industry, 7, 6; (1985) S. 345-361.

Brenner, W.; Schubert, C.: Einsatz intelligenter Softwareagenten im elektronischen Handel. In: HMD 199/1998. (1998), S. 25-37.

Bruns, M.: Systemtechnik – Ingenieurwissenschaftliche Methodik zur interdisziplinären Systementwicklung. Berlin: Springer-Verlag, 1991.

Bullinger, H.-J.: Arbeitsgestaltung: personalorientierte Gestaltung marktgerechter Arbeitssysteme. Stuttgart: Teubner-Verlag, 1995.

Burkhardt, R.: UML - Unified Modeling Language: Objektorientierte Modellierung für die Praxis. Addison-Wesley, 1997.

Carneiro, L.; Cowan, D.; Lucena, C.: ADVcharts: a visual formalism for interactive systems, SIGCHI Bulletin, 26, 2; (1994) S. 23-28.

Chen, P.: The Entity-Relationship model - towards a unified view of data. ACM Transactions on Database Systems. 1 (1), March 1976, 9-36, 1976.

Coan, D.; Ierusalimschy, R.; Lucena, J.P.; Stepien, T.M.: Abstract Data Views. Structured Programming 14; (1993) 1, S. 1-13.

Coleman, D.; Hayes, F.; Bear, S.: Introducing Objectcharts or How to Use Statcharts in Object-oriented Design, IEEE Transactions on Software Engineering, 18, 1; (1992) S. 9-18.

Computer Industry Almanac: http://www.c-i-a.com

Coopers & Lybrand: http://www.corbettassociates.com/links/link_index.html?/main/resource/

Creative Networks, Inc.: http://www.cnilive.com/

Crowston, K.: A Taxonomy of Organizational Dependencies and Coordination Mechanisms. Tech. Rep. 174, MIT, Center for Coordination Science: Cambridge, Mass.; ccs.mit.edu/CCSWP174.html, accessed on 5.8.1998, 1994.

Denert, E.; Hesse, W.: Projektmodell und Projektbibliothek: Grundlagen zuverlässiger Software-Entwicklung und Dokumentation. In: Infomatik Spektrum 3. (1980), S. 215-228.

Dill, G.; Kannitz, L.: Wirtschaft & Arbeit in der Reihe: Grundlagen praktischer Kommunal-politik. Heft 6, Veröffentlichung der Konrad Adenauer Stiftung e.V., Sankt Augustin: 1994.

Dourish, P.; Bly, S.: Portholes: Supporting Awareness in a Distributed Work Group. Proc. Of ACM INTERCHI 92 Conf. On Human Factors in Computing Systems; (1992), S. 514-547.

Dourish, P.; Bellotti, V.: Awareness and coordination in shared workspaces. In: Proceedings Int. Conf. on Computer Supported Cooperative Work (Toronto, Oct. 1992)/Eds. Turner, J. and Kraut, R.E.. New York, NY: ACM Press, pp. 107-114. 1992.

Edwin K.W.: Mensch und Technik – Methoden systemtechnischer Planung. Dritte Auflage. Aachen: Institut für Elektrische Anlagen und Energiewirtschaft (IAEW) der RWTH Aachen, 1994.

Ehrlich, K.: Designing groupware applications: A work-centered design approach. In: Beaudouin-Lafon, M. (Ed.): Computer Supported Co-operative Work. Chichester et al.: John Wiley & Sons, 1999.

Emmerich, W.; Gruhn, V.: FUNSOFT Nets: A Petri-Net based Software Process Modeling Language. In: Proceedings of the 6th International Workshop on Software specification and design. Como, Italy 1991.

Engel, A.; Mambrey, P.; Oldenburg, S.; Wulf, V.; Ziegler, J. sowie 12 Mitautoren: Telekooperation in der öffentlichen Verwaltung - Organisatorische Leitsätze für Anwender. Bundesministerium für Wirtschaft und Technologie, Projektträger Multimedia, Köln, 1998.

Europäische Kommission: „Telearbeit – Arbeitsorganisation der Zukunft" Europäische Gemeinschaft, http://www.eto.org.uk/twork/tw99/pdf/tw99def.pdf, Brüssel, 1998, S. 3ff.

FAZ: FAZ 11.11.97, Nr.262. (1997), S. 20.

Fowler, M.: UML Distilled: Applying the Standard Object Modeling Language. Addison-Wesley, 1997.

Genrich, H.J.; Lautenbach, K.: System Modeling with High-Level Petri-Nets, Theoretical Computer Science, 13, 4. (1981) S. 109-136.

Gitt. W.: Information – die drittgrößte Grundgröße neben Materie und Energie. Siemens Zeitschrift (1989) 4.

Graw, G.; Gruhn, V.: Distributed Modeling and Distribution Enaction of Business Processes. In: Schäfer, W.; Botella, P.: Software Engineering – ESEC 95. Berlin: Springer-Verlag, 1995.

Greif, , I. (Hrsg.): Computer-Supported Cooperative Work: A Book of Readings. San Mateo (CA): Morgan Kaufmann, 1988.

Groeben, N.; Wahl, D.; Schlee, B.: Forschungsprogramm Subjektive Theorien. Eine Einführung in die Psychologie des reflexiven Subjekts. Tübingen: Francke, 1988.

Gondran, M. and Minoux, M.: Graphs and Algorithms. New York: John Wiley and Sons, New York, 1984.

Grudin, J.: „Groupware and Social Dynamics: Eight challenges for developers". Communications of the ACM, 37, 1994.

Grun, V.: Validation and Verification of Software Process Models. Dissertation. Dortmund: Universität Dortmund, 1991.

Habermas, J.: „Theorie des kommunikativen Handelns". Band 2: „Zur Kritik der funktionalistischen Vernunft". Suhrkamp-Verlag, Frankfurt, 1995.

Harel, D.: Statecharts: A Visual Formalism for Complex Systems. In: Science of Computer Programming, 8, 3. (1987), S. 231-274.

Harel, D.: On Visual Formalism. In: Communications of the ACM, 31, 5 (1988), S. 514-531.

Hess, T.: Entwurf betrieblicher Prozesse: Grundlagen – Bestehende Methoden – Neue Ansätze. Wiesbaden: Gabler, 1996.

Holtmann, J.: Einkaufskooperationen für mittelständische Unternehmen. Vom Einsamen Streiter zur starken Gemeinschaft. In: Beschaffung aktuell 9/96. (1996), S. 40-42.

Hopcroft, J.E.; Ullmann, J.D.: Introduction to automata theory, languages and computation. Reading MA: Addison Wesley, 1973.

INSEAD, Fontainebleau: http://www.insead.fr/

International Data Corporation: http://www.idc.com

Isakowitz, T.; Stohr, E. and Balasubramanian, P.: RMM: A Methodology for Structured Hypermedia Design. Communications of the ACM, 38 (8), 34-48; 1995.

Jablonski, S.; Stein, K.: Ein Vorgehensmodell für Workflow-Management-Anwendungen. In: **Kneuper, R.; Müller-Luschnat, G.; Oberweis, A.:** Vorgehensmodelle für die betriebliche Anwendungsentwicklung. Stuttgart, Leipzig: Teubner-Verlag. (1998), S. 136-151.

Jacobson, I.; Christerson, M.; Jonsson, P. und Övergaard, G.: Object-Oriented Software Engineering. Reading, MA.: Addison-Wesley, 1992.

Jacobson, I.; Booch, G. and Rumbaugh, J.: The Unified Software Development Process. Reading, MA: Addison-Wesley, 1999.

Jensen, K.: Coloured Petri Nets: A High-Level Language for System Design and Analysis. In: **Jensen K.; Rozenberg G. (Eds):** High-Level Petri Nets. Theory and Application. Berlin: Springer-Verlag, 1991.

Jensen, K.: Coloured Petri Nets. Basic Concepts, Analysis Methods and Practical Use. Volume 1. Second edition. Berlin: Springer-Verlag, 1997.

Jones, P.M.; Chu, R.W.; Mitchell, C.M.: A Methodology for Human-Machine Systems Research: Knowledge Engineering, Modeling, and Simulation, IEEE Transactions on System, Man, and Cybernetics, 25, 7. (1995), S. 1025-1038.

Keller, G.; Nüttgens, M.; Scheer, A.-W.: Semantische Prozeßmodellierung auf der Grundlage „Ereignisgesteuerter Prozeßketten (EPK)". Saarbrücken: Veröffentlichungen des Instituts für Wirtschaftsinformatik, 1991.

Kurbel, K.: Internet-Nutzung im Business-to-Business Bereich – Stand der Entwicklung, Typologie und Anwendungsbeispiele. In: Proceedings of WI'97 – 3. Internationale Tagung Wirtschaftsinformatik. Berlin, 1997.

Laubacher, R.; Malone, T.: Two Scenarios for 21st Century Organizations: Shifting Networks of Small Firms or All-Encompassing „Virtual Countries"? Cambridge, 1997, http://ccs.mit.edu/21c/21CWP001.html.

Luczak, H.: Task Analysis. In: **Salvendy, G. (Ed.):** Handbook of Human Factors and Ergonomic, Second edition. New York: John Wiley and Sons (1997), S. 340-416.

Luczak, H.; Volpert, W.; Raeithel, A.; Schwier, W.; M. v. Müller, T.; Rötting, M.: Arbeitswissenschaft, Kerndefinition – Gegenstandkatalog – Forschungsgebiete. (RKW Eschborn 1989).

Luczak, H.; Springer, J.; Herbst, D.; Schlick, C.; Stahl, J.: Kooperative Konstruktion und Entwicklung. In: Kreative Unternehmen. **Hrsg. Reichwald R.**, Stuttgart: Schäffer/Poeschel, 1995.

Luczak, H.; Eversheim, W.: Telekooperation. Berlin: Springer-Verlag, 1999.

Luczak, H.; Wolf, M.; Schlick, C.; Springer, J.; Foltz, C.: „Personenorientierte Arbeitsprozesse und Kommunikationsformen". In: **Nagl, M.; Westfechtel, B.:** „Integration von Entwicklungssystemen in Ingenieuranwendungen". Berlin: Springer-Verlag, 1998.

Maaß, S.: „Computergestützte Kommunikation und Kooperation". In: **Oberquelle, H. (Hrsg.)** „Kooperative Arbeit und Computerunterstützung". Verlag für angewandte Psychologie, Göttingen, 1991.

Malone, T.W.; Crowston, K.: The Interdisciplinary Study of Coordination. ACM Computing Surveys. 26:1. (1994), S. 87-119.

McMillan, G.R.; Beevis, D.; Salas, E.; Strub, M.H.; Sutton, R.; van Breda, L. (Ed.): Application of Human Performance Models to System Design. New York: Plenum Press, 1989.

Mertins, K.; Süssenguth, W.; Jochem, R.: Modellierungsmethoden für rechnerintegrierte Produktionsprozesse. München: Hanser Verlag, 1994.

Mayer, R.J.; Cullinane, T.P.; deWitte, P.S.; Knappenberger, W.B.; Perakath, B.; Wells, M.S.: Information Integration for Concurrent Engineering - IDEF3 Process Desciption Capture Method Report, Air Force Systems Command. Ohio 45433, AL-TR-1992-0057: Wright-Patterson Air Force Base, 1992.

Meyer, M.; Hansen, K.: Planungsverfahren des Operations Research für Informatiker, Ingenieure und Wirtschaftswissenschaftler. München : Vahlen, 1985.

Mitchell, C.M.; Miller, R.A.: A Discrete Control Model of Operator Function: A Methodology for Information Display Design. In: IEEE Transactions on System, Man, and Cybernetics, 16, 3, (1986) S.343-357.

Mitchell, C.M.: GT-MSOCC: A Domain for Research on Human-Computer Interaction and Decision Aiding in Supervisory Control Systems. In: IEEE Transactions on System, Man, and Cybernetics, 17, 4. (1987) S. 553-572.

Nilson, R.: Electronic Retailing bei Karstadt – my-world ein Jahr nach dem Start, in: HMD 199/1998. (1998), S.64-74.

Nua Internet Surveys: http://www.nua.ie

Oberquelle, H.: Human-Machine Interaction and Role/Function/Action-Nets. In: **Brauer W.; Reisig W.; Rozenberg G. (Ed.):** Petri Nets: Applications and Relationships to Other Models of Concurrency. Advances in Petri Nets 1986 Part II (Lecture Notes in Computer Science Vol. 255). Berlin: Springer-Verlag, 1987a.

Oberquelle, H.: Sprachkonzepte für benutzergerechte Systeme. Berlin: Springer-Verlag, 1987.

Oberquelle, H.: „Kooperative Arbeit und menschengerechte Groupware als Herausforderung für die Software-Ergonomie". In: **Oberquelle, H. (Hrsg.):** „Kooperative Arbeit und Computerunterstützung". Verlag für angewandte Psychologie, Göttingen, 1991.

Oberweis, A.: Modellierung und Ausführung von Workflows mit Petri-Netzen. Stuttgart: Teubner-Verlag, 1996.

Oestereich, B.: Objektorientierte Softwareentwicklung mit der Unified Modeling Language. München: Oldenburg Verlag, 1997.

Pahl, G.; Beitz, W.: Konstruktionslehre. Methoden und Anwendung. Berlin: Springer Verlag, 1997.

Partsch, H.: Requirements Engineering systematisch – Modellbildung für softwaregestützte Systeme. Berlin: Springer-Verlag, 1998.

Petri, C.A.: Kommunikation mit Automaten. Schriften des IIM Nr. 2. Bonn: Institut für instrumentelle Mathematik, 1962.

Porter, M. E.: Wettbewerbsvorteile, Spitzenleistungen erreichen und behaupten. 4. Auflage. Frankfurt: Campus Verlag, 1996.

Rasmussen, J.: Outlines of a hybrid model of the process operator. In: **T.B. Sheridan and G. Johannsen (eds):** Monitoring Behaviour and Supervisory Control. New York: Plenum Press, 1976.

Rasmussen, J.: Information Processing and Human-Machine Interaction. An Approach to Cognitive Engineering. New York: North-Holland, 1986.

Rational Unified Process: http://www.rational.com/products/rup/index.jtmpl, Feb. 1999.

Rauterberg, M.: Partizipative Konzepte, Methoden und Techniken zur Optimierung der Softwareentwicklung. Zürich: Institut für Arbeitspsychologie, Eidgenössische Technische Hochschule, 1995.

Reichwald, R; Möslein, K.; Sachenbacher, H.; Englberger, H.; Oldenburg, S.: Telekooperation. Verteilte Arbeits- und Organisationsformen. Springer-Verlag, Berlin; 1998.

Reiners, W.: Der „virtuelle" Kaufvertrag: Zustandekommen von Kaufverträgen im Internet. In: Wirtschaftsinformatik 40, 1. (1998), S.39-43.

Ross, D.T.: Structured Analysis (SA): A Language for Communicating Ideas. In: IEEE Transactions on Software Engineering, 3, 1. (1977), S. 16-34.

Ross, D.T.: Application and Extensions of SADT, IEEE Computer Magazine, 18, 4. (1985) S. 25-34.

Royce, W.W.: Managing the Development of Large Software Systems: Concepts and Techniques. In: Proceedings IEEE WESCON. (1970), S. 1-9.

Ruhr-Universität-Bochum: http://www.ruhr-uni-bochum.de/

Rumbaugh, J.; Blaha, M.; Premerlani, W.; Eddy, F.; Lorensen, W.: Object-Oriented Modeling and Design. Englewood Cliffs, N.J.: Prentice-Hall, 1991.

Scheele, B.; Groeben, N.: Die Heidelberger Struktur-Legetechnik (SLT). Eine Dialog-Konsens-Methode zur Erhebung subjektiver Theorien mittlerer Reichweite. Weinheim, 1984.

Scheer, A.-W.: Wirtschaftsinformatik – Referenzmodelle für industrielle Geschäftsprozesse. Sechste Auflage. Berlin: Springer-Verlag, 1995.

Scheer, A.-W.: Wirtschaftsinformatik – Referenzmodelle für industrielle Geschäftsprozesse. Siebente Auflage. Berlin: Springer-Verlag, 1997.

Scheer, A.-W.: ARIS – Modellierungsmethoden, Metamodelle, Anwendungen. Dritte Auflage. Berlin: Springer-Verlag, 1998.

Scheer, A.-W.; Nüttgens, M.; Zimmermann, V.: Rahmenkonzept für ein integriertes Geschäftsprozeßmanagement. In: Wirtschaftsinformatik, 37, 5. (1995), S. 426-434.

Scheer, A.-W.; Nüttgens, M.; Zimmermann, V.: Objektorientierte Ereignisgesteuerte Prozeßkette (oEPK) – Methode und Anwendung, 141. Saarbrücken: Veröffentlichungen des Instituts für Wirtschaftsinformatik des Saarlandes, 1997.

Scholl, R.; Schnurpfeil, T.: Zupacken statt zaudern, Materialkosten senken durch Kooperationen im Beschaffungswesen. In: Maschinenmarkt, Nr.35. S.86-88.

Schulz von Thun, F.: Miteinander reden. Band 1, Störungen und Klärungen. Hamburg: Rowohlt Verlag, 1994.

Schwabe, D. and Rossi, G.: The object oriented hypermedia design model. Communications of the ACM, 38 (Aug. 1995), 45-46.

Searle, J.R.: Speech Acts: An Essay in the Philosophy of Language. Cambridge, UK: Cambridge University Press, 1969.

Searle, J.R.: Expression and Meaning: Studies in the Theory of Speech Acts. Cambridge, UK: Cambridge University Press, 1979.

Stahl, J.; Killich, S.; Luczak, H.: Coordination, Communication, and Cooperation in Locally Distributed Product Development. In: 5th International Product Development Conference. Como, Italy: 1998, S. 947-960.

Teufel, S.; Sauter, C.; Mühlherr, T.; Bauknecht, K.: „Computerunterstützte Gruppenarbeit". Addison-Wesley, Bonn, 1995.

The Gartner Group: http://www.thegartnergroup.com/

The Netcraft Web Server Survey: http://www.netcraft.com

UML Semantics: http://www.rational.com, UML Notation Guide, UML Summary, 1999.

V-Modell-Browser: http://www.scope.gmd.de/vmodel/de/, Jan. 1999.

Westermann, H.: Horizontale Beschaffungskooperation. Vor- und Nachteile für den gemeinsamen Einkauf. In: Beschaffung aktuell, 11/95. (1995), S.32-33.

Wiendahl, H.-P.; Strigl, T.: Nutzen des Internets für Unternehmensanwendungen. In: Maschinenmarkt 103, 34. (1997), S.26-30.

Winograd, T.; Flores, F.: Understanding Computers and Cognition: A New Foundation for Design. Norwood, USA: Ablex, 1986.

Wulf, V.: „Konfliktmanagement bei Groupware". Dissertation an der Universität Dortmund. Braunschweig: Vieweg Verlag, 1997.

Ziegler, J.: Eine Vorgehensweise zum objektorientierten Entwurf graphisch interaktiver Informationssysteme. Dissertation. Stuttgart: Universität Stuttgart, 1996.

Ziegler, J.: Eine Vorgehensweise zum objektorientierten Entwurf graphisch-interaktiver Informationssysteme. Berlin: Springer-Verlag; zgl. Diss. Universität Stuttgart, 1997.

Ziegler, J.: A Framework for Modeling and Designing Cooperation Support Systems. In: Proceedings of 8th International Conference on Human-Computer Interaction (in press), 1999.